Petite Encyclopédie des Vents de France

Conception et mise en pages
Yves Setton

Honorin Victoire

Petite Encyclopédie des Vents de France

Leur origine et leur histoire

JC Lattès

A mon ami, « l'illustre » Jean-Marie Gardon,
qui fait plus pour sa bonne ville de Lorgues
qu'un père pour son enfant, et qui le premier
m'a soufflé l'idée de ce livre.

A la mémoire d'Alain Gillot-Pétré,
qui fut le premier à croire en cet ouvrage
et m'avait promis d'en écrire la préface.
Des vents contraires en ont décidé autrement...

Povre sens et povre memoire
M'a dieu doné, li rois de gloire,
Et povre rente
Et froid au cul, quand bise vente
Et trop sovent
Plusors foïes sent le vent

La Griesche d'Yver
Rutebeuf (?-1280)

Vive le(s) vent(s) !

Il souffle le chaud et s'amuse quelquefois, comme une malicieuse invitation au voyage, à déposer le sable du Sahara jusque dans les rues de Paris.

Mais il souffle aussi les grands froids de la banquise polaire qui mordent nez et oreilles, amenant avec eux des images d'ours blanc, d'igloos et d'esquimaux rieurs.

En gonflant les voiles des bateaux, c'est lui qui a permis à nos ancêtres de partir à la découverte du vaste monde. Il les a poussés, malmenés, laissés en panne, mais finalement presque toujours ramenés.

Naguère, il faisait tourner les ailes des moulins, envolait les chapeaux, retournait les parapluies et soulevait les jupes des belles, pour le plus grand plaisir des hommes.

Les chapeaux ont quasiment disparu et les belles ont jeté leurs jupes à volants par-dessus les moulins. Il ne lui reste que les parapluies à taquiner.

Facteur de la pollinisation, il diffuse l'odeur des lavandes et celle du foin coupé. Il prévient le gibier de l'arrivée du chasseur et prête son aide aux oiseaux dans l'immensité de leurs voyages.

Nous le savions fantasque et capricieux, mais jamais très méchant. Beaucoup moins, en tout cas, que son cousin le feu, ou ses sœurs l'eau et la terre, dont les débordements et les soubresauts peuvent dévaster des régions entières.

Jusqu'à cette terrible tempête de décembre 1999 et son cortège de désolation.

Sauf les marins, qui avaient appris à le craindre et se méfiaient de ses colères, on ne le croyait pas capable d'une telle violence. Après le chagrin, c'est la surprise qui frappait le plus l'imagination.

Mais ce n'était qu'un accès de mauvaise humeur, comme en connaissent régulièrement les éléments. Une manière un peu brutale de rappeler à l'Homme que, contrairement à ce qu'il imagine parfois, il n'est pas le maître de la Nature.

Malgré tout, le vent reste l'un de nos meilleurs amis. On s'est avisé récemment que sa force, inépuisable et gratuite, pouvait résoudre une partie de nos problèmes d'énergie. De plus, n'est-il pas le seul capable de chasser les nuages de pollution qui s'accumulent régulièrement sur les grandes villes ?

Beaucoup ont trouvé en lui un compagnon de jeux idéal. Sur les plages, où ils font accomplir des prodiges à leurs cerfs-volants, et se grisent de vitesse à bord de leurs chars ; sur l'eau, depuis la modeste planche jusqu'aux géants des mers dont la taille ne cesse de grandir ; dans les airs, enfin, assis dans des planeurs ou accrochés aux voiles des parapentes et aux ailes des deltaplanes, à la recherche du courant propice qui leur permettra de s'élever un peu plus vers le bonheur.

Mais « le » vent n'existe pas. Tout comme « l'eau » des rivières et des fleuves, c'est un mot derrière lequel se cache une multitude de souffles différents. Leurs filets sont des caresses, leurs crues des ouragans. Ils prennent leur source, font leur lit, coulent et se faufilent à travers les vallées, selon des débits et des rythmes propres, avant de se jeter dans l'inconnu où ils s'évaporent sans laisser de trace. Magie d'une existence éphémère sans cesse renouvelée.

A cette différence près, à nos yeux du moins, qu'ils se lèvent et se couchent de façon totalement impromptue. Apparaissent et disparaissent au gré d'événements atmosphériques qui se déroulent bien au-dessus d'eux.

Comme nous.

Petites histoires pour grands vents

Je me souviens encore de la première rose des vents qu'adolescent j'ai eu le bonheur de contempler. Elle est gravée sur le mécanisme rotatif du moulin de maître Cornille, à Fontvieille. Trente-deux noms différents y figurent ! C'est là qu'Alphonse Daudet a composé, en compagnie de Paul Arène, les inoubliables Lettres qui égaient de leur charme et de leur humour la scolarité de générations entières de petits Français depuis plus d'un siècle.

Magie des moulins qui entraient en action dès le début des moissons et dont les ailes, poussées par le vent, actionnaient inlassablement les énormes meules de pierre, joyeuse sarabande des ânes et des mules qui apportaient le blé et repartaient chargés de farine.

Le métier de meunier n'était pas de tout repos. Il fallait veiller en permanence à ce que l'allure du moulin reste stable, régler son orientation et sa voile en fonction des changements de vent. Il ne devait pas tourner trop vite, mais ne devait pas non plus s'arrêter, sous peine de voir les mécanismes s'emballer. Il fallait impérativement prendre garde à ce qu'il y ait toujours du grain à moudre, afin d'éviter qu'une étincelle provoquée par le frottement des pierres n'enflamme le froment, incident fréquent qui provoqua plus d'un incendie fatal.

Les minoteries à vapeur sonnèrent peu à peu le glas de cette collaboration entre l'homme et le vent, et les ailes des moulins s'arrêtèrent définitivement. En position de croix grecque, car telle était la tradition en fin de saison. Tandis que la croix de Saint-André, qui était signe de deuil, aurait mieux convenu.

Au commencement étaient les dieux...
Avant que la science n'explique (presque) tout, il fallait bien que les hommes trouvent une origine aux phénomènes qui les dépassaient.
C'est ainsi qu'apparut Eole, le dieu des vents, fils de Poséidon, dieu de la mer, et d'Arné.
Dans la Grèce antique, en l'an 100 avant notre ère, Andronicos de Cyrrhus construisit une tour octogonale, la « Tour des Vents », à Athènes, sur laquelle étaient représentés ces esprits du ciel : Apéliotes, Aquilon, Auster, Notos, Borée, Cecias, Euros, Lips, Sciron, Zéphyr. (Notos et Auster se partagent le Sud, tandis qu'Aquilon et Borée se partagent le Nord.)
Sur mer, ils sont quatre à régner :
Boréas au Nord.
Notos au Sud.
Zéphyros à l'Ouest.
Euros à l'Est.

Enfin, pour ne pas les fâcher, n'oublions pas les trois Harpies, filles de Poséidon et de Gaia, déesse de la Terre.
Aello ou Nicothoé : la bourrasque.
Ocypète : celle qui vole vite.
Céléno : l'obscure.

Curieusement, le mot « vent », du latin *ventus*, n'apparaît pour la première fois dans la langue française qu'autour de l'an 1080, dans la « Chanson de Roland », la plus ancienne des chansons de geste françaises, qui contait les exploits de ce pair légendaire de Charlemagne, blessé au cours de la bataille de Roncevaux, et que les gravures nous montrent soufflant dans son cor jusqu'à la mort.

Les vents sont des masses d'air en mouvement. Avec cette définition à l'évidence quasi simpliste, on pourrait croire qu'on a cerné le phénomène. Ce serait faire peu de cas de son incroyable complexité. En atténuant les inégalités du champ de pression atmosphérique, les vents jouent un rôle non négligeable de régulateurs des climats. A ce titre, on pourrait dire qu'ils sont apparentés à la géophysique. Mais, insaisissables par définition, ils ne se laissent pas facilement enfermer dans des schémas précis ou des théories rigoureuses. Et pourtant, au même titre que les montagnes, les mers, les fleuves et les océans de notre bonne vieille géographie, l'homme n'a eu de cesse de les différencier, les classer, les nommer. Une façon pour lui de les reconnaître. A défaut de les apprivoiser.

Le plus puissant de tous s'appelle le ***Jet-Stream***. Un « courant-fusée » géant, large de 1000 km pour 4 à 7 km d'épaisseur, observé dans chaque hémisphère entre les latitudes 30° et 45°, il se déplace entre 8 000 et 12 000 m d'altitude. Sa vitesse moyenne est de 80 km/heure en été et 150 km/heure en hiver avec des pointes à plus de 400 km/heure ! Les seuls hommes qui ont la chance (!) de sentir son souffle sont les alpinistes capables de se hisser sur l'un des quatorze sommets mythiques de la chaîne himalayenne. Un privilège que je leur cède volontiers.
Le ***Jet-Stream*** s'accompagne de vents maximaux : ouragans, tornades, tempêtes. La France est parfois traversée par ce courant dans un axe nord-ouest/sud-est qui rejoint les courants subtropicaux en Méditerranée orientale.
Au niveau du sol, dans le même axe que lui, on observe le ***Noroît***, la ***Galerne***, la ***Tramontane***, le ***Cers***, le ***Joran*** et le ***Mistral***. Bien que ces vents soufflent beaucoup plus bas que le ***Jet-Stream***, ils en subissent évidemment les influences mécaniques. Influences qui génèrent aussi des perturbations importantes – accélérations, déviations, tourbillons – sur les vents contraires ***(Autan, Sirocco, Marin, Vaudaire, Sudet, Gevred, Xaloc)*** et perpendiculaires ***(Vouêt, Traverse, Ponant, Vendet, Levant, Reter)***.

Il existe trois grands courants terrestres autour de notre planète.
– Les vents d'est, qui soufflent vers les zones tempérées sous l'influence des fortes pressions polaires.

– Les vents d'ouest, qui soufflent vers les zones tempérées sous l'influence des fortes pressions subtropicales.
– Les alizés, qui soufflent d'est en ouest dans l'hémisphère Nord et en convergence dans l'hémisphère Sud, sous l'influence des fortes pressions subtropicales, lorsqu'elles poussent vers les basses pressions de l'équateur. Chers au cœur des marins, leur vitesse moyenne est de 20 km/heure.

Sur le continent européen, les vents sont classés en six familles distinctes :
– Air arctique maritime. Origine Nord. Froid et humide.
– Air arctique continental. Origine Nord-Est. Froid et Sec.
– Air polaire maritime. Origine Ouest. Humide. Tiède l'été, frais l'hiver.
– Air polaire continental. Origine Est. Sec. Très chaud l'été, glacial en hiver.
– Air tropical maritime. Origine Sud-Ouest. Tiède et humide.
– Air tropical continental. Origine Sud. Sec et chaud.

Leur vitesse dépend de la force des pressions, qui s'exerce toujours des plus hautes vers les plus basses. Ils sont perpendiculaires aux isobares, ces lignes d'égales pressions tracées sur les cartes météo. Plus les isobares sont serrées, plus la vitesse du vent est grande. Sir Francis Beaufort (1774-1857), amiral anglais, a donné son nom à l'échelle utilisée pour mesurer la force du vent, selon une graduation qui va de 0, pour le calme plat, à 12, pour l'ouragan. Au-delà, elle peut encore monter jusqu'à 17, mais, ces jours-là, mieux vaut être à l'abri pour effectuer les mesures ! Elle indique la vitesse des vents en km/heure ou en nœuds pour une hauteur standard de 10 mètres au-dessus d'un terrain plat.

Lorsque les vents correspondent à l'axe des déplacements d'air causés par la rotation de la terre, ils subissent une accélération naturelle. En sens contraire ou perpendiculaire, ils sont freinés ou

déviés. C'est Gaspard Coriolis (1792-1843), ingénieur et mathématicien français, auteur de travaux de cinématique, qui a mis en évidence cette force de déviation, appelée force géostrophique, due à la rotation de la terre qui s'exerce sur les corps en mouvement à sa surface. La force de frottement entre l'air en mouvement et le sol varie selon l'intensité du vent et la rugosité du terrain. Les variations de température interviennent aussi dans les courants d'air locaux, de même que la proximité des étendues d'eau. Ce sont les combinaisons multiples et complexes de ces perturbations qui conditionnent l'axe, la force, la vitesse et la qualité d'un vent.
En 1910, c'est le capitaine Etèvé, qui le premier pense à un appareil pour mesurer la vitesse du vent. Mais c'est en 1911 que Raoul Edouard Badin, en perfectionnant le système, invente l'Anémomètre.

Toutefois, l'ensemble de ces facteurs de déclenchement n'est qu'indicatif. Il faut considérer tous ces mécanismes comme aléatoires, dépendants d'autres éléments géophysiques et météorologiques, tels que les différences de température entre la terre et la mer, les différences du schéma géographique des régions (zones humides, désertiques, boisées, habitées, de plaine ou d'altitude), et bien sûr les courants aériens, parfois divergents, parfois convergents, ou franchement opposés, qui altèrent les propositions scientifiques et physiques du mécanisme des vents et les rendent extrêmement complexes.

Depuis Mme Soleil et Albert Simon, dont les voix appartiennent à la mémoire collective, ceux qui s'intéressent au bulletin météorologique sont au moins aussi nombreux que ceux qui consultent leur horoscope. Il me semble, sans vouloir froisser personne, que les prévisions météo sont en général plus précises et plus fiables. Avantage supplémentaire : leur justesse se vérifie sans délai.
Petit rappel des symboles de base :
La dépression est une zone de faible pression atmosphérique, indi-

quée par la lettre D sur les cartes, synonyme de mauvais temps.
L'anticyclone est une zone de forte pression atmosphérique, indiquée par la lettre A sur les cartes, synonyme de beau temps.
La dorsale est un axe de hautes pressions.
Le thalweg est un axe de basses pressions.
Le marais barométrique est une vaste étendue où la pression atmosphérique varie très peu. Celle-ci, qui se mesurait autrefois en poise, et plus récemment en millibar, s'exprime aujourd'hui en hectopascal.

Le romancier suisse, Benjamin Constant de Rebecque (1767-1830), auteur du fameux roman *Le cahier rouge*, publié soixante-dix-sept ans après sa mort (!), directeur du Mercure de France et ami très intime de Mme de Staël, disait : « Un pays qui sait reconnaître la couleur des vents est un pays où il fait bon vivre. » En 1814, il revendiqua même la nationalité française. Le comble pour un Suisse. Peut-être ce « miracle » était-il dû à la couleur des vents de France, dont la palette a été dûment codifiée.
Noir pour les vents froids et impétueux.
Blanc pour les vents chauds et humides.
Gris pour les vents de pluie, apportant les nuages.
Roux pour les vents du soleil levant chaud.
Brun pour les vents du soleil levant frais.

« S'il fait du vent à la lune rousse, rien ne pousse. »
Les couleurs tiennent une très grande place dans la prévision météorologique traditionnelle. Les anciens, qui prenaient le temps d'observer la nature, avaient ainsi à leur disposition toute une batterie de signes qui ne trompent pas.
Un crépuscule rose ou orangé, un petit matin gris avec assez de bleu pour « tailler une culotte à un gendarme » annoncent le beau temps. De même que la dissipation du brouillard matinal avant midi, un léger vent d'ouest, ou des cumulus qui parsèment le ciel l'après-midi.

Une aube rouge ou un coucher de soleil jaune augurent de l'arrivée du vent, qui sera bourrasque si l'horizon devient verdâtre et laiteux.

Chez l'homme, les cheveux deviennent électriques en cas de vent sec, alors qu'ils se mettent à frisotter, en même temps que les rhumatismes et les cors aux pieds se réveillent, si la pluie est en chemin. Les animaux nous signalent également à leur façon l'approche du vent.
– Les chiens se roulent par terre.
– Les génisses courent en levant la queue.
– Les vaches boivent plus longuement, mais se laissent traire plus facilement.
– Les brebis s'agitent.
– Les abeilles regagnent la ruche.
– Les porcs grognent et éparpillent la litière.
– Les oies criaillent et battent des ailes.
– Les gros poissons montent vers la surface.
– Les oiseaux deviennent très bruyants.
– Les chevaux mettent la croupe au vent.
– Les mouettes regagnent l'intérieur des terres en cas de tempête.

Lorsque le vent amène la pluie, et que vous vous demandez combien de temps durera l'averse, observez les poules. Paradoxal à première vue, leur comportement est d'une logique imparable. Si elles courent se mettre à l'abri dès les premières gouttes, c'est que l'ondée sera passagère ; elles ne veulent pas se mouiller pour rien. Si elles restent dehors sans broncher, vous pouvez annuler vos projets de promenade. Ou bien partir aux escargots. Elles ont pris leur parti du mauvais temps.

Quant aux vaches, elles cherchent, quand c'est possible, à prendre un peu de hauteur, se couchent aussitôt sur le sol afin de s'installer bien au sec et laissent tranquillement la pluie ruisseler sur leur cuir. De la sagesse avant toute chose.

Lorsque je partis à la découverte des enfants d'Eole, je pensais lui trouver une cinquantaine de rejetons dans notre pays. Quelle ne fut pas ma surprise de constater qu'ils s'étaient multipliés comme les pains de la Bible ! Au cours de mes recherches, j'ai relevé trente-quatre roses représentant plus de cinq cents vents ! Et la liste est loin d'être close. Un véritable inventaire à la Prévert.

Tant va la ***Galerne***, ce courant d'air polaire maritime venu du cœur de l'Atlantique nord, entre Bretagne et Picardie, au bocage, qu'elle devient ***Noroît*** en Pays nantais et coule à contre-courant de la Loire. En Sologne et en Berry, elle se change en ***Morvandeau*** au nord ou en ***Vent d'Armorique*** au sud. Puis elle escalade les monts d'Auvergne, reconnue des pâtres en estive, qui la font tantôt ***Auvergnasse*** quand elle n'est pas franche, tantôt ***Traverso***, tandis que les Rouergats annoncent ***lo Gaterno*** et les Quercynois, le ***Jibral***. La voilà ***Mistral*** depuis la région du Lyonnais, par les Cévennes jusqu'en Provence, alors qu'elle est ***Barbanis*** ou ***Tramontane*** en Languedoc.

Un festival de noms pittoresques et truculents, venus des dialectes dont ils contribuent ainsi à préserver la mémoire, qui indiquent généralement la direction d'origine, la destination ou le caractère des vents.

Certaines régions de France sont moins soumises aux turbulences que d'autres et, contrairement à ce que qu'on pourrait penser, il s'agit surtout des zones de plaines. Comme si les vents se perdaient dans ces grands espaces où ils manquent de repères.

Après avoir répertorié tous ceux qui soufflent sur notre pays, je me suis accordé la liberté d'inventer une rose des vents de Paris intra-muros. Petit supplément imaginaire au patrimoine aérologique pour donner une bouffée d'air frais aux habitants de la capitale, qui en sont trop souvent privés.

A

A de Pargues

ou *Soulaire Champenois*

(Rose des vents de Champagne & Ardennes – page 145)
Air polaire continental.

Source :
Pargues et Chaource.

Déclenchement et mécanisme :
Hautes pressions sur l'Alsace, et basses pressions sur le Bassin parisien et l'Orléanais. Vent de secteur est. Sa vitesse moyenne est de 20 km/h.

Zone d'influence :
Brise de terre locale, froide l'hiver, tiède et humide l'été, elle se développe sur l'Aube méridionale et la région d'Othe, et disparaît dans le Sénonais. Son cours fait 40 km de large pour 80 km de long.

Histoires et Singularités :

L'*A* de Pargues (courant bâtard du ***Soulaire*** champenois), flâne dans le vignoble et aspire la rosée du matin sur les grains de Chardonnay.
« Quand les matins de Champagne fument au sacre de l'été, le grain blond confit sous le feuillage. »

Aguéil

(Rose des vents des Cévennes – page 32)
Air polaire continental.

Source :
La vallée du Rhône dans la région de Bollène.

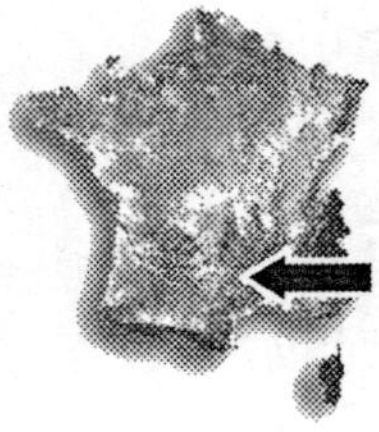

Déclenchement et mécanisme :
Hautes pressions sur l'Italie, et basses pressions sur le golfe de Gascogne. Petite bise de secteur est. Sa vitesse est variable.

Zone d'influence :
L'*Aguéil* souffle sur les Cévennes. Il traverse le Gard septentrional et la Lozère méridionale. Son cours fait 30 km de large pour 90 km de long.

Histoires et Singularités :

Son nom vient probablement d'*Aguiéloun*, nom occitan de l'Aquilon. Ici, il est donc employé à tort quant à sa direction. Mais l'erreur est peut-être imputable à Jean de La Fontaine qui, en faisant s'opposer l'Aquilon (vent du Nord) au Zéphyr (vent d'Ouest), dans *« Le Chêne et le Roseau »*, a pu tromper Provençaux et Cévenols !

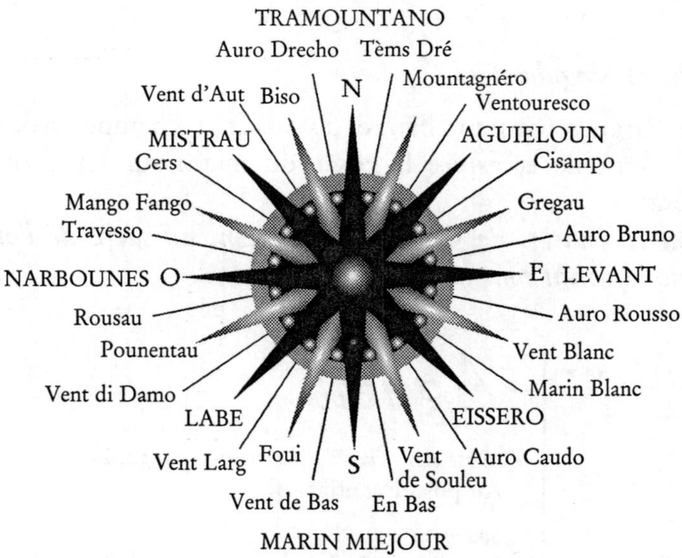

Vents du Moulin d'Alphonse Daudet à Fontvieille

Aguiéloun
ou *Gré*

(Léi vènt que boufon en Prouvenço *et Rose des vents du Moulin de Fontvieille – pages 22, 169)*
Air arctique continental.

Source :
Les Alpes méridionales dans le massif du Queyras et les Ecrins. Aiguille du Chambeyron (3411 m) et dôme des Ecrins (4103 m).

Déclenchement et mécanisme :
Hautes pressions sur la Scandinavie septentrionale, et basses pressions sur le golfe du Lion et l'Espagne. Vent d'altitude, il n'est pas influencé par les reliefs. L'***Aguiéloun*** souffle de secteur nord-est, et s'étale en direction du sud-ouest sur toute la Provence. Sa vitesse moyenne est très aléatoire (de 30 km/h l'été à 60 km/h l'hiver), toute en bourrasques. On reconnaît ses tourmentes à ses hurlements lancinants en plein ciel. Il atteint fréquemment plus de 4000 m d'altitude.

Zone d'influence :
Classé parmi les vents d'automne (*lis rispo*) en Provence, compagnon terrestre de l'***Orsuro*** marin, il emprunte approximativement l'axe de la Durance et court jusqu'à la Méditerranée où il se perd dans le golfe d'Aigues-Mortes. Il traverse la Drôme provençale, les Hautes-Alpes, les Alpes-de-Haute-Provence, le Var, les Bouches-du-Rhône et le Vaucluse, ainsi que la pointe sud-est du Gard en Camargue. Son lit fait 90 km de large pour 250 km de long.

Histoires et Singularités :

L'***Aguiéloun*** est souvent baptisé à tort Aquilon, alors que ce n'est pas un vent de plein nord. Ce défluent oriental de l'***Euraquilon*** transporte des masses d'air venant du cercle polaire. Il ne dure

guère, mais est synonyme de grands froids. Il souffle généralement de la fin de l'automne au début du printemps ; des premières aux dernières gelées. Quand il descend des Alpes au printemps, par surprise, il sème la désolation dans les vergers, les vignobles et les jardins, et peut tuer en une nuit des milliards d'insectes.
Jusqu'au début du XXe siècle, il était, avec la ***Trémountano***, la ***Biso***, le ***Tèms dré***, la ***Cisampo***, le ***Ventouresco*** et le ***Mountagniéro***, l'adjoint des « geleurs » de Provence qui transformaient l'eau en glace, en aménageant des « glacières » naturelles entre les failles de roches et des conduits souterrains réalisés avec un savoir-faire de sorcier. Ce sont par exemple les glacières d'Ollioules, dans le Var, autour des caches de *Gaspard de Besse*. Aujourd'hui, il sert surtout à stabiliser la sous-couche du manteau neigeux des stations de sports d'hiver des Alpes du Sud.

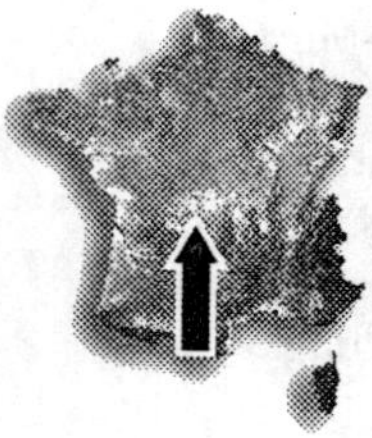

Aïgal

(Rose des vents du Quercy-Rouergue – page 357)
Air tropical continental.

Source :
La vallée du Dadou (Tarn).

Déclenchement et mécanisme :
Hautes pressions sur l'Espagne orientale, et basses pressions sur l'Ile-de-France. Vent de sud. Sa vitesse est minime.

Zone d'influence :
Surgissant entre la vallée du Dadou et celle du Tarn, il traverse l'Aveyron, le Tarn-et-Garonne oriental et le Lot, où il se perd sur le Causse de Gramat. Son cours fait 70 km de large pour 120 km de long.

Histoires et Singularités :

Aigue signifie « eau » en occitan. Comme son nom l'indique, c'est un vent qui amène la pluie.

Albé

(Rose des vents des Catalans – page 180)
Air tropical continental.

Source :
Les monts Albères (Pyrénées-orientales).

Déclenchement et mécanisme :
Hautes pressions sur l'Aragon (Espagne), et basses pressions sur la vallée du Rhône. Vent chaud et humide, de secteur sud-sud-ouest. Sa vitesse moyenne est de 30 km/h.

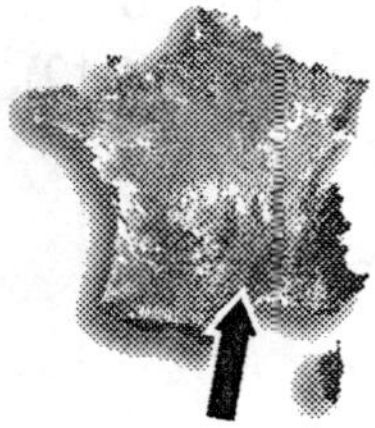

Zone d'influence :
Il souffle sur Collioure et Argelès-sur-Mer, et ne dépasse guère la basse vallée du Tech.

Histoires et Singularités :
« Albé, pluja al darré. »
« Vent d'Albères, pluie derrière. »

Al dé Mars
ou *Hâles de Mars*

(Rose des vents de Franche-Comté & Lorraine – page 111)
Air arctique maritime.

Source :
Les Vosges septentrionales.

Déclenchement et mécanisme :
Hautes pressions sur le Danemark, et basses pressions sur la vallée du Rhône et la Provence occidentale. Vent froid de secteur nord, défluent méridional franc-comtois de la **Bise noire**. Sa vitesse moyenne est de 30 km/h.

> *Zone d'influence :*
> Elle traverse les Vosges, la Haute-Saône, le Doubs et le Jura, où elle disparaît dans la région du Revermont, Son cours fait 100 km de large pour 230 km de long.

Histoires et Singularités :

Son nom vient de *hasle*, un déverbal qu'on trouve chez Chrétien de Troyes (1175), issu du latin *assulare*, « griller », mâtiné d'une influence néerlandaise *hael*, qui signifie « dessécher » (1240). Attention donc à ne pas trop se laisser « hâler » par le soleil !

« Hâle de mars
Pluie d'avril
Rosée de mai
Amène la pâte à la maison. »

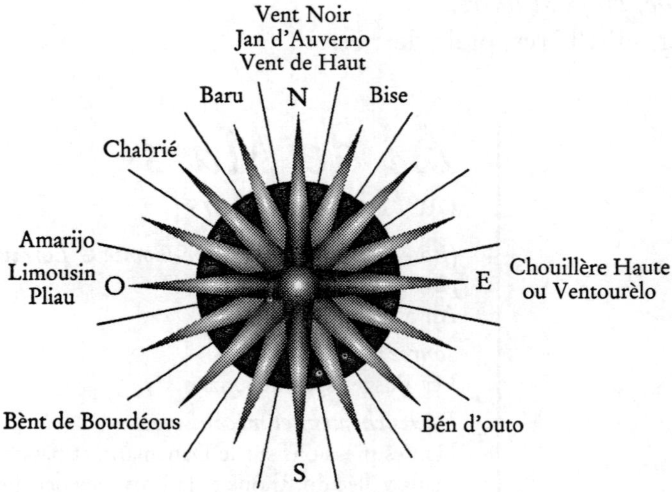

Rose des vents du Limousin

Amarijo

(Rose des vents du Limousin – page 26)
Air polaire maritime.

Source :
La région d'Angoulême.

Déclenchement et mécanisme :
Hautes pressions sur l'Atlantique, et basses pressions sur les Alpes. Brise marine soufflant d'ouest en est. Sa vitesse est inconstante : 70 km/h en automne et en hiver, 30 km/h au printemps et en été. Aux équinoxes, ses rafales peuvent atteindre plus de 130 km/h.

Zone d'influence :
Le sud du Limousin. Il suit la vallée de la Vienne depuis les alentours de Saint-Junien, et vient se perdre aux confins orientaux du plateau de Millevaches, entre Aubusson et Ussel. Son cours fait 70 km de large pour 140 km de long.

Histoires et Singularités :

Son nom signifie « petite brise qui vient de la mer », en idiome limousin. Petite précision : dans cet idiome, « Millevaches » ne désigne nullement le nombre d'animaux qui broutent sur le plateau, mais les « mille sources » qu'on y a répertoriées.

Aouro
ou *Auro d'intrès*
(Vent ou *Vent du milieu,*
en idiome cévenol*)*

(Roses des vents des Cévennes et du Languedoc – pages 32, 43)

Air arctique maritime.

Source :
La Margeride.

Déclenchement et mécanisme :
Défluent affaibli de la ***Bise du Nord***, il subit parfois l'aspiration du ***Cers*** par l'Ouest. L'écartement sensible des marais isobares sur les plateaux du Vivarais et des Cévennes conditionne l'entrée des courants latéraux du ***Mistral*** en Ardèche et dans le Gard, ou de la ***Burle*** en Lozère.
Son déclenchement dépend de trois facteurs :
1. Des basses pressions sur le Bassin méditerranéen.
2. Des hautes pressions sur le nord de la France.
3. La ***Bise du Nord*** soufflant par les couloirs de la Saône vers le Rhône.

Vent rare, de secteur nord, soufflant sur la région des Grands Causses, les Cévennes et la région de Béziers, sa vitesse moyenne est de 40 km/h.

Zone d'influence :
Il traverse la Lozère méridionale, l'Aveyron oriental, le Gard, et l'Hérault, où il vient gifler l'étang de Thau et le cap d'Agde, avant de disparaître sur la Côte Vermeille, dans le Roussillon. Son cours fait environ 70 km de large pour 170 km de long.

Histoires et Singularités :

Son nom est tiré du latin *Aura* (Air). On peut le confondre avec le ***Mistral***. Son caractère vif et froid a conditionné le mode architectural cévenol jusqu'au milieu du XXe siècle. Il chasse les nuages et provoque une baisse brutale des températures en période estivale. En hiver, il fait givrer les brouillards matinaux.
Il change de nom au fur et à mesure qu'il descend vers la mer. Dans le nord des Cévennes on l'appelle encore ***Burle***, comme en Auvergne, ***Aouro*** au cœur des Cévennes, sur les Grands Causses et dans le Gard, alors que dans le Biterrois, il devient ***Auro d'intrès.***

Au tout début du XVIIIe siècle, le sacristain de l'abbé du Chayla, ennemi acharné de la Réforme, prononça cette phrase demeurée célèbre dans la région :
« Burla méi Aouro canti, partèns à la mar négat un camisard ! »
« La Burle et l'Aouro chantent ; ils s'en vont à la mer noyer un camisard ! »

Apéliotes

(Rose de la Tour des vents d'Andronicos – page 411)
Air polaire continental.

Vent soufflant de secteur est, depuis la Turquie vers la mer Egée et la Grèce, mais aussi sur l'Adriatique et l'Italie. La grande vague d'immigration italienne dans notre pays au début du siècle le fit connaître en diverses régions du Midi. Vent généralement doux, il annonce souvent de grandes pluies.

Aquilon

(Rose de la Tour des vents d'Andronicos – page 411)
Air arctique maritime.

Soufflant de secteur nord vers le sud, il est considéré comme le maître des vents, froid, puissant et dévastateur.

Son nom vient du latin *aquilo*, qui désigne l'origine nordique, et apparaît pour la première fois sous cette forme dans le psautier de Cambridge en 1120.

Ara – Vam d'mèidyio

(Vent – Vent du Midi,
en idiome auvergnat*)*

(Rose des vents d'Auvergne – page 241)
Air tropical continental.

Source :
Entre les monts du Velay et le Planèze, dans l'axe de l'Allagnon, près de Saint-Flour.

Déclenchement et mécanisme :
Hautes pressions sur l'Espagne et les Baléares, et basses pressions sur le nord de la France. Il monte de la mer vers le Massif central. Souvent générateur de pluie, et de redoux en hiver. Sa vitesse ne dépasse guère 40 km/h.

Zone d'influence :
De l'extrême pointe du Cantal oriental, il suit un axe sud-nord pour se perdre entre Gannat et Vichy. Il traverse le département du Puy-de-Dôme, où il est connu pour apporter une tiédeur marine bienvenue, en effleurant la pointe occidentale de la Haute-Loire. Il provoque un effet de ***Fœhn*** sur les versants nord des monts Dorés. Son lit fait 40 km de large pour 115 km de long.

Histoires et Singularités :

« *Ara d'méidiyo, ara del pluiyo.* »
« Vent du Midi, vent de la pluie. »

Arouergue

(Rose des vents des Cévennes – page 32)
Air polaire maritime.

Source :
Le Rouergue.

Déclenchement et mécanisme :
Hautes pressions sur le golfe de Gascogne, et basses pressions sur la Provence et le sud des Alpes.
Vent humide de secteur ouest. Sa vitesse moyenne est de 20 km/h.

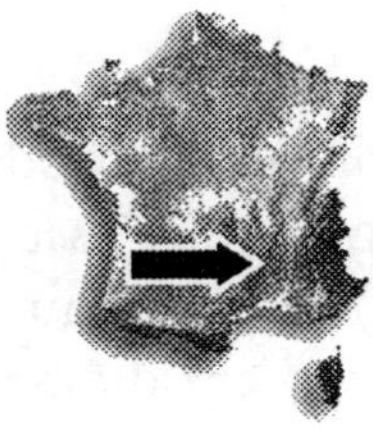

Zone d'influence :
Les Cévennes. Il traverse les Grands Causses et la Lozère méridionale, puis le département du Gard.
Son cours fait 60 km de large pour 130 km de long.

Histoires et Singularités :

En idiome cévenol, son nom signifie « qui vient du Rouergue ». Entre 1990 et 2000, on a pu observer que les vents d'ouest allaient en forcissant. Ce n'est pas le cas de l'***Arouergue.***
On dit que le froment de seigle, le suint chaud des brebis, les suées des paillers et le lait du pays font de ce vent mou qui coule des Grands Causses un breuvage qui rend doux.

Atèn

(Rose des vents du Poitou – page 369)
Air tropical continental.

Source :
La région d'Angoulême.

Déclenchement et mécanisme :
Hautes pressions sur le Bassin aquitain et les Pyrénées, et basses pressions sur la Champagne.
Vent de sud-sud-ouest. Sa vitesse moyenne est de 40 km/h.

Zone d'influence :
Le Poitou occidental. Il traverse la Charente et la Charente-Maritime, ainsi que l'extrême pointe

méridionale des Deux-Sèvres et de la Vienne. Il meurt en Touraine méridionale. Son lit fait 80 km de large pour 200 km de long.

Histoires et Singularités :

Son nom est une variante d'***Autan*** en idiome poitevin. Vent chaud et humide, parfois violent, il souffle de manière régulière et lisse, charriant des masses nuageuses (cumulo-nimbus) formées au-dessus de l'Aquitaine. Souvent, il se mélange, ***Araud*** en idiome saintongeais, avec des vents de terre venant par le Sud ***(Autèn)*** ou le Sud-Sud-est (***Nautèn***) qui le contrarient (***Araùd*** en idiome saintongeais). Ils sont synonymes de pluies abondantes.

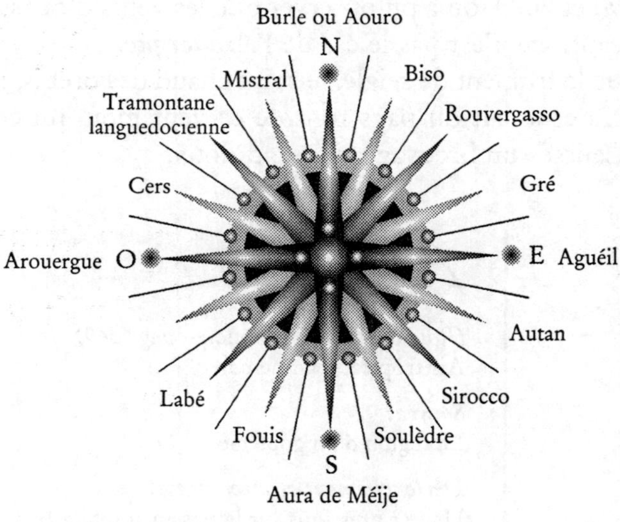

Rose des vents des Cévennes

Aura de Méije
(Vent du Midi)

(Rose des vents des Cévennes – page 32)
Air tropical continental.

Source :
Le golfe du Lion.

Déclenchement et mécanisme :
Hautes pressions sur la zone « Minorque » en Méditerranée, et basses pressions sur le Massif central. Vent chaud de secteur sud. Sa vitesse moyenne est de 20 km/h.

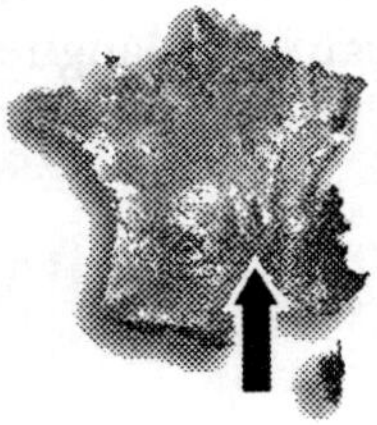

Zone d'influence :
Les Cévennes. Il entre sur le continent entre la pointe de l'Espiguette et le cap d'Agde, et traverse l'Hérault oriental et le Gard. Il meurt au pied du mont Lozère. Son cours fait 70 km de large pour 110 km de long.

Histoires et Singularités :

Il tient son nom pour moitié du latin *Aura*, et pour l'autre moitié d'un mot de l'idiome cévenol qui signifie « Midi ».
« La vieille qui sonne le retient en son clocher le temps de l'Angélus. »
(Il ne dure que l'espace d'une volée de carillon.)

Aurisse
ou *Eurse* ou *Eurche*

(Rose des vents de Bourgogne-Berry-Morvan – page 318)
Air arctique maritime.

Source :
La Brie.

Déclenchement et mécanisme :
Hautes pressions sur le mer du Nord, et basses pressions sur la vallée du Rhône et la Provence. Vent sec et froid de secteur nord-nord-ouest. Sa vitesse moyenne est de 20 km/h.

Zone d'influence :
La Bourgogne. Il traverse l'Yonne, la Côte d'Or et la Saône-et-Loire septentrionale. Son cours fait 60 km de large pour 250 km de long.

Histoires et Singularités :

Son nom vient du latin *Aura*, qui a donné « Aure » en langue d'oïl, d'où sont nées les diverses variantes des idiomes locaux. En langue d'oc, *lis aurasso* désignent les vents d'hiver.

Auro
ou *Trémountano* ou *Tramountano*

(Léi vènt que boufon en Prouvenço *et Rose des vents du Moulin de Fontvieille – pages 22, 169)*
Air arctique maritime.

Source :
Depuis le Coirons, dans la haute vallée de l'Ouvèze, et le col de l'Escrinet (Ardèche), jusqu'à la haute vallée du Drac au-dessus d'Orcières et le Parc des Ecrins.

Déclenchement et mécanisme :
Hautes pressions sur le nord de la France, et basses pressions sur la Méditerranée. Tout aussi froid et puissant que la ***Bise du Nord***, c'est un courant d'air matinal ou crépusculaire qui rafraîchit les chaudes journées estivales. Vent terrestre rampant, il ne dépasse que très rarement les 2500 m d'altitude. Sa vitesse moyenne est de 40 km/h.

Zone d'influence :
Depuis l'Ardèche méridionale

et les Alpes-de-Haute-Provence septentrionales, il suit un axe nord-sud vers le Bassin méditerranéen. Frère jumeau de la ***Trémoutano***, il traverse le Gard oriental, le Vaucluse, les Alpes-de-Haute-Provence, puis les Bouches-du-Rhône et le Var. Son lit fait 160 km de large sur 160 km de long !

Histoires et Singularités :

Auro est un nom générique qui signifie « vent » en idiome provençal, et sert à en désigner plusieurs variétés. Celle-là tempère le climat subtropical du Midi. Errant, dans les garrigues provençales, elle fait l'effet d'un gros ventilateur. Vers la fin de l'automne, elle donne les premiers coups de semonce de l'hiver, et avertit les pâtres en estive dans les alpages qu'il est temps de regagner les bergeries des vallées. Les méridionaux ont pris l'habitude de l'appeler ***Auro*** en été et ***Trémountano*** en hiver.

Auro bruno

(*Vent sombre,* en idiome provençal)

(*Rose des vents du Moulin de Fontvieille et* Léi vènt que boufon en Prouvenço – *pages 22, 169)*
Air arctique continental.

Source :
Le massif des Trois Evêchés (Alpes-de-Haute-Provence) et le massif de l'Esterel.

Déclenchement et mécanisme :
En général, de fortes pressions sur l'Europe centrale, avec des basses pressions sur l'extrême sud-ouest du Bassin aquitain et l'Atlantique. Défluent des grands courants d'est, vent d'est-quart-nord-est, il ne doit son axe approximatif qu'aux alignements des reliefs des Alpes. Sa vitesse est de 20 km/h en moyenne.

Zone d'influence :
Il traverse les Alpes-de-Haute-Provence, le Var, les Bouches-du-Rhône, le Vaucluse et le Gard méridional. Son cours fait environs 100 km de large pour 300 km de long.

Histoires et Singularités :

C'est un vent rampant qui musarde sous les frondaisons et fait à peine frissonner la surface des eaux mortes. Il étire les brumes matinales au ras des herberies.
« L'Auro bruno sé lèvo méi la luno et sé coucho couro lo gaou canto. »
« Le Vent brun se lève avec la lune et se couche quand le coq chante. »

Auro caudo

(Vent chaud, en idiome provençal*)*

(Léi vènt que boufon en Prouvenço *et Rose des vents du Moulin de Fontvieille – pages 22, 169)*
Air tropical continental.

Source :
La mer de Ligure, entre Corse et continent.

Déclenchement et mécanisme :
Air maritime sous l'influence d'une légère pression dans la zone « Provence » en Méditerranée, et de basses pressions sur la vallée du Rhône.
Sa vitesse moyenne est de 20 à 30 km/h.

Zone d'influence :
Il est considéré sous cette appellation de Saint-Tropez à Port-St-Louis-du-Rhône. Vent de mer, son cours fait 160 km de large et 180 km de long. Il remonte jusqu'à Manosque et Uzès.

Histoires et Singularités :

C'est une sorte de mini-mousson. Il est classé parmi les vents d'été (*u marinado*) en Provence. Vent d'après-midi, on a coutume de dire qu'il se lève quand les Provençaux se couchent pour faire la sieste. Il porte loin dans les terres les fragrances iodées de mer et d'algues séchées.

Auro d'intrès

Voir Aouro

Auro drécho

(Vent droit, en idiome provençal*)*

(Léi vènt que boufon en Prouvenço *et Rose des vents du Moulin de Fontvieille – pages 22, 169)*
Air arctique maritime.

Source :
Entre le parc des Cévennes et la vallée du Rhône, au sud de l'Ardèche.

Déclenchement et mécanisme :
Défluent de la ***Bise du Nord***, ce n'est donc pas un vent violent. Sa vitesse moyenne est de 40 km/h.

Zone d'influence :
Il traverse le Gard, le Vaucluse, les Bouches-du-Rhône et le Var. Son lit fait environs 120 km de large pour 150 km de long.

Histoires et Singularités :

Il vient en éclaireur, généralement à l'automne, tester la résistance au froid de la nature. Précurseur de l'hiver, il donne le signal aux hommes, à la faune et à la flore de revêtir leurs habits protecteurs.

Picador venu de la banquise, armé d'un aiguillon de glace, il pince les extrémités – nez, doigts, oreilles – et fige les flaques d'eau.

Auro rousso

(Vent roux, en idiome provençal*)*

(Léi vènt que boufon en Prouvenço *et Rose des vents du Moulin de Fontvieille – pages 22, 169)*
Air tropical continental.

Source :
La Méditerranée, au large du cap Dramont.

Déclenchement et mécanisme :
Hautes pressions sur le Bassin ligurien et la Riviera di Ponente italienne, et basses pressions sur les Cévennes. Ce vent côtier, mini-mousson d'été, est une turbulence entre les vents de mer et les courants terrestres. Sa vitesse moyenne est de 40 km/h.

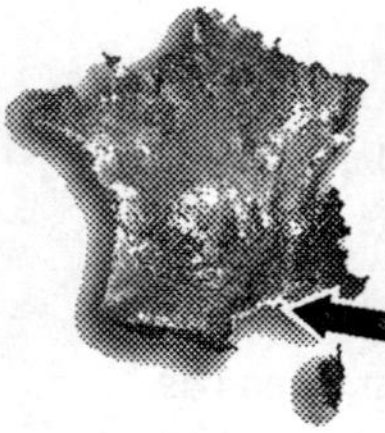

Zone d'influence :
Il entre dans le département du Var par l'Esterel. Son cours fait 60 km de large depuis une ligne comprise entre le cap Dramont à Boulouris et le cap d'Arme à Porquerolles. Après un parcours de 150 km de long, il s'épuise dans les garrigues gardoises, au pied des Cévennes.

Auster

(Rose de la Tour des vents d'Andronicos – page 411)
Vent de sud.

En latin *Auster* signifiait « vent du Sud ».
C'est l'origine de l'adjectif « austral ». Il apparaît en 1120 dans le psautier d'Oxford, sous la terminologie « austre ».
Vent chaud, il soufflait depuis l'Afrique sur la Crète, la Grèce et la Mer Egée.

Auster bienvenue

(Rose des vents de Paris – page 274)
Air tropical maritime.

Source :
La Porte d'Orléans.

Déclenchement et mécanisme :
Hautes pressions sur les plateaux du Limousin, et basses pressions sur la Belgique.

Zone d'influence :
Vent de sud-sud-ouest, il entre dans Paris par la Porte d'Orléans et s'engouffre dans l'avenue du Général Leclerc. C'est un vent chaud et léger qui se perd bien souvent avant la Porte de la Chapelle, où il est censé se rendre. Sa vitesse est sans importance.

Histoires et Singularités :

A la saison des moissons, il apporte aux Parisiens un peu d'air de la Beauce au parfum de paille sèche.

Auster folèt
(Vent du Midi un peu fou, en idiome auvergnat*)*

(Rose des vents d'Auvergne – page 241)
Air tropical maritime.

Source :
Aléatoire, entre Cahors et Villefranche-de-Rouergue.

Déclenchement et mécanisme :
Hautes pressions sur le Bassin aquitain, et basses pressions sur la vallée de la Saône. Vent tournant, sans axe précis, il monte sur le pays des volcans comme Don Quichotte s'attaquait aux moulins.

Il s'enroule autour des puys, tourbillonne, virevolte, s'affale net, et reprend sa valse insensée en miaulant autour des cheminées. Sa vitesse peut atteindre 60 km/h dans son extrême fureur.

Zone d'influence :
Il traverse l'Aveyron occidental, le Lot oriental, le Cantal, le Puy-de-Dôme, la Haute-Loire septentrionale et l'Allier. Son cours fait 80 km de large pour 280 km de long.

Histoires et Singularités :

Il énerve le bétail dans les pâturages, qui voudrait bien n'offrir à ses rafales que l'échine ou la croupe, mais ne sait jamais de quel côté se tourner. Puisant l'eau dans l'évaporation de l'Aveyron, du Lot, du Tarn et de la Garonne, il vient humecter de ses brumes épaisses le Massif central. C'est lui qui retourne et brise le plus de parapluies. Il ne faut donc pas s'étonner si Aurillac est la capitale de cet objet indispensable.

Austral
ou *Mièjour-Nari*

(Rose des vents du Périgord – page 367)
Air tropical maritime.

Source :
La vallée de la Basse Dordogne.

Déclenchement et mécanisme :
Hautes pressions sur l'Espagne, et basses pressions sur l'Europe du Nord. Il est connu sous cet appellation du Périgord Noir aux Pays de Loire. Vent de secteur sud. Sa vitesse moyenne est de 25 km/h.

Zone d'influence :
De la vallée de la Dordogne, autour de Bergerac,

aux vallées du Clain et de la Clouère, entre Saint-Maixent-l'Ecole et Montmorillon, il traverse la Dordogne, la Charente, la Haute-Vienne, et la Vienne. Son cours fait environs 70 km de large pour 150 km de long.

Histoires et Singularités :

C'est un vent rare, humide et chaud, qui n'amène que très rarement la pluie. Il renforce la climatique subtropicale, loin à l'intérieur des terres et maintient des quotients hygrométriques élevés sur son secteur. Il est source de giboulées printanières, bruines estivales, et redoux hivernal.

Austral Midi

(Rose des vents de Paris – page 274)
Air tropical continental.

Source :
L'aéroport d'Orly.

Déclenchement et mécanisme :
Hautes pressions sur le centre de la France, et basses pressions sur le Nord et la Picardie. Vent de sud soufflant vers le nord, il est synonyme de redoux en hiver. Sa vitesse moyenne est de 20 km/h.

Zone d'influence :
Il entre dans Paris par la Porte d'Italie et en sort par la Porte de Clignancourt.

Histoires et Singularités :

C'est surtout un vent d'automne, un vent roux qui réchauffe l'humus gras des sous-bois. Il sent le champignon, le gibier de Sologne et la bûche qui flambe dans les cheminées des fermes de l'Orléanais. Il donne des envies de campagne aux Parisiens.

Austrou

ou *Vènt larc* ou *Vènt soutran* (*Petit vent du sud*, en idiome nissart)

(Rose des vents des Nissarts – page 229)
Air tropical continental.

Source :
La zone « Corse » en Méditerranée.

Déclenchement et mécanisme :
Hautes pressions sur la mer de Sardaigne, et basses pressions sur les Alpes. Rival du ***Marin*** ou du ***Mièjour*** de Provence, l'***Austrou***, beaucoup moins impétueux, souffle de secteur sud sur le pays niçois. Sa vitesse moyenne est de 20 km/h.

Zone d'influence :
Du cap d'Antibes au cap Ferrat, jusque sur la montagne du Cheiron et Contes (Alpes-Maritimes). Son lit fait 25 km de large sur 45 km de long.

Histoires et Singularités :

Son nom est tiré d'*auster*, auquel le nissart a ajouté le suffixe « *ou* », qui signifie « petit ».

Autan

Air tropical continental.

C'est le nom générique des vents marins de secteur sud à sud-est dans le Midi. Il tire son étymologie du latin *altanus*, employé au milieu du XVIe siècle. C'est un dérivé de *altus*, « haut », utilisé pour désigner sa provenance : la haute mer,

Autan de Provence
ou *Eissero*

(Léi vènt que boufon en Prouvènço *et Rose des vents du Moulin de Fontvieille – pages 22, 169)*
Air tropical continental.

Source :
Le cap Corse.

Déclenchement et mécanisme :
Hautes pressions sur la mer Ionienne, et basses pressions sur le Massif central. Vent chaud et humide de secteur sud-est. Sa vitesse moyenne est de 40 km/h.

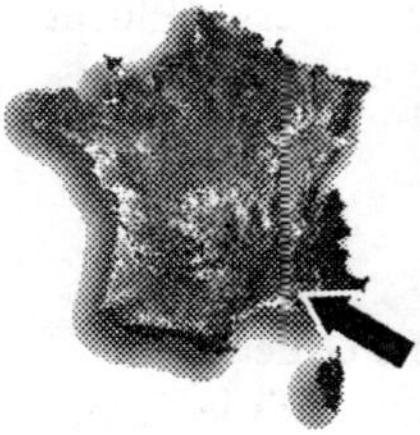

Zone d'influence :
Il traverse la zone « Provence » en Méditerranée et entre sur le continent par le Var et les Bouches-du-Rhône. Il poursuit sa route à travers les Alpes-de-Haute-Provence et le Vaucluse et disparaît dans le Gard et la Drôme méridionale entre Tricastin (Drôme) et la montagne de Berg (Ardèche).

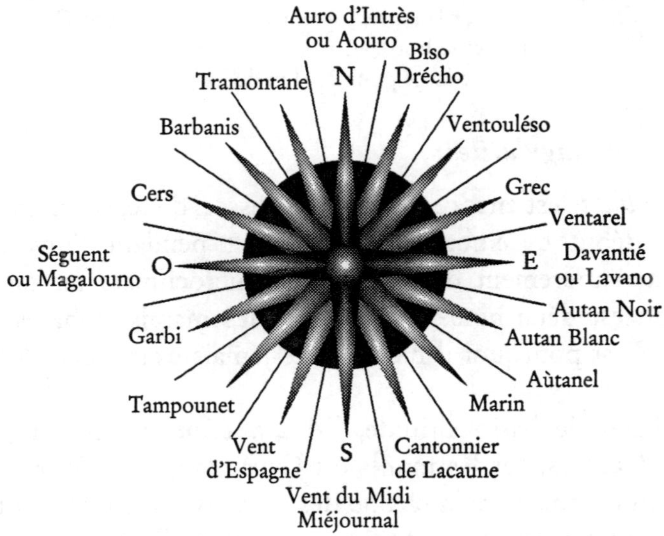

Rose des vents du Languedoc

Autan blanc
ou *Alto blanco*

(Roses des vents du Languedoc, et d'Auvergne – pages 43, 241)
Air tropical continental.

Source :
Le golfe du Lion.

Déclenchement et mécanisme :
Hautes pressions en Méditerranée sur le Bassin algéro-provençal, entre les Baléares et la Sardaigne et le golfe de Gênes, et basses pressions sur le Massif central surchauffé. Vent de secteur sud-est, défluent de l'***Autan*** de Provence. Sa vitesse moyenne est de 50 km/h.

Zone d'influence :
Il pénètre sur le continent dans le Languedoc-Roussillon, entre Sète et Leucate. Il traverse l'Aude, le Gard, l'Hérault, puis le Tarn, l'Aveyron, la Lozère et le Cantal. Il souffle parfois sur la partie septentrionale de la Haute-Garonne et le Lot-et-Garonne. Son cours fait environs 130 km de large pour 230 km de long.

Histoires et Singularités :

L'***Autan blanc*** est encore une mini-mousson d'été, soufflant de fin mars à début décembre, plus rarement pendant l'hiver. Vent rampant, entièrement dépendant des microclimats terrestres, sa direction est déterminée par l'action des marais isobares et des reliefs. C'est pourquoi il n'emprunte jamais exactement le même chemin.
Vent chaud de basse altitude, l'***Autan blanc*** va courir par les Grands Causses, sur les monts du Gévaudan, de la Margeride et de l'Aubrac, puis vers la chaîne des volcans du Cantal. Toujours aussi chaud, mais plus sec et tout aussi violent, il provoque un effet

de ***Foehn*** sur la vallée de Mandailles, après Saint-Flour et Aurillac. Généralement, il est chargé de cumulo-nimbus formés au-dessus de la Méditerranée. Les plus lourds resteront accrochés sur les premiers contreforts des Cévennes, au mont Aigoual (1565 m). Le bien nommé « mont de l'eau », le plus arrosé de France, reçoit 2,28 mètres de précipitations par an !

La plupart des constructions en milieu rural, datant d'avant 1900, sont orientées de manière à être protégées de la pluie et des coups de boutoir de ses rafales. Comme en Provence, on peut voir certaines demeures dont le pignon de la façade tourné vers l'Est a été carrelé.

Il génère des microclimats semi-tropicaux qui trompent la nature. La flore du Larzac et celle de l'Aubrac possèdent ainsi quelques exceptions végétales maritimes. Des espèces méditerranéennes qui se sont acclimatées sur les grands causses schisteux et les hauts plateaux basaltiques, comme l'œillet de Montpellier, la tulipe sauvage méridionale, la dent de chien ou la tanaisie du Midi qui servait autrefois dans la fabrication artisanale du pastis. Certains insectes se laissent aussi leurrer : les cigales chantent en Aveyron, au pied du col de l'Engayresque (888m), et dans une petite ville du Cantal, Maurs, aux routes bordées de platanes, qu'on a surnommée « la méridionale ».

Les régions soumises aux vents marins sont généralement des régions d'élevage ovin et caprin. L'***Autan blanc*** ne fait pas exception à la règle et apporte avec lui l'iode et le sel marin qui jouent un rôle important sur le comportement alimentaire des ovins et des caprins.

Les jardiniers tiennent souvent compte de la lune pour planifier leurs plantations. C'est aussi une bonne idée de faire ses « repiquées » dès les premiers souffles de l'***Autan blanc***, car dès qu'il s'éteindra, la pluie arrosera les semis.

Les éoliennes de Port-la-Nouvelle et de Sallèles-d'Aude utilisent à plein son énergie. De même que les amateurs de vol libre au-dessus de Millau, dont le site aérologique, connu pour ses courants ascendants, a une renommée mondiale. Belle revanche pour un vent que sa violence faisait détester des meuniers languedociens. En mai 1916, il provoqua même le déraillement du train entre Revel et Toulouse, tuant un voyageur.

« L'Autan de la nuèch fa lo torn del pueg. L'Autan del jorn dura uèch jorns. »

« L'Autan de la nuit fait le tour du puy. L'Autan du jour dure huit jours. »

« On ne tue pas de cochon quand le vent de la mer souffle, on dit qu'il ferait pourrir la saucisse. »

(Proverbes rouergats)

Autan noir

(Roses des vents de Toulouse-Pyrénées et du Languedoc – pages 43, 285)

Air tropical continental.

Source :

Le golfe du Lion.

Déclenchement et mécanisme :

Hautes pressions sur le Bassin algéro-provençal, entre la Sardaigne et les Baléares, et basses pressions sur le golfe de Gascogne. Vent de secteur est-quart-sud-est, il souffle toute l'année depuis le Languedoc sur la Gascogne. Sa vitesse moyenne est de 40 km/h.

Zone d'influence :

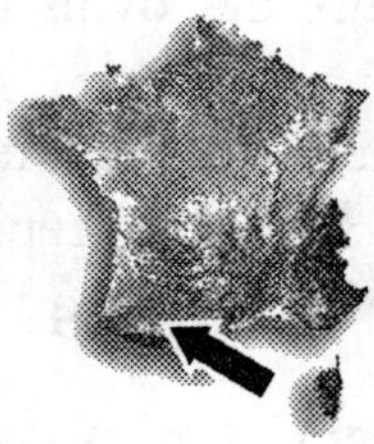

Les côtes méditerranéennes de l'Hérault et de l'Aude, puis l'Ariège septentrionale, le Tarn, la Haute-Garonne, les Hautes-Pyrénées, le Gers, le Tarn-et-Garonne, le Lot-et-Garonne. Il disparaît en Aquitaine occidentale, entre le Condomois (Gers) et le Béarn. Son lit continental s'étale sur environ 110 km de large pour 320 km de long.

Histoires et Singularités :

Vent rampant, comme l'***Autan blanc***, il est entièrement dépendant des microclimats terrestres, et sa direction, changeante, est elle aussi déterminée par l'action des marais isobares et des reliefs.

L'***Autan noir*** est un vent marin, chaud, qui va perdre sa force et sa vélocité le long des Pyrénées. Happé par les couloirs d'air ascendant des montagnes, il y accumule des masses nuageuses souvent très importantes. On peut le considérer comme le fournisseur principal des gaves et des rivières du grand Sud-Ouest, région de cultures maraîchères et fruitières. Les fortes précipitations qu'il génère sont aussi la cause principale d'inondations catastrophiques de Narbonne à Bordeaux.

Il régule de manière ponctuelle les températures hivernales, et donne aux Pyrénées leur climat doux et humide. Ce n'est pas un vent d'altitude, d'où de brutales baisses de température au-dessus de 1800 mètres qui entraînent d'abondantes chutes de neige. Ici, la flore méditerranéenne côtoie la végétation montagnarde classique.

Malgré son inconstance, l'***Autan noir*** alimente de son énergie, comme l'***Autan blanc***, les sites éoliens de Sallèles-d'Aude et de Port-la-Nouvelle.

« L'Autan s'en va à Montalban en riguent é s'en torna en plorent. »

« L'Autan s'en va à Montauban en riant et revient en pleurant. »

Autanèl

(Petit vent d'Autan, en occitan*)*

(Roses des vents du Languedoc – page 43)

Air tropical continental.

Source :

La montagne de la Clape, entre Narbonne et Gruissan.

Déclenchement et mécanisme:
Il fonctionne comme ses deux grands frères, l'***Autan blanc*** et l'***Autan noir***. Mais, beaucoup moins puissant, il sévit principalement en été, et son axe terrestre est moins précis. Vent de secteur sud-sud-ouest, il suit généralement les courbes du relief. Sa vitesse est insignifiante.

Zone d'influence:
Il traverse l'Hérault occidental, la pointe orientale du Tarn et l'Aveyron entre le Lévezou et le Ségala. Son cours fait 30 km de large sur 150 km de long.

Histoires et Singularités:

« *...Soi l'aureta d'una prima*
Que fa cantar l'aucelum
Aquel autanèl de cima
Que bronzis jol revolum... »
« ...Sur un petit air de printemps
qui fait chanter l'oiseau
le petit vent d'autan des cimes
qui fomente un changement... »
Extrait de: « *Al caïre de terrador* » – (Le territoire de mon pays) et « *Lo ventolin* » (Le zéphyr).
Avec l'aimable autorisation du poète occitan Zéphyr Bosc.

Autèn

(Rose des vents du Poitou – page 369)
Air tropical continental.

Source:
L'estuaire de la Gironde.

Déclenchement et mécanisme:
Hautes pressions sur le golfe de Gascogne, et basses pressions sur la Normandie. Vent de sud côtier.

Sa vitesse moyenne est de 30 km/h.

Zone d'influence:
Depuis la Saintonge méridionale jusque dans la haute vallée de la Sèvre niortaise, entre Niort et le Phare des Baleines de l'île de Ré, avant qu'il ne se perde au milieu des canaux du marais poitevin. Son cours fait 70 km de large pour 100 km de long.

Histoires et Singularités:

Son nom est une variante du latin *altanus* en idiome poitevin. Bien que son appellation soit voisine de l'***Autan*** languedocien, on ne peut pas vraiment les apparenter.
Il entretient de son souffle tiède et léger un microclimat subtropical sur le marais, où l'air est chargé des senteurs d'humus et d'herbes qui trempent. Les nuits d'été, dès qu'il faiblit, s'allument çà et là, au milieu des eaux dormantes couchées sur un épais manteau de feuilles mortes qu'une perche de maraîchin dérange, des feux follets que son souffle trop léger ne peut éteindre.

Auvergnasse

(Rose des vents d'Auvergne – page 241)
Air polaire maritime.

Source:
Les Combrailles (Creuse).

Déclenchement et mécanisme:
Hautes pressions sur la Bretagne, et basses pressions sur la Provence. Vent de secteur nord-nord-ouest, défluent de l'***Ecorche Chieuve***. Sa vitesse est insignifiante.

Zone d'influence:
Il traverse le Puy-de-Dôme et le Cantal septentrional pour mourir dans le Livradois, entre les vallées

de l'Allier et de la Dore. Son cours fait 60 km de large pour 130 km de long.

Histoires et Singularités :

Le suffixe « asse », péjoratif dans tous les idiomes, abâtardit ce vent d'Auvergne dans le sens : « Qui vient en Auvergne par un axe approximatif ».
On dit de lui qu'il serait dû au déplacement d'air provoqué par la queue des vaches qui paissent sur les Monts Dorés !

Avalin

(Rose des vents des pêcheurs normands – page 98)
Air polaire maritime.

Source :
La Manche ouest au nord de l'île de Guernesey, en droite ligne de Lizard-Point et Lands-End, en Angleterre.

Déclenchement et mécanisme :
Classé parmi les vents de nord-ouest, froid et humide, c'est un défluent du ***Norouêt***. Il souffle de secteur nord-ouest-quart-ouest. Sa vitesse est de 40 km/h en moyenne.

Zone d'influence :
Le Cotentin et la baie de Seine. Il traverse la Manche, l'Orne, le Calvados, l'Eure et la Seine-Maritime. Son cours fait 180 km de large sur 280 km de long.

Histoires et Singularités :

Comme son nom l'indique, l'***Avalin*** est un souffle « qui s'en va vers l'aval ». Vent latent, il conditionne des entrées maritimes assez loin dans les terres malgré sa petite force. Particularité assez rare : c'est un vent « poissonnier » qui favorise de belles pêches.

Ayalas

(Rose des vents d'Auvergne – page 241)
Air tropical continental.

Source :
Les monts du Vivarais.

Déclenchement et mécanisme :
Hautes pressions sur la zone « Provence » en Méditerranée, et basses pressions sur le Bassin parisien. Vent chaud de secteur sud-est se confondant avec le ***Marin***, il subit les caprices des vents d'Afrique du Nord, notamment le ***Sirocco***. L'***Ayalas*** souffle sur le Massif central par les couloirs situés entre les Sucs de l'Auvergne méridionale. Sa vitesse moyenne est de 30 km/h avec des pointes à plus de 100 km/h.

Zone d'influence :
Il traverse la Haute-Loire et le Puy-de-Dôme, et meurt entre la Limagne et les Combrailles. Son cours fait 50 km de large pour 140 km de long.

Histoires et Singularités :

Son nom est un dérivé d'*aïgal*, *aigue*, « eau » en occitan. Le suffixe « *as* », qui indique l'approximation, pourrait signifier que l'***Ayalas*** vient du mont Aigoual, « le mont de l'eau », apportant la pluie.

B

Balaguére
ou *Balaguéro*
(Tourment de vent du sud, en idiome béarnais*)*

(Rose des vents de Gascogne & Béarn – page 101)
Air tropical continental.

Source :
Les gorges du Pont d'Enfer et Portalet.

Déclenchement et mécanisme :
Hautes pressions sur l'Espagne, et basses pressions sur la Normandie et la Manche. Vent chaud de secteur sud. Sa vitesse est insignifiante.

Zone d'influence :
Le Béarn. Son cours fait 120 km de large pour 200 km de long.

Histoires et Singularités :

Il est souvent question d'*aigue* avec les vents du sud. Littéralement, le ***Balaguère*** fait « bouger l'eau », ce qui veut dire qu'il amène la pluie.
« Balaguèro nou s'mou jamès de séquerre. »
« Vent du sud ne meurt jamais de sécheresse. »

Balerswind

(Vent de Bâle, en alsacien*)*

(Rose des vents d'Alsace – page 265)
Air polaire continental.

Source :
La Forêt-Noire (Allemagne).

Déclenchement et mécanisme :
Hautes pressions sur l'Europe orientale, et basses pressions sur l'Atlantique nord. Vent d'est, il est connu sous cette appellation depuis le Rhin entre Karlsruhe et Bâle. Sa vitesse moyenne est de 50 km/h.

Zone d'influence :
Il traverse l'Alsace, le Territoire de Belfort, la Meurthe-et-Moselle méridionale, les Vosges, la Haute-Saône et le Doubs septentrional.
Son lit fait 150 km de large pour 200 km de long.
C'est le porteur d'eau de l'Alsace.

Histoires et Singularités :

L'Alsace en général est protégée des vents. Seul cinq courants balaient cette région à la climatique stable, zone de marais isobares sur l'ensemble du Fossé rhénan méridional, notamment la ***Bise du nord*** qui sévit en hiver.

Barbanis

(*Bon vent,* en idiome languedocien)

(Rose des vents du Languedoc – page 43)

Air polaire maritime.

Source :

La vallée de l'Agout entre les monts de Lacaune et la Montagne noire (Tarn).

Déclenchement et mécanisme :

Hautes pressions sur la zone « Nord-Gascogne » en Atlantique, et basses pressions sur les Baléares. Vent frais et humide l'été, froid l'hiver, il souffle de secteur nord-ouest. Sa vitesse moyenne est de 40 km/h.

Zone d'influence :

Le Narbonnais. Il traverse l'Hérault occidental, puis l'Aude, et meurt dans la région des étangs de Bages, Sigean et l'Ayrolle. Parfois, quand il se donne à fond, il bouscule les Corbières et vient s'affaler sur l'étang du Barcarès. Son cours fait 40 km de large pour 100 km de long.

Histoires et Singularités :

L'été, cette brise souffle dans l'axe du *Cers* et chasse les nuages.

Baru

(Rose des vents de Bourgogne, Berry et Morvan – page 318)
Air arctique maritime.

Source :
Le Perche, entre Alençon et Chartres.

Déclenchement et mécanisme :
Hautes pressions sur la mer du Nord, et basses pressions sur le Massif central. Courant bâtard de la ***Bise du nord***, froid, puissant et humide, il est synonyme de fortes gelées en hiver et au printemps. Sa vitesse moyenne est de 50 km/h.

Zone d'influence :
Il traverse l'Eure-et-Loir, le Loiret, le Loir-et-Cher, le Cher et l'Indre, et meurt dans la Creuse. Son cours fait 110 km de large sur 240 km de long.

Histoires et Singularités :

Son nom vient du latin *barus*, qui signifie « lourd ». On dit que le ***Baru*** est le « vent des sorcières » du Berry, qui faisaient trembler tous les habitants des régions voisines. Il fait battre les volets et grincer les gonds rouillés, miaule dans les cheminées auxquelles il arrache les escarbilles. On l'entend geindre dans les frondaisons et hurler quand il s'accroche aux cimes des grands arbres qu'il prend plaisir à tourmenter.
« Le Baru vient, les fadettes dansent. »

Bacousseù d'avoines

Vent de Champagne.

« Le secoueur d'avoines », en idiome champenois. C'est un qualificatif qu'on utilise surtout pour la Saint-Barthélemy, le 24 août, généralement jour de vents violents.

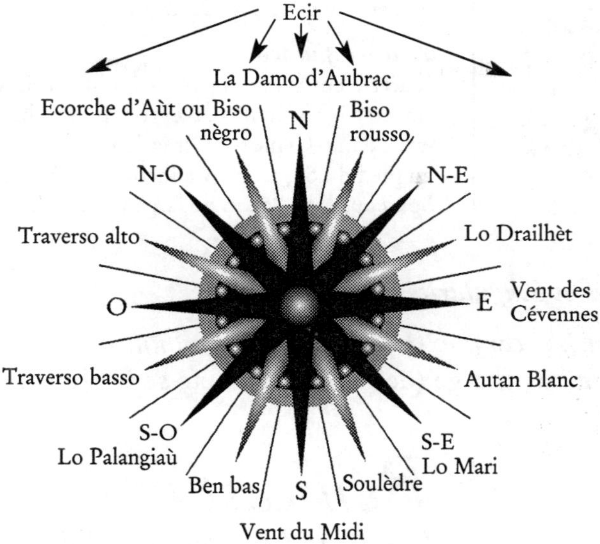

Rose des vents des Treize vents de Born à Aubrac

Bén bas

(*Vent bas,* en idiome rouergat)

(Les Treize Vents de Born à Aubrac – page 55)
Air tropical maritime.

Source :
Les monts de Lacaune (Tarn).

Déclenchement et mécanisme :
Hautes pressions sur les Pyrénées-Occidentales et le Languedoc, et basses pressions sur les Monts du Beaujolais et la vallée de la Saône. C'est un vent rampant, sujet à l'aspiration des couloirs

entre les reliefs. C'est aussi un vent errant, tiède et inconstant, qui ne suit guère son axe, autour duquel il serpente en permanence. Il souffle de secteur sud-sud-ouest vers nord-nord-est. Sa vitesse moyenne ne dépasse jamais les 20 km/h.

Zone d'influence :
Il arrive en Aveyron par les Monts du Lévezou, traverse la vallée de l'Aveyron, puis le lit du Lot entre Saint-Geniez-d'Olt et Espalion, et disparaît au pied du Signal de Mailhebiau en Aubrac (1469 m). Son cours fait 25 km de large pour 65 km de long.

Histoires et Singularités :

« Le Bèn Bas cargue, la fèsta entrà al paillùn. »
« Le Vent bas charge (des nuages), la fête se fera à la grange. »

Bén castanié
(Vent de Gascogne et Béarn)

C'est un vent d'automne, généralement de secteur nord-est, soufflant par à-coups sur la Gascogne. Souvent froid et sec, il décroche, paraît-il, les premières bogues, d'où son nom, « vent des châtaignes », en idiome gascon.

Bén d'Aubèrgne
(Vent d'Auvergne)

(Rose des vents de Gascogne & Béarn – page 101)
Air polaire maritime.

Source :
La région de Condom.

Déclenchement et mécanisme :
Hautes pressions sur la Bretagne et la zone « Nord-Gascogne » en Atlantique, et basses pressions sur les Baléares. Vent de secteur nord-ouest à nord-nord-ouest. Sa vitesse moyenne est de 40 km/h.

Zone d'influence :
L'Armagnac. Il traverse le Gers entre Lomagne et Chalosse et coule en direction du Comminges septentrional où il se perd. Son cours fait 60 km de large pour 120 km de long.

Histoires et Singularités :

On l'appelle « vent d'Auvergne », bien que son axe soit diamétralement opposé !

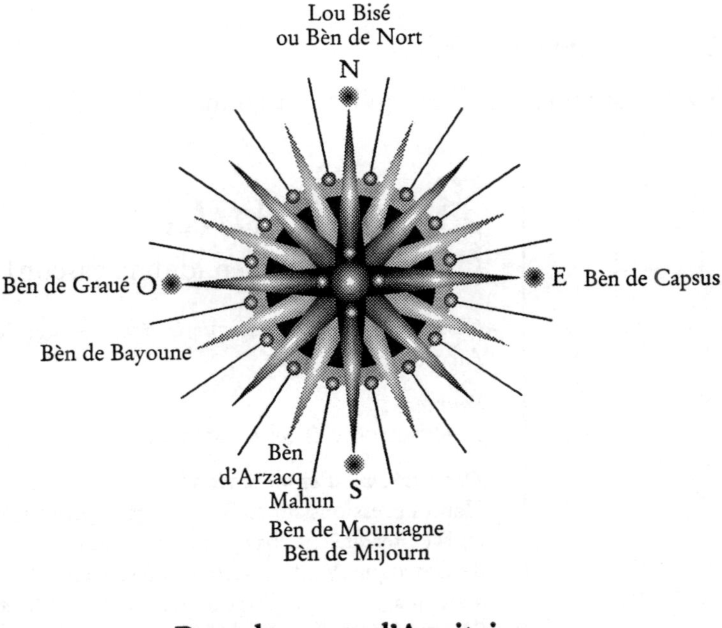

Rose des vents d'Aquitaine

Bén d'Arzacq
(Vent d'Arzacq)

(Rose des vents d'Aquitaine – page 57)
Air tropical continental.

Source :
Le Béarn septentrional.

Déclenchement et mécanisme :
Hautes pressions sur l'Espagne, et basses pressions sur la Picardie et la Belgique. Vent local de secteur sud-sud-ouest, il souffle sur la Chalosse, autour d'Aire-sur-l'Adour. Sa vitesse moyenne est de 30 km/h.

Zone d'influence :
Vent local chaud et humide, son cours fait 20 km de large pour 60 km de long.

Histoires et Singularités :

Ce vent est tellement local qu'il n'est connu qu'en Chalosse !

Bén d'Autà
(Vent d'Autan, en idiome gascon*)*

(Rose des vents de Gascogne & Béarn – page 101)
Air tropical maritime.

Source :
Les Hautes-Pyrénées occidentales.

Déclenchement et mécanisme :
Hautes pressions sur le Bassin algéro-provençal en Méditerranée, et basses pressions sur le golfe de Gascogne. Vent de secteur est-sud-est à est-quart-sud-est. C'est un défluent de l'***Autan noir.*** Sa vitesse moyenne est de 50 km/h avec des rafales

pouvant atteindre les 130 km/h. Mini-mousson, vent dominant chaud et humide, il est actif toute l'année.

Zone d'influence :
Le Béarn et la Gascogne. Il traverse le Gers et les Pyrénées-Atlantiques, où il disparaît autour du confluent de la Midouze et de l'Adour, entre Dax et Mont-de-Marsan. Son cours fait 60 km de large pour 160 km de long.

Bén de Bayoune

(*Vent de Bayonne*, en idiome gascon)

(Roses des vents de Gascogne & Béarn et d'Aquitaine – pages 57, 101)
Air tropical maritime.

Source :
La région de Bayonne.

Déclenchement et mécanisme :
Hautes pressions sur la zone « Ouest-Portugal » en Atlantique, et basses pressions sur le Centre-France et la Champagne-Ardenne. Vent de secteur ouest-sud-ouest. Sa vitesse moyenne est de 50 km/h.

Zone d'influence :
La Gascogne occidentale et l'Aquitaine. Il traverse les Pyrénées-Atlantiques, les Landes et le Gers, puis la Gironde et la Dordogne, où il va s'essouffler entre les régions du Double et du Périgord Blanc. Son cours fait 70 km de large pour 300 km de long.

Bén de Bourdéu

(*Vent de Bordeaux*, en idiome gascon)

(Rose des vents de Gascogne & Béarn – page 101)
Air polaire maritime.

Source :
La région de Bordeaux.

Déclenchement et mécanisme :
Hautes pressions sur les zones « Ouest-Bretagne » et « Nord-Gascogne » en Atlantique, et basses pressions sur les Pyrénées. Vent de secteur nord-ouest, frais et humide. Sa vitesse moyenne est de 40 km/h.

Zone d'influence :
Le Pays d'Albret, le Mersan et la Chalosse.
Il traverse les Landes, le Lot-et-Garonne et le Gers.
Il se perd dans le pays des sources des mille gaves dans les Hautes-Pyrénées méridionales. Son cours fait 100 km de large pour 260 km de long.

Bén de capsus
(Vent du levant)

(Rose des vents d'Aquitaine – page 57)
Air polaire continental.

Source :
Les méandres du Lot, aux confins occidentaux du département.

Déclenchement et mécanisme :
Hautes pressions sur les Alpes, et basses pressions sur le golfe de Gascogne. Vent sec et frais de secteur est. Sa vitesse est rarement supérieure à 30 km/h.

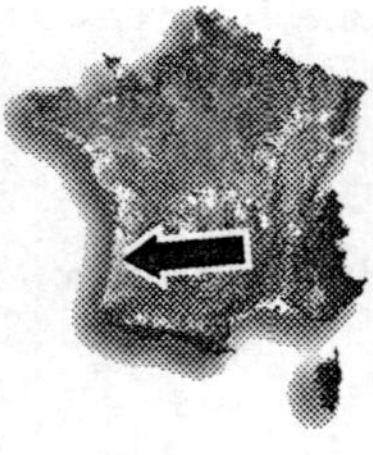

Zone d'influence :
L'Aquitaine. Il traverse le Lot-et-Garonne et les Landes septentrionales. Son cours fait 100 km de large pour 190 km de long.

Histoires et Singularités :

« Bén de Capsus, pluye dessus. »
« Vent du Levant, pluie dessus. »

Bén de dehoro

ou *Bén de Fouch*
(Vent de dehors ou *Vent de Foix)*

(Rose des vents de Toulouse-Pyrénées – page 285)
Air tropical continental.

Source :
La montagne du Plantaurel et le Pays de Foix.

Déclenchement et mécanisme :
Hautes pressions sur les Baléares, et basses pressions sur la Bretagne. Défluent ponctuel des courants chauds d'Afrique, il se charge de nuages en Méditerranée. Vent de secteur sud-sud-est à sud-sud-quart-est. Sa vitesse moyenne est de 40 km/h.

Zone d'influence :
Le Bassin toulousain et les Hautes-Pyrénées. Il semble couler des sommets du massif de l'Arize (Ariège) vers le Lauragais et la Lomagne, en suivant le cours de l'Ariège. Il fait 50 km de large pour 150 km de long.

Bén de graué

(Rose des vents d'Aquitaine – page 57)
Air polaire maritime.

Source :
Le Parc des Landes de Gascogne orientale.

Déclenchement et mécanisme :
Hautes pressions sur l'archipel des Açores, et basses pressions sur le Haut-Languedoc et la Camargue. Vent de secteur ouest. Sa vitesse moyenne est de 50 km/h.

Zone d'influence :
La Chalosse, l'Armagnac et la Lomagne. Il traverse les Landes orientales, le Lot-et-Garonne méridional et le Gers septentrional. Il se perd entre Valence-d'Agen et Lombez. Son cours fait 70 km de large pour 150 km de long.

Histoires et Singularités :

Son nom vient peut-être de « graule » ou « graulon », (guêpe, frelon, en occitan), pour qualifier ce vent qui ronfle, qui bourdonne.

Bén de Labasséro
(Vent de Labassère)

(Rose des vents de Toulouse-Pyrénées – page 285)
Air polaire maritime.

Source :
La Bigorre et Labassère.

Déclenchement et mécanisme :
Hautes pressions sur l'archipel des Açores, et basses pressions sur le haut Languedoc et la Camargue. Vent de secteur ouest, frère jumeau du ***Bén de graué***, du ***Bén de ma*** et du ***Vent d'Aquitaine***, il souffle sur le flanc nord des Pyrénées. Sa vitesse moyenne est de 40 km/h.

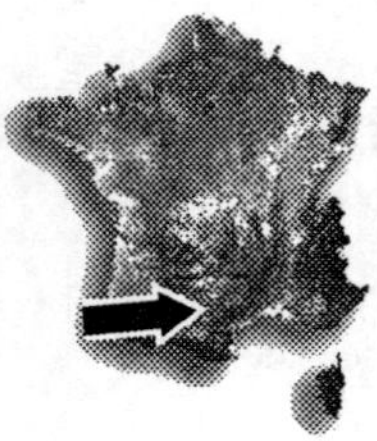

Zone d'influence :
Bagnères-de-Bigorre, principalement. Son cours fait 15 km de large pour 30 km de long.

Histoires et Singularités :

Comme tous les vents d'ouest dans cette région, il amène la pluie et les tempêtes.

Bén de l'Aglan

(Vent de l'Aglan)

(Rose des vents de Gascogne & Béarn – page 101)
Air tropical continental.

Source :
Le Béarn septentrional.

Déclenchement et mécanisme :
Hautes pressions sur l'Espagne, et basses pressions sur la Normandie et la Manche. Vent de secteur sud. Sa vitesse moyenne est de 20 km/h.

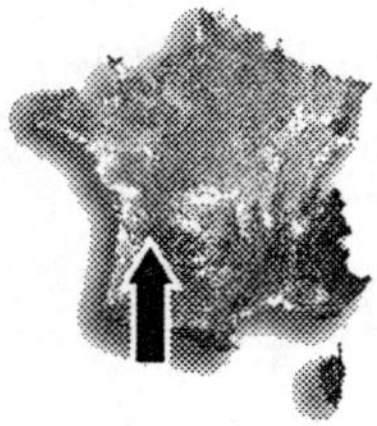

Zone d'influence :
La Chalosse. Il traverse la pointe septentrionale des Pyrénées-Atlantiques, depuis Pau et Montbourguet, puis les Landes orientales jusqu'à Luxey et Captieux (Gironde). Son cours fait 40 km de large pour 110 km de long.

Bén de Lourdo

(Vent de Lourdes, en idiome béarnais*)*

(Rose des vents de Gascogne & Béarn – page 101)
Air tropical continental.

Source :
Lourdes et la Bigorre.

Déclenchement et mécanisme :
Hautes pressions sur l'Espagne, et basses pressions sur la zone « Nord-Gascogne » en Atlantique. Vent chaud soufflant de secteur sud et sud-sud-est. Sa vitesse moyenne est de 20 km/h.

Zone d'influence :
L'Armagnac. Il court sur la frontière entre Pyrénées-Atlantiques et Hautes-Pyrénées, traverse le Gers et se perd en Armagnac entre Lectoure

et Barbotan-les-Thermes. Son cours fait 50 km de large pour 100 km de long.

Histoires et Singularités :

Nul n'a jamais pu dire s'il faisait des miracles...

Bén de ma

(Vent de mer)

(Rose des vents de Gascogne & Béarn – page 101)

Air tropical maritime.

Source :
Le golfe de Gascogne méridional.

Déclenchement et mécanisme :
Hautes pressions sur les Açores, et basses pressions sur le Languedoc et le golfe du Lion. Vent puissant, chaud et humide de secteur ouest. Sa vitesse moyenne est de 60 km/h.

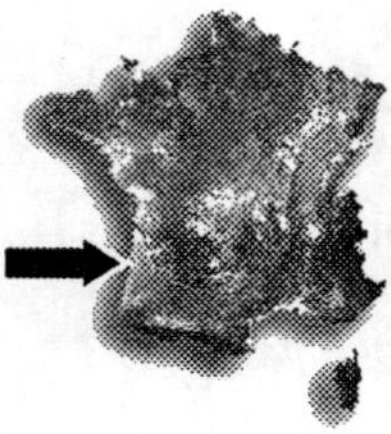

Zone d'influence :
La Gascogne maritime. Il entre par la Côte d'Argent et traverse les Landes. Il disparaît entre Langon et Aire-sur-l'Adour. Son cours fait 100 km de large pour 100 de long.

Histoires et Singularités :

« Bén de Ma, pluye chét triga. »
« Vent de mer, pluie sans tarder. »

Bén de mijourn

(Vent du Midi)

(Rose des vents d'Aquitaine – page 57)

Air tropical continental.

Source :
Le Pays basque.

Déclenchement et mécanisme :
Hautes pressions sur l'Espagne en Aragon, et basses pressions sur la Normandie et la Manche. Vent sec et chaud de secteur sud. Sa vitesse moyenne est de 20 km/h.

Zone d'influence :
L'Aquitaine. Il traverse les Landes occidentales et la Gironde, et disparaît en Vendée. Son cours fait 60 km de large pour 200 km de long.

Histoires et Singularités :

On l'appelle aussi ***Mahun.***
« Bén de Mijourn, pluye tout lou journ. »
« Vent du Midi, pluie tout le jour. »
« Lou Mijourn qu'es un machan bourdilé : ço qu'emprounte n'ic tourne pa jamé. »
« Le vent du Midi est un mauvais métayer : ce qu'il emprunte, il ne le rend jamais. »

Bén de mountagne
(Vent de montagne)

(Rose des vents d'Aquitaine – page 57)
Air tropical continental.

Source :
Le Pays d'Albret.

Déclenchement et mécanisme :
Hautes pressions sur l'Aragon (Espagne), et basses pressions sur la Normandie et la Manche. Vent sec et chaud de secteur sud. Sa vitesse moyenne est de 20 km/h.

Zone d'influence :
Le Bordelais. Frère jumeau du ***Bén de Mijourn***, il est la référence des vents de Sud. Il traverse les Landes occidentales et la Gironde. Son cours fait 50 km de large pour 160 km de long.

Histoires et Singularités :

« Bén de Mountagne, é hilhe de cabaret, passen pas jamé set. »
« Vent de montagne et fille de cabaret ne souffrent jamais de la soif. »

Bén de nort
ou *Lou Bisé*
(Vent du nord ou *Le Bisé)*

(Rose des vents d'Aquitaine – page 57)
Air arctique maritime.

Source :
La Saintonge.

Déclenchement et mécanisme :
Hautes pressions sur la Picardie, et basses pressions sur l'Espagne. Vent de secteur nord, défluent du ***Bén de nort*** gascon. Sa vitesse moyenne est de 40 km/h.

Zone d'influence :
L'Aquitaine. Il traverse la Charente-Maritime méridionale, la Gironde et la Dordogne occidentale, puis les Landes et le Lot-et-Garonne, avant de disparaître dans le Condomois et l'Armagnac. Son cours fait 150 km de large pour 220 km de long.

Histoires et Singularités :

Le « Bisé » est une variante masculine de la ***Bise.***

« Lou bisé qu'es un boun besin : ço que pren lou dessë, qu'ic tourne lou matin. »
« Le vent du nord est un bon voisin : ce qu'il prend le soir, il le rend le matin. »
« Lou bisé qu'es un boun péysan : ço que pren ouey, qu'ic tourne douman. »
« Le vent du nord est un bon paysan : ce qu'il prend aujourd'hui, il le rend demain. »
« Lou bén de Bise que trauque, rotche ou frete le camise. »
« Le vent du nord troue, perce ou frotte la chemise. »
« Bén de Nort, pluye d'abort. »
« Vent du nord pluie d'abord. »

Bén de soulédro

(Vent du soleil)

(Rose des vents de Gascogne & Béarn – page 101)
Air polaire continental.

Source :
La Lomagne (Tarn-et-Garonne).

Déclenchement et mécanisme :
Hautes pressions sur la basse vallée du Rhône et la Provence, et basses pressions sur le golfe de Gascogne. Vent de secteur est. Sa vitesse moyenne est de 30 km/h.

Zone d'influence :
L'Armagnac, et plus particulièrement le Gers septentrional, le Condomois et le Mersan (Landes). Son cours fait 40 km de large pour 120 km de long.

Bén d'Espagne

(Vent d'Espagne)

*(Roses des vents de Gascogne & Béarn
et Toulouse-Pyrénées – pages 101, 285)*
Air tropical continental.

Source :
Le Pays basque espagnol.

Déclenchement et mécanisme :
Hautes pressions sur la Sierra Nevada (Espagne) et la zone « Alboran » en Méditerranée occidentale, et basses pressions sur la Manche. Vent sec et chaud, de secteur sud. Sa vitesse moyenne est de 30 km/h.

Zone d'influence :
La Gascogne maritime et l'Aquitaine. Il traverse les Pyrénées-Atlantiques, les Hautes-Pyrénées, le Gers, les Landes, le Tarn-et-Garonne, puis le Lot-et-Garonne, et la Gironde. Son cours fait 180 km de large pour 280 km de long.

Histoires et Singularités :

« Lou bén d'Espagne qu'ey coum las putes, qu'a toustèm sét. »
« Le vent d'Espagne est comme les « femmes de petite vertu », il a toujours soif ! »

Bén d'Outo

(Vent d'Autan, en idiome limousin*)*

(Rose des vent du Limousin – page 26)
Air polaire continental.

Source :
Les monts du Cantal.

Déclenchement et mécanisme :
Hautes pressions sur le Bassin algéro-provençal en Méditerranée, et basses pressions sur le Massif central surchauffé. Conditions particulières de basses pressions sur la Bretagne, qui génèrent la levée en Limousin de ce cousin lointain, défluent de l'***Autan***. Sa vitesse moyenne est de 40 km/h.

Zone d'influence :
Relancé par l'étendue du plateau de Millevaches, il traverse la Corrèze et la Haute-Vienne, où il disparaît en Basse-Marche. Son cours fait 80 km de large pour 160 km de long.

Bén plouy

C'est un « vent de pluie » automnal, humide et frais. Généralement de secteur nord-est à est, il souffle sur la Gascogne et le Béarn.

Bènt de baù

(*Vent de fou,* en idiome béarnais)

(Rose des vents du Pays basque – page 195)
Air tropical maritime.

Source :
La Côte basque autour de Bayonne.

Déclenchement et mécanisme :
Hautes pressions sur les Açores, et basses pressions sur le Languedoc et le golfe du Lion. Vent puissant chaud et humide de secteur ouest. Sa vitesse moyenne est de 60 km/h.

Zone d'influence :
Le Pays basque. Il entre dans les Pyrénées-Atlantiques par Bayonne et poursuit sa route entre la Nive et l'Adour, puis disparaît entre Hasparren et Bardos. Son cours fait 15 km de large pour 25 km de long.

Bènt de biso

(*Vent de bise*, en idiome gascon)

(Roses des vents de Gascogne & Béarn et d'Aquitaine – pages 57, 101)
Air arctique maritime.

Source:
La Dordogne septentrionale, entre Gourdon et la vallée du Dropt, depuis sa source, du côté de Montpazier, jusqu'à Duras (Lot-et-Garonne).

Déclenchement et mécanisme:
Hautes pressions sur le nord de la France, et basses pressions sur l'Espagne. Sa vitesse moyenne varie selon les saisons: de 20 km/h en été à 40 km/h en hiver.

Zone d'influence:
Courant d'air froid, il traverse, du nord vers le sud, le Lot-et-Garonne, le Gers et les Hautes-Pyrénées. Son cours fait 100 km de large pour 200 km de long.

Histoires et Singularités:

C'est une exception dans cette région tempérée, plutôt soumise aux influences climatiques de l'océan Atlantique, où les vents d'ouest et nord-ouest et les courants latéraux des Pyrénées stabilisent le climat. Cette zone peut être le théâtre d'ouragans soudains et meurtriers.

Bènt de Bourdéous

(*Vent de Bordeaux*, en idiome limousin)

(Rose des vents du Limousin – page 26)
Air tropical maritime.

Source:
Bordeaux.

Déclenchement et mécanisme :
Hautes pressions sur le Portugal, et basses pressions sur la Champagne-Ardenne. Vent puissant dominant de secteur sud-ouest, il souffle en rafales sur le plateau de Millevaches. Sa vitesse moyenne est de 60 km/h.

Zone d'influence :
Il traverse la Dordogne, la Corrèze septentrionale, la Haute-Vienne, et va mourir dans la Creuse. Son cours fait 70 km de large pour 160 km de long.

Bèntesco

(*Vent de la neige*, en idiome béarnais)

(Rose des vents du Pays basque – page 195)
Air tropical continental.

Source :
La Sierra de Abodi (Espagne).

Déclenchement et mécanisme :
Hautes pressions sur la Costa del Azahar et la zone « Baléares » en Méditerranée, et basses pressions sur la zone « Nord-Gascogne » en Atlantique. Vent chaud et humide en été, froid et humide en hiver, de secteur sud-est. Sa vitesse moyenne est de 30 km/h.

Zone d'influence :
Le Pays basque. Il traverse la chaîne des Pyrénées par la Puerto de Ibanéta (1057 m), au pied de l'Ozenzuriéta (1570 m) en Espagne, et coule comme un torrent par la vallée de la Nive sur les Pyrénées-Atlantiques occidentales, pour disparaître au large de la Côte d'Argent. Son cours fait 30 km de large pour 80 km de long.

Bèntorio

En Gascogne et Béarn, ce mot désigne un coup de vent violent.

Bènt terraù

(*Vent de terre,* en idiome béarnais)

(Rose des vents de Gascogne & Béarn – page 101)
Air arctique maritime.

Source :
Le Médoc.

Déclenchement et mécanisme :
Hautes pressions sur la Grande-Bretagne, et basses pressions sur les Pyrénées. Vent froid et humide de secteur nord-nord-ouest. Sa vitesse est inconstante. La moyenne annuelle tourne autour de 40 km/h, avec des pointes en rafales à 120 km/h.

Zone d'influence :
La Gascogne et le Béarn. Il traverse le Pays d'Albret (Landes) et le Condomois, puis le Gers. Il disparaît dans la vallée d'Ossau au pied du Pic du Midi d'Ossau (2 884 m).

Betchawind

(*Vent d'ouest,* en alsacien)

(Rose des vents d'Alsace – page 265)
Air polaire maritime.

Source :
Entre le plateau de Langres et la Woëvre (Meuse).

Déclenchement et mécanisme :
Hautes pressions sur l'Atlantique, et basses pressions

sur l'Europe centrale. C'est un courant d'air humide et tiède l'été, plus rare l'hiver, soufflant ouest-nord-quart-ouest vers est-quart-sud-est. C'est le ***Zéphyr*** des Vosges. Sa vitesse moyenne est de 30 km/h.

Zone d'influence :
Il traverse la partie orientale de la Haute-Marne, puis la Haute-Saône septentrionale, les Vosges, la Meurthe-et-Moselle, la Moselle, l'Alsace, ainsi que le Territoire de Belfort. Son lit fait 140 km de large sur 180 km de long.

Histoires et Singularités :

C'est lui qui dévoile les « jaunôtes » (girolles) sous le manteau brun des feuilles de chênes yeuses ou tauzins, lui qui porte de loin en loin les senteurs chaudes et sucrées de quetsches sorties des alambics.
Au dernier zéphyr d'Eole, sur les pentes de la Schlucht, ou celles des Ballons, les myrtilles seront prêtes aux confitures. Vosgiennes et Alsaciennes s'en iront par les laies en haut des monts peigner les délicieuses éricacées à l'aide de leurs étrilles de bois.

Bije

(*Bise,* en idiome champenois de Haute-Marne)

(Rose des vents de Champagne & Ardennes – page 145)
Air arctique maritime.

Source :
Le Barrois (Meuse).

Déclenchement et mécanisme :
Hautes pressions sur la mer Baltique, et basses pressions sur la Méditerranée. Vent dominant glacial

de secteur nord. Sa vitesse moyenne est de 50 km/h.

Zone d'influence:
La ***Bije*** est un défluent de ***l'Ecorche ville*** qui sévit dans toute la région Champagne-Ardenne, cousine du ***Vent du bas*** dans l'Aube et du ***Do*** dans la Marne. Elle traverse la Haute-Marne et épouvante le plateau de Langres. Son cours fait 80 km de large pour 130 km de long.

Histoires et Singularités:

Elle est l'un des facteurs principaux des froidures de Langres, qui dispute à Aurillac le titre de ville la plus glaciale de France.

Biscaut

C'est un « vent chaud », en idiome béarnais.

Bise

La Cigale ayant chanté
Tout l'été,
Se trouva fort dépourvue
Quand la bise fut venue...

C'est le nom générique fameux des vents qui soufflent de secteur nord vers le sud, secs, puissants et froids (***Euraquilon***). Il vient du francique *bisia*, lui même issu du haut-allemand *bisa*. Ou peut-être, mais cela est moins probable, du latin *aura bisa* (vent noir). Il fut employé pour la première fois dans un texte français du XIIe siècle intitulé « *Le Voyage, ou pèlerinage de Charlemagne* ».

Bise blanche

(Rose des vents de Rhône-Alpes & Savoie – page 157)
Air arctique continental.

Source :
Les alentours du lac de Neuchâtel et du lac Léman.

Déclenchement et mécanisme :
Hautes pressions sur le cercle polaire, et basses pressions au sud de l'Europe occidentale. Front froid descendant de l'Europe septentrionale, il souffle de secteur nord-nord-est vers sud-sud-ouest.
La ***Bise blanche*** est un vent puissant et régulier. Courant d'air de grande envergure, quelque peu montagnard, il est réfrigéré par les sommets enneigés des Alpes suisses. Sa vitesse moyenne est de 50 km/h.

Zone d'influence :
Connue sous cette appellation depuis une ligne Chamonix-Pontarlier, la ***Bise blanche*** coule par les gorges de l'Ain et se perd entre les Dombes et le massif de la Chartreuse. Elle traverse le Jura, l'Ain, la Haute-Savoie, la partie nord de la Savoie et l'Isère. Son cours fait 110 km de large pour 230 km de long.

Histoires et Singularités :

Vent à congère, elle fixe les plaques à vent en montagne et durcit la surface du manteau neigeux. Elle chasse les nuages et fait chuter brutalement le thermomètre.
C'est un vent « poissonnier », propice à la pêche aux féras, bien connu des pêcheurs en eau douce, nombreux au bord des lacs et des rivières, du Jura au Rhône.

Bise ardennaise

(Rose des vents de Bourgogne, Berry et Morvan – page 318)
Air arctique continental.

Source :
La frontière belge et les Ardennes.

Déclenchement et mécanisme :
Elle est due au même processus que la ***Bise noire***, mais beaucoup moins violente. Elle n'est pratiquement pas soumise aux contraintes des marais isobares. Sa vitesse moyenne est de 50 km/h.

Zone d'influence :
La ***Bise ardennaise*** souffle depuis une ligne Charleville-Mézières et Maubeuge, dans le Thiérache, entre Sambre et Meuse, et se déroule sans retenue jusqu'à la Loire autour d'Orléans. Son cours fait 80 km de large pour 270 km de long.

Histoires et Singularités :

Vent sec et froid, il favorise le dessein gourmand des vignerons qui tentent, et réussissent pour notre plus grand plaisir, des vendanges tardives avec les blancs de blancs (Chardonnay) que cette bise épicurienne confit en douceur.
En Lorraine, on l'appelle « la tueuse ». Elle quitte son fief du Nord et part en croisade au premier jour de l'hiver, emportant les dernières feuilles des arbres, les petits animaux et les grands malades. Les eaux les plus tumultueuses se figent, les abris les mieux garantis sont fracturés ; la moindre fente et la voilà qui fait le tour de la maison, mord les chevilles, mange le bois dans l'âtre et s'enfuit par la cheminée rejoindre les furies dans le ciel. Il n'est aucun endroit connu de ce pays qui n'a jamais eu affaire avec elle, sinon les galeries des mines. Pourquoi est-ce toujours dans les régions les plus froides qu'on trouve du charbon ?

Bise du nord

C'est l'une des appellations les plus employées en France pour indiquer ce courant de Nord. Défluent occidental de l'***Euraquilon***, air arctique maritime, glacial et puissant, il est à la fois le ***Horzain*** des Normands, le ***Sterenn*** des Bretons, le ***Niederwind*** des Alsaciens, l'***Ecorche chieuve*** des Périgourdins, la ***Burle*** des Auvergnats et la ***Trémountano*** des Provençaux.
On retrouve la ***Bise du nord*** dans pratiquement toutes les régions, sauf chez les marins et les paysans, qui accordent beaucoup d'importance à la direction exacte d'un vent. Cette précision est souvent, pour ne pas dire toujours, liée à des perturbations dont ces métiers de plein air subissent les caprices permanents. Les reconnaître, c'est s'éviter bien des désagréments.

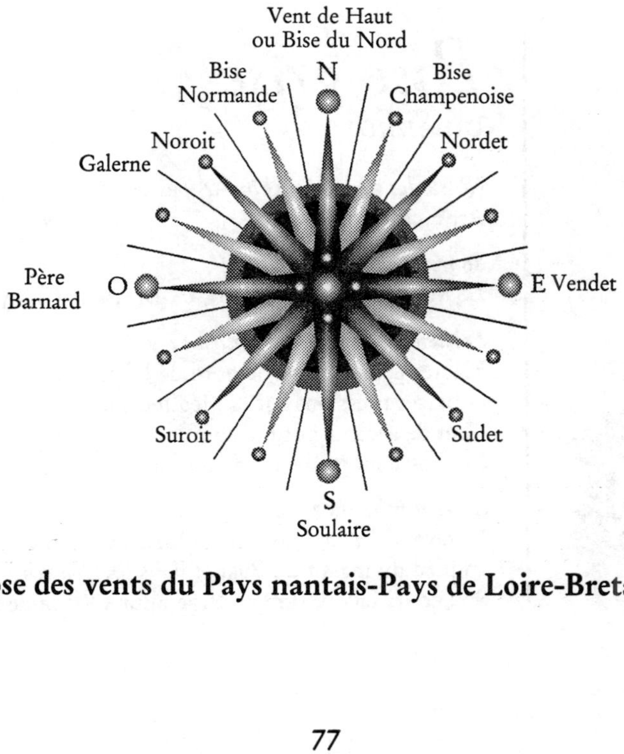

Rose des vents du Pays nantais-Pays de Loire-Bretagne

Bise du nord

(Rose des vents du Pays nantais-Pays de Loire-Bretagne – page 77)
Air arctique maritime.

Source :
Le Bassin de Rennes.

Déclenchement et mécanisme :
Hautes pressions sur l'Angleterre, et basses pressions sur l'Espagne. Vent froid de secteur nord. Sa vitesse moyenne est de 30 km/h.

Zone d'influence :
Le Pays nantais et la basse vallée de la Loire.
Elle traverse l'Ille-et-Vilaine méridionale et la Loire-Atlantique, mais aussi la Mayenne occidentale et le Maine-et-Loire occidental. Elle disparaît entre le Pays de Retz et les collines vendéennes.
Son cours fait 110 km de large pour 150 km de long.

Bise grise
ou *Siulo*

(Rose des vents de Rhône-Alpes & Savoie – page 157)
Air arctique maritime.

Source :
Le Mâconnais, entre Bourg-en-Bresse et Cluny.

Déclenchement et mécanisme :
Hautes pressions sur le nord de l'Europe, et basses pressions sur la Méditerranée.
Vent de secteur nord, il souffle vers le sud.
Sa vitesse moyenne est de 50 km/h.

Zone d'influence :
Il traverse l'Ain, le Rhône et l'Isère et meurt au pied du massif du Pilat et dans les Trièves.
Son cours fait 100 km de large pour 130 km de long.

Bise noire

(Rose des vents de Franche-Comté & Lorraine – page 111)
Air arctique maritime.

Source :
Le couloir mosellan à la frontière du Luxembourg, entre Trèves (Allemagne) et Longwy.

Déclenchement et mécanisme :
Communs à toutes les bises issues de l'***Euraquilon***.
Hautes pressions sur l'Europe septentrionale,
et basses pressions sur le Bassin méditerranéen.
Elle est l'un des facteurs déterminants de la ***Burle***
en Auvergne ou de la ***Trémountano*** après Lyon.
Sa vitesse moyenne est de 60 km/h, avec des pointes à plus de 130 km/h.

Zone d'influence :
Elle traverse la Moselle, la Meurthe-et-Moselle, les Vosges occidentales, la Haute-Saône, le Jura, l'Ain et la Saône-et-Loire orientale jusqu'à Lyon.
Elle souffle de secteur nord vers le sud. Son cours fait 100 km de large sur 480 km de long.

Histoires et Singularités :

Elle est redoutée des agriculteurs, car synonyme de gelées dévastatrices, surtout lorsqu'elle sévit au début de l'automne ou au printemps. Vent sec et glacé, il peut tenir durant plusieurs jours. On lui donne jusqu'à neuf jours de vie intense, tout en bourrasques, s'il tient les trois premiers jours.

Bise normande

(Rose des vents du Pays nantais-Pays de Loire-Bretagne – page 77)
Air arctique maritime.

Source :
Le Pays de Caux méridional.

Déclenchement et mécanisme :
Hautes pressions sur la mer du Nord, et basses pressions sur le Bassin aquitain. Comprimée par les marais isobares des côtes normandes et de l'Ile-de-France, ses bourrasques sont accentuées par les courants d'air marin latéraux de la Manche et de l'Atlantique. Sa vitesse moyenne est de 50 km/h.

Zone d'influence :
La ***Bise normande*** souffle depuis la Forêt de Brotonne, entre les méandres de la Seine, et traverse l'Orne orientale, l'Eure et l'Eure-et-Loir ainsi que le Loir-et-Cher et la Sartre. Elle se perd dans la vallée du Loir, entre la forêt de la Flèche et la forêt de Marchenoir, entre Oucques et Ouzouer-le-Marché. Elle souffle du nord vers le sud. Son cours fait 120 km de large sur 160 km de long.

Bisio – Bisiot

(Rose des vents de Champagne & Ardennes – page 145)
Air arctique continental.

Source :
La vallée de la Suippe (Marne).

Déclenchement et mécanisme :
Hautes pressions sur l'Allemagne septentrionale, et basses pressions sur l'Aquitaine et le golfe de Gascogne. Vent de secteur nord-nord-est, il souffle sur la Marne. Moins puissant que la ***Bise du nord***, sa vitesse moyenne est de 30 km/h.

Zone d'influence :
Il traverse une partie de la Marne septentrionale, plus particulièrement la région d'Epernay, et se perd dans les marais de Saint-Gond. Son cours fait 30 km de large pour 70 km de long.

Histoires et Singularités :

Le suffixe « io » ou « iot » signifie « petit », mis pour « enfant ». C'est en quelque sorte un « Fils de bise ! »

Biso

(*Bise*, en occitan)

(Rose des vents des Cévennes – page 32)
Air arctique maritime.

Source :
Les Monts du Vivarais.

Déclenchement et mécanisme :
Hautes pressions sur l'Europe du Nord et basses pressions sur l'Espagne orientale. Vent froid de secteur nord-nord-est. Sa vitesse moyenne est de 50 km/h.

Zone d'influence :
Les Cévennes. Il traverse l'Ardèche occidentale, la Lozère orientale, puis le Gard occidental et le nord de l'Hérault, où il disparaît entre la montagne de la Séranne et le Larzac. Son cours fait 60 km de large pour 150 km de long.

Biso

ou *Trémountano-Mistralo*

(Léi vènt que boufon en Prouvenço *et Rose des vents du Moulin de Fontvieille – pages 22, 169)*
Air arctique maritime.

Source :
Elle naîtrait d'un courant d'air entre le mont Lozère et la Montagne de Berg. C'est la « redoute » de Remoulins.

Déclenchement et mécanisme:
Classée parmi les vents d'hiver de Provence (*lis aurasso*), la ***Biso*** arrive sur la Méditerranée par le nord-nord-ouest, guidée par les reliefs des Cévennes qui désaxent son cours vers la vallée du Rhône. Elle tourmente les Alpilles et la plaine de la Crau, qui offre à ses frasques cinglantes un vaste espace de jeux jusqu'à la mer. Celle dessinée par les Provençaux descend la vallée du Rhône et les plaines du Tricastin, tourmente le mont Ventoux et la Montagne de Lure, puis s'étale sans retenue sur le plateau de Valensole, et s'ouvre à plein sur les tignasses verdoyantes des pins des massifs des Maures et de l'Esterel. Sa vitesse moyenne est de 50 km/h.

Zone d'influence:
La ***Biso*** de Daudet souffle sur le Gard, le Vaucluse et les Bouches-du-Rhône. Son cours fait 80 km de large sur 140 km de long.
La ***Trémountano-Mistralo*** souffle sur la Drôme provençale, les Alpes-de-Haute-Provence et le Var. Son cours fait alors 200 km de large pour 400 km de long.

Histoires et Singularités:

C'est un des vents aléatoires de la Provence, souvent confondu avec le ***Mistral*** ou la ***Tramontane***. Il doit son envergure aux diverses appellations dont on l'affuble, depuis les Hautes Alpes jusqu'en Languedoc. En Provence, on dit que, lorsque la ***Biso*** souffle, les ânes ne sortent plus. Voilà pourquoi:
« Pomponnet était un bel âne gris, dont la longue queue en panache faisait la fierté de son propriétaire, Mestre Cabasson. Ce notable de Valensole allait de fermes en métairies, monté sur son âne, faire l'orgueilleux chez les paysans, tandis que son ânier, un dénommé Mangefigue, qui conduisait la bête pendant les tournées, pestait entre ses dents contre l'appendice pileux qui lui giflait la figure à longueur de journée.

– Feras pas una boufada à desbanna ùn cornu ? Qué t'arracho la quoua, mostré de bestia ! (Il ne fera donc pas un vent à décorner un cocu ? Qu'il t'arrache la queue, monstre d'animal !)
Un jour, la Biso s'était dressée sur ses ergots, griffait l'air, défaisait les meules, et envoyait la queue de Pomponnet dans le visage de Mangefigue qui revenait de fagoter. Le vieux bougon supporta la torture presque tout le jour puis, pris d'une rage soudaine, trancha net la queue du baudet d'un coup de faùçon. Le soir, après l'ouvrage, au moment de rentrer au domaine, il pensa que, à la vue d'un tel sacrilège, Mestre Cabasson allait sûrement le renvoyer. Il commençait à regretter son geste lorsque, arrivé dans la cour du château, il vit la perruque d'un visiteur qui s'en allait emportée dans les airs par une bourrasque.
« Si le vent est capable d'enlever les cheveux d'un bourgeois, alors il peut tout aussi bien arracher la queue d'un âne ! » se dit-il. Aussitôt, il porta les mains à sa tête, faisant mine de protéger sa tignasse, et courut raconter le tragique « accident » à son maître.
Depuis ce jour, on ne vit plus Mestre Cabasson faire le tour des fermes, assis sur son âne, fier comme Artaban, les jours de grand vent. »
(Conte de la mémoire orale)

Biso drécho

(Bise droite)

(Rose des vents du Languedoc – page 43)
Air arctique continental.

Source :
La Montagne de Berg.

Déclenchement et mécanisme :
Hautes pressions sur l'Alsace-Lorraine, et basses pressions sur les zones « Baléares », « Cabrera » et « Palos » en Méditerranée. Bise d'automne sèche

et glacée de secteur nord-nord-est. Sa vitesse moyenne est de 30 km/h.

Zone d'influence:
Le Languedoc. Vent régulier, lisse et pénétrant, il est assez rare. Défluent des *rispo* automnaux de la Provence occidentale: ***Tèms dré*** et ***Mountagnèro***. La ***Bise droite***, rasante, subit l'influence des reliefs des couloirs méridionaux de l'Ardèche et gifle les garrigues. Contenue par la montagne de Séranne (Hérault), elle vient se perdre en mer aux alentours de l'Etang de Thau. Son cours fait 40 km de large pour 140 km de long.

Biso nègro
d'Aubrac ou *Ecorche d'Aut*

(Les Treize vents de Born à Aubrac – page 55)
Air arctique maritime.

Source:
Le Plomb du Cantal (1855 m).

Déclenchement et mécanisme:
Hautes pressions sur l'Europe du nord, et basses pressions sur la Méditerranée. Elle est violente, mais très irrégulière en Aubrac, parce que quelque peu accélérée et détournée par l'aspiration des couloirs dans le relief accidenté de l'Auvergne méridionale. Sa vitesse moyenne est de 40 km/h.

Zone d'influence:
Elle traverse le sud du Cantal, le nord de l'Aveyron et l'ouest de la Lozère. Son cours fait 45 km de large sur 90 km de long.

Histoires et Singularités:

C'est le vent glacé de l'Aubrac qui fait souvent regretter d'avoir oublié sa « petite laine », même en plein cœur de l'été.

Biso nègro
du Rouergue
(Bise noire)

(Rose des vents du Quercy-Rouergue – page 357)
Air arctique maritime.

Source :
Le plateau de Millevaches.

Déclenchement et mécanisme :
Hautes pressions sur l'Europe septentrionale, et basses pressions sur la Méditerranée. Vent de secteur nord. Sa vitesse moyenne est de 50 km/h.

Zone d'influence :
Le Quercy et le Rouergue. La ***Bise noire*** traverse la Corrèze, l'Aveyron et le Lot, puis le Tarn-et-Garonne et le Tarn, où elle disparaît dans le Gaillacois. Son cours fait 120 km de large pour 150 km de long.

Biso rousso
d'Aubrac
(Bise rousse)

(Les Treize vents de Born à Aubrac – page 55)
Air arctique continental.

Source :
Les Monts de la Margeride, entre Saint-Chély-d'Apcher et Saint-Flour.

Déclenchement et mécanisme :
Hautes pressions sur le nord-est de la France, et basses pressions sur le Bassin aquitain. Vent rare et rampant. Sa vitesse moyenne est de 30 km/h.

Zone d'influence :
Frais, mais jamais froid, il ne souffle guère que l'été sur le Gévaudan occidental et l'Aubrac. Il traverse le nord de la Lozère et vient mourir sur le Causse de Séverac. Son cours fait 35 km de large pour 90 km de long.

Histoires et Singularités :

On dit de la ***Bise rousse*** qu'elle se lève avec la lune vieille au sommet du mont Mouchet (1465 m), près d'Auvers (Haute-Loire). C'est là que, le 19 juin 1767, fut tuée la supposée « Bête du Gévaudan » par un paysan de Besseyre-Saint-Mary nommé Jean Chastel. Un pays chaotique et désolé, une lune inquiétante, un terrifiant animal légendaire : voilà planté le décor insolite où se joue la morne symphonie d'un vent que l'on dit diabolique parce que pouvant jaillir à tout moment d'entre les pierres éboulées d'un suc ou de sous les frondaisons sombres d'une pessière. Il serait, dit-on, dans ses courtes et criardes furies, le messager de mystérieux ménestrels dont les chants lancinants effraient encore les âmes simples. En hiver, elle alimente les « drailhets » ces petits courants d'air, qui circulent entre les murets, raidissant les derniers recoins d'herberie encore verte.

Biso rousso
du Rouergue
(Bise rousse)

(Rose des vents du Quercy-Rouergue – page 357)
Air arctique continental.

Source :
Le Livradois.

Déclenchement et mécanisme :
Hautes pressions sur l'Alsace, et basses pressions sur le Bassin aquitain. Vent rare et rampant

de secteur nord-nord-est à nord-est. Sa vitesse moyenne est de 30 km/h.

Zone d'influence :
Frais, mais jamais froid, comme son cousin d'Aubrac, il ne souffle guère que l'été, depuis l'Aubrac, le Viadène et le Causse de Gramat, sur l'Aveyron et le haut Quercy. Il vient mourir entre le Ségala et le Causse de Limogne (Lot). Son cours fait 110 km de large pour 180 km de long.

Bizain picard

(Rose des vents de Paris – page 274)
Air arctique maritime.

Source :
L'Isle-Adam.

Déclenchement et mécanisme :
Hautes pressions sur la Manche et le Pas-de-Calais, et basses pressions sur le Morvan et le Berry. Sa vitesse moyenne est de 50 km/h.

Zone d'influence :
Il arrose Taverny et Montmorency avant de traverser Paris sur l'axe Porte d'Asnières – Porte de Gentilly.

Histoires et Singularités :

Froid et humide, il souffle en coups de boutoir tout le long du boulevard Malesherbes vers la place de la Concorde, du boulevard Magenta, puis Voltaire, vers la place de la Nation ou encore du boulevard Raspail vers le parc Montsouris.
Au début du siècle, avant que les automobiles n'envahissent la capitale, il se parfumait encore des fragrances savoureuses des premières griottes de printemps mûrissant sur les coteaux de Montmorency.

Biz de Groix

(Les 32 vents de la Boussole bretonne des marins de l'île de Groix – page 203)
Air arctique continental.

Source :
Le Pays de Pontivy, entre les Forêts de Paimpont (Ille-et-Vilaine) et de Quénécan (Morbihan).

Déclenchement et mécanisme :
Hautes pressions sur la Normandie, et basses pressions sur la zone « Cap-Finisterre » en Atlantique. Sa vitesse moyenne est de 40 km/h.

Zone d'influence :
Il traverse le Morbihan, de nord-est en sud-ouest, et meurt au large des îles de Glénan et de Belle-Ile. Son cours fait 45 km de large pour 100 km de long.

Biz de Plestin

*(*Rod en Aveliou *des Côtes-d'Armor – page 89)*
Air arctique continental.

Source :
Le passage de Grand Russel entre Guernesey et l'île de Sercq.

Déclenchement et mécanisme :
Hautes pressions sur la zone « Dogger Bank » en mer du Nord, et basses pressions sur la zone « Cap-Finisterre » en Atlantique. C'est un vent de secteur nord-est soufflant vers le sud-ouest. Sa vitesse moyenne est de 50 km/h.

Zone d'influence :
Vent froid et humide, cousin du ***Nordêt***, il cingle toute l'année la région du Trégorrois, dans les Côtes d'Armor. Essentiellement formé en mer, partagé par le Sillon de Talbert, il coule à l'est sur la Côte de Goëlo, et à l'ouest sur la Côte

de Granit Rose, tourmentant la Baie de Lannion jusqu'au Lieue de Grève. Son cours fait 30 km de large pour 130 km de long.

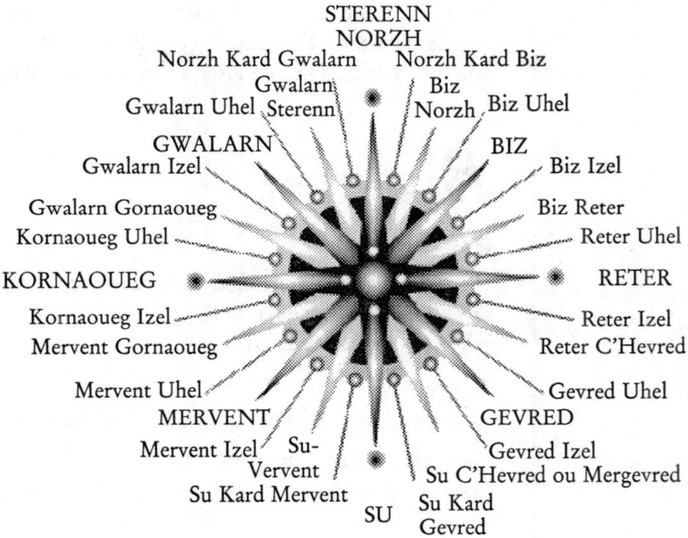

***Rod en Aveliou* des Côtes-d'Armor**

Biz izel

(Bise du bas, en breton*)*

(Rod en Aveliou *des Côtes-d'Armor – page 89)*
Air arctique continental.

Source :
L'île de Guernesey.

Déclenchement et mécanisme :
Hautes pressions sur les zones « Manche-Est » et « Tamise », et basses pressions sur la zone « Cap-Finisterre » septentrionale en Atlantique.

Sa vitesse moyenne est de 40 km/h.

Zone d'influence :
Depuis le Phare de Guernesey vers la Côte de Granit Rose et la Baie de Lannion. Il traverse le Trégorrois et le Pays de Léon d'est-quart-nord-est vers le Bassin de Châteaulin et la Rade de Brest. Son cours fait 75 km de large pour 200 km de long.

Biz nort
(Bise du nord)

(Les 32 vents de la Boussole bretonne des marins de l'île de Groix – page 203)
Air arctique continental.

Source :
La région du Chaos de Toul Goulic (Côtes d'Armor).

Déclenchement et mécanisme :
Hautes pressions sur la pointe sud de l'Angleterre orientale, et basses pressions sur le golfe de Gascogne et l'Espagne. Il souffle dans l'axe des grands courants arctiques, entraîné par le relief des côtes françaises et anglaises. Sa vitesse moyenne est de 50 km/h.

Zone d'influence :
Il se lève dans les Côtes-d'Armor méridionales, puis, rejeté vers l'est par les reliefs de la Montagne noire, entre en Morbihan comme un vent de terre rasant, froid et sec, pour affronter les courants de sud-ouest de l'Atlantique. Son cours fait 60 km de large pour 100 km de long.

Histoires et Singularités :

Le ***Biz nort***, comme le ***Biz norzh*** des Côtes d'Armor, qui a la même trajectoire, fait partie des grands vents hivernaux qui gèlent toute la Bretagne. Vent hurlant, il s'accroche aux gréements, cingle, gifle, tourmente mâts et cordages, et givre en l'air les embruns qui viennent se coller aux bastingages.

Biz norzh

(Rod en Aveliou *(Rose des vents) des Côtes-d'Armor – page 89)*
Air arctique continental.

Source :
Le Phare des Casquets, au large de l'île d'Aurigny.

Déclenchement et mécanisme ;
Hautes pressions sur le nord de l'Angleterre,
et basses pressions sur le golfe de Gascogne et l'Espagne.
Dans l'axe des grands courants arctiques, entraîné par le relief des côtes françaises et anglaises.
Sa vitesse moyenne est de 50 km/h.

Zone d'influence :
Toute la partie orientale de la zone « Manche-Ouest » au large de Guernesey et la Côte de Granit Rose.
Essentiellement marin, le ***Biz norzh*** est un vent froid plus humide que le ***Biz nort***, dont il est l'affluent.

Biz quart nort

(Les 32 vents de la Boussole bretonne des marins de l'île de Groix – page 203)

Source :
Il naîtrait dans les environs de la source du Scoff, à Langoëlan, et suivrait son cours jusqu'à Lorient.

Déclenchement et mécanisme :
Hautes pressions sur l'Allemagne, et basses pressions sur le golfe de Gascogne. Sa vitesse moyenne est de 30 km/h.

Zone d'influence :
Moitié terrestre, moitié marin, on le reconnaît depuis le large des îles de Glénan jusqu'au large de Belle-Ile.
Son lit fait 50 km de large pour 90 km de long.

Histoires et Singularités :

C'est l'un des courants de secteur nord qui autrefois compliquait la tâche des pêcheurs sous gréement, car il fallait manœuvrer « vent debout » pour rentrer au port.

Biz quart reter

(Bise quart est, en breton*)*

(Les 32 vents de la Boussole bretonne des marins de l'île de Groix – page 203)

Source :
La Forêt de Guerche (Ille-et-Vilaine).

Déclenchement et mécanisme :
Hautes pressions sur la mer Baltique, et basses pressions sur la zone « Sole » en Atlantique. Vent de contourne, rare défluent du ***Biz reter*** de Groix, il souffle de secteur est-nord-quart-est vers ouest-quart-sud-ouest. Sa vitesse moyenne est de 20 km/h.

Zone d'influence :
Il traverse le nord de la Loire-Atlantique, s'étale par le golfe du Morbihan et la Baie de Quiberon, entre Belle-Ile et Groix. Son cours fait 30 km de large pour 170 km de long.

Histoires et Singularités :

Reter signifie « orient » en breton.

Biz reter de Groix

(Les 32 vents de la Boussole bretonne des marins de l'île de Groix – page 203)
Air polaire continental.

Source:
La région de Rennes.

Déclenchement et mécanisme:
Hautes pressions sur la mer Baltique, et basses pressions sur la zone « Sole » en Atlantique. Ce « vent d'orient » souffle de secteur est-nord-est vers ouest-sud-ouest. Sa vitesse moyenne est de 30 km/h.

Zone d'influence:
Il traverse la partie méridionale de l'Ille-et-Vilaine et le Morbihan jusqu'au large de l'île de Groix. Son cours fait 40 km de large pour 180 km de long.

Histoires et Singularités:

C'est un vent frais, sans violence, qui prend l'odeur des landes de Lanvaur et porte sur son aile, loin en mer, des parfums de bruyères et d'herbes muscades.

Biz reter de Plestin

(Rod en Aveliou *des Côtes-d'Armor – page 89)*
Air polaire continental.

Source:
Entre le plateau des Minquiers et l'île de Jersey.

Déclenchement et mécanisme:
Hautes pressions sur la Hollande et la zone « German » en mer du Nord, et basses pressions sur la zone « Sole » méridionale en Atlantique. Sa vitesse moyenne est de 30 km/h.

Zone d'influence:
Il traverse le golfe de Saint-Malo, entre dans les Côtes-d'Armor par le golfe de Goëlo, longe la Côte de Granit Rose et se perd au large de la mer d'Iroise après avoir traversé le Finistère. Vent d'est-nord-est, il souffle vers l'ouest-sud-ouest.

Il est contenu par la Montagne noire. Son cours fait 75 km de large pour 250 km de long.

Biz uhel
(*Bise du haut,* en breton)

(Rod en Aveliou *des Côtes-d'Armor – page 89)*
Air arctique continental.

Source :
Le large du phare des Triagoz et des Sept Iles.

Déclenchement et mécanisme :
Hautes pressions sur l'Angleterre méridionale, et basses pressions sur la zone « Nord-Gascogne » en Atlantique. Vent régulier et modéré, généré par les courants de la Manche et de la mer du Nord, de secteur nord-nord-quart-est. Il tourbillonne volontiers en se frottant aux courants d'ouest, plus puissants que lui et qui le contrarient. Sa vitesse moyenne est de 30 km/h et dépasse rarement les 70 km/h.

Zone d'influence :
Il souffle sur les monts d'Arrée et la baie de Douarnenez, traverse les Côtes-d'Armor et le Finistère, pour mourir au large de l'île de Sein. Son cours fait 30 km de large sur 200 km de long.

Bomwèz
ou *Vent de Beaume-les-Dames*

(Rose des vents de Franche-Comté & Lorraine – page 111)
Air arctique maritime.

Source :
La Vallée de la Moselle et les Côtes de Moselle.

Déclenchement et mécanisme :
Hautes pressions sur l'Europe du nord, et basses pressions sur la Méditerranée. Vent dominant de secteur nord. Sa vitesse moyenne est de 50 km/h.

Zone d'influence :
Défluent local de la ***Bise noire***, il traverse la Franche-Comté depuis la plaine lorraine, à travers les Vosges, la Haute-Saône, le Doubs et le Jura septentrional jusqu'aux alentours de Champagnole et le Mont Risoux, où il disparaît. Son cours fait 80 km de large pour 200 km de long.

Histoires et Singularités :

Vent froid et puissant, il n'amène que du beau temps !

Bon-Seren

(Rose des vents de Vendée – page 305)
Air arctique maritime.

Source :
Le Pertuis breton (Charente-Maritime).

Déclenchement et mécanisme :
Hautes pressions sur la zone « Sud-Irlande », et basses pressions sur le Périgord. Vent dominant froid et humide de secteur nord-ouest et nord-nord-ouest. Sa vitesse moyenne est de 50 km/h.

Zone d'influence :
Défluent de la ***Galerne*** et du ***Noroît***, il est actif en Charente-Maritime septentrionale, de Saint-Jean-d'Angély jusqu'à Saintes et Cognac. Son cours fait 40 km de large pour 180 km de long.

Histoires et Singularités :

Le nom de ce vent, particulier à l'Aunis, signifie « Bon soir ». *Seir* est la forme ancienne de « soir », issue du latin *seranus*, à l'origine de « serain » ou « serein », employé dans ses textes par Gaimar vers 1138.

Borée

(Rose de la Tour des vents d'Andronicos – page 411)
C'est, avec l'Aquilon, le nom générique donné aux vents soufflant de secteur nord. Il vient de Boréas, dieu des vents de la mer, fils d'un Titan et de l'Aurore (Eos). Il a donné l'adjectif « boréal », qui s'applique à l'hémisphère nord, par opposition à « austral » pour l'hémisphère sud.

Borée d'Auvergne

(Rose des vents d'Auvergne – page 241)
Air arctique maritime.

Source :
Le Nivernais.

Déclenchement et mécanisme :
Hautes pressions sur la Champagne, et basses pressions sur les Pyrénées. Nonobstant les reliefs du Massif central, ce vent puissant, défluent de l'***Euraquilon***, est connu jusque dans les Cévennes méridionales. Sa vitesse moyenne est de 50 km/h.

Zone d'influence :
La ***Borée*** traverse l'Allier, le Puy-de-Dôme et le Cantal, puis la Haute-Loire et la Lozère. Elle vient biser le Mont Lozère par le nord-nord-est et semble se perdre dans le ciel au-dessus de l'Espinousse (Hérault).

Histoires et Singularités :

La ***Borée*** est une furie entêtante qui s'est donné les moyens de se faire remarquer. Elle a inspiré nombre de poètes, depuis l'Antiquité (Esope, Pline l'Ancien, Virgile), jusqu'à nos jours, avec une mention particulière pour Frédéric Mistral, bien sûr, dont le nom à lui seul est un poème.

Bouon-Vouêt

(Bon vent de l'ouest, en idiome normand*)*

(Rose des vents des pêcheurs normands – page 98)
Air polaire maritime.

Source :
Les confins de l'Atlantique et de la Manche.

Déclenchement et mécanisme :
Hautes pressions sur « Great Sole Bank » et « Sud-Irlande », et basses pressions sur la mer du Nord. C'est un vent frais et humide, défluent du ***Vent d'Ava*** ou ***Vouêt***, avec un axe un plus marqué au Nord. Sa vitesse est dérisoire.

Zone d'influence :
C'est un vent essentiellement côtier qui ne pénètre pas très loin à l'intérieur des terres. Il court sur les côtes de la Manche, du Calvados, de l'Eure et de la Seine-Maritime. Son lit fait 80 km de large sur 180 km de long.

Bourrate

C'est une bourrasque en idiome picard de Warloy-Baillon (Somme).

Brise

C'est le nom générique qui désigne un vent d'ouest, ou sud, ou sud-ouest, chaud l'été, doux et humide l'hiver, toujours léger et agréable. Il semblerait que son nom provienne du frison, langue germanique parlée dans la Frise, région côtière du nord des Pays-Bas. On le trouve employé par Rabelais en 1540.

Bufàie

C'est un « coup de vent », en Saintonge.

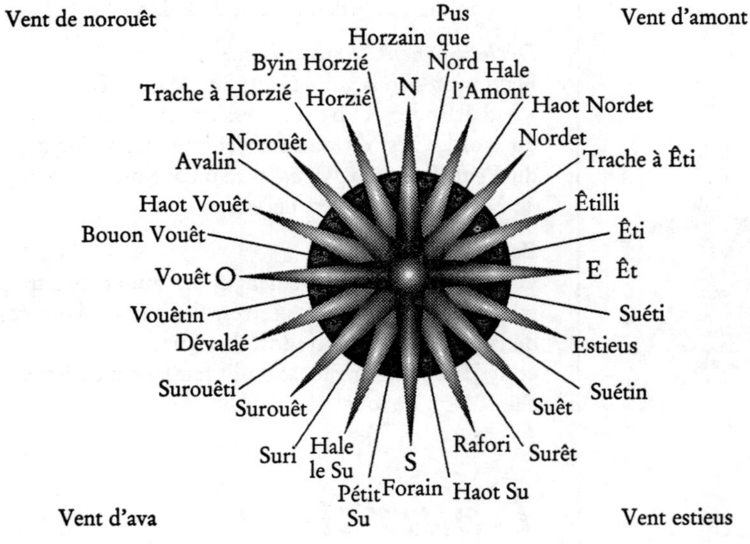

Rose des vents des Pêcheurs normands

Burle
ou *Hurle*

(Rose des vents d'Auvergne – page 241)
Air arctique maritime.

Source :
La Sologne bourbonnaise.

Déclenchement et mécanisme :
Grande ***Bise du nord***, dont l'amplitude est redoutable, elle est dépendante du mécanisme de déclenchement de l'***Euraquilon***. Plutôt hivernale, sa force est due aux très hautes pressions sur l'Europe septentrionale, et aux très basses pressions sur le Bassin méditerranéen. Elle souffle de plein nord vers le plein sud, tout en rafales et en bourrasques. Sa vitesse moyenne est de 80 km/h.

Zone d'influence :
Elle traverse l'Allier, le Puy-de-Dôme, le Cantal, la Haute-Loire, la Lozère et l'Ardèche. Son lit fait 110 km de large sur 280 km de long.

Histoires et Singularités :

Dans le langage périgourdin, une *bourle*, ou une *burle*, est une tromperie, ou une plaisanterie. On trouve le mot pour la première fois sous cette acception chez Pierre de Bourdeille, « Seigneur de Brantôme », à la fin du XVIe siècle. Il provient de l'italien *burla*, et a donné naissance à l'adjectif « burlesque ».
Pour autant, la ***Burle*** n'a rien de comique. C'est le vent de référence de l'Auvergne. Il fait partie de la vie des hommes, autour des monts Dorés.
« ... La Burle de là-haut. Ce vent du nord gavé de neige en flocons, poussière, nuages ; qui gifle, aveugle, glace, ensevelit, gouache uniformément routes et paysages. Burle violente, sournoise, envahissante, qui transforme le haut plateau ardéchois en un monde inhumain, comme dit le curé de Lachamp-Raphaël ... »
Jean Durant (*Les Contes de la Burle*)

« ...Un jour, autour d'un lieu qui a pour nom Saint-Mamet, un vent, qui devait être la Burle, se promenait avec Saint Laurent. En haut du Puy, le Saint entra dans un oratoire pour prier. Il demanda à son ami de l'attendre devant la porte. Le saint, enfoncé dans son oraison ne ressortit jamais. . . Il paraît, que la Burle est toujours là-haut qui l'attend encore !... »
Henri Pourrat *(Les légendes du Pays Vert)*

Byin horzié

(Rose des vents des pêcheurs normands – page 98)
Air arctique maritime.

Source :
Les côtes anglaises, à Poole Bay.

Déclenchement et mécanisme :
Identique à toutes les ***Bises du nord*** de ce secteur : hautes pressions sur la mer de Norvège, et basses pressions sur l'Europe méridionale. Classé parmi les vents *Horzains*, il souffle de secteur nord-quart-nord-ouest vers le sud-sud-quart-est, en rafales. Sa vitesse moyenne est de 60 km/h.

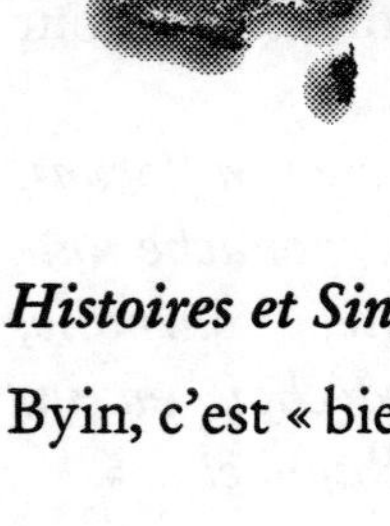

Zone d'influence :
C'est une bise de couloir, influencée par l'aspiration des reliefs de la Grande-Bretagne. Elle traverse le « Channel », les départements de la Manche, du Calvados, de la Seine-Maritime et de l'Orne. Lorsqu'elle s'allonge, la Mayenne et la Sarthe connaissent aussi ses furies. Son cours, mi-maritime, mi-terrestre, fait 180 km de large pour 320 km de long.

Histoires et Singularités :

Byin, c'est « bien » en idiome normand et horzié, de horzi, désigne ce qui s'en va dans le lointain, ce qui s'éloigne des terres, par opposition à terri, qui désigne ce qui s'en approche.

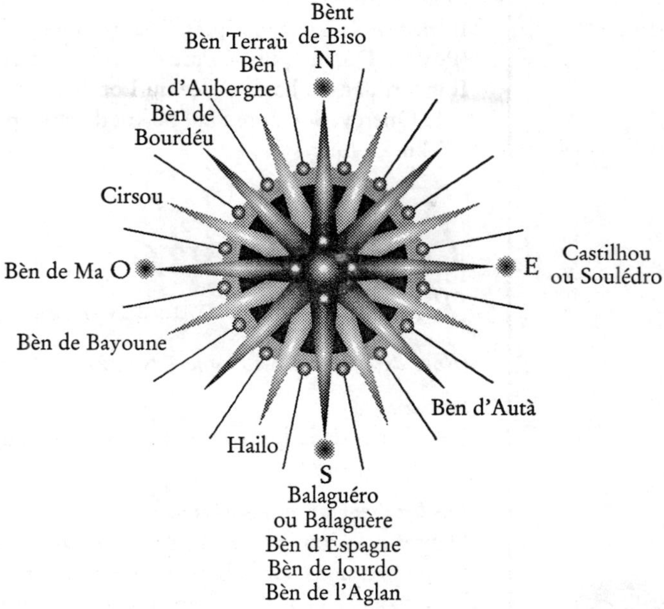

Rose des Vents de Gascogne et Béarn

Byizo blanco

(Bise blanche, en idiome auvergnat*)*

(Rose des vents d'Auvergne – page 241)
Air arctique continental.

Source :
Les monts de la Madeleine (Loire).

Déclenchement et mécanisme :
Hautes pressions sur le nord de la Suisse et l'Autriche, et basses pressions sur la Gascogne. Sa vitesse moyenne est sans importance, car c'est un vent de secteur est-nord-est, qui coule

sans force sur le Massif central. Sec et froid l'hiver, il est frais et humide l'été.

Zone d'influence :
Il traverse la Limagne après Chabreloche (Puy-de-Dôme), puis le Parc des volcans d'Auvergne. Il meurt dans la basse vallée du Lot, le Nord-Aveyron et le Quercy. Son cours fait 50 km de large pour 140 km de long.

Byizo négro

(*Bise noire*, en idiome auvergnat)

(Rose des vents d'Auvergne – page 241)

Source :
Les plaines de la Loire et de l'Allier à Digoin (Saône-et-Loire).

Déclenchement et mécanisme :
Hautes pressions sur le sud de l'Allemagne, et basses pressions sur le Bassin toulousain et la Gascogne. Vent de secteur nord-est. Sa vitesse moyenne est de 20 km/h.

Zone d'influence :
Il souffle sur les monts Dorés, traverse l'Allier, le Puy-de-Dôme, le Cantal, et l'Aveyron septentrional. Son cours fait 70 km de large pour 230 km de long.

C

Calamandrin

ou *Calinas* ou *Caumanas*

Petit vent du sud soufflant dans la région du Languedoc.
Air tropical continental.

Source :
Le Roussillon méridional.

Déclenchement et mécanisme :
Hautes pressions sur les îles Baléares, et basses pressions sur le Massif central. Petit vent de secteur sud. Sa vitesse moyenne est de 20 km/h.

Zone d'influence :
Les côtes du Languedoc. On le reconnaît depuis la région des étangs autour de Gruissan (Aude), jusqu'aux environs du cap d'Agde où il est principalement maritime. Il devient terrestre entre Béziers et Montpellier, traverse l'Hérault oriental et le Gard occidental pour disparaître au pied des Cévennes méridionales. Son cours fait 80 km de large pour 120 km de long.

Histoires et Singularités :

Calamandrin vient du latin *calamus*, « petit roseau » et *mandus*, « moulin à main ».
Calinas vient de « caresser » et « chauffer au soleil ».
Caumanas vient de « cheminant ».
Trois petits vents d'Occitanie qui ne sont que chatouilles et calineries.

Canigounenc

(Rose des vents des Catalans – page 180)
Air tropical continental.

Source :
Le mont Canigou (2784 m).

Déclenchement et mécanisme :
Hautes pressions sur le Bassin aquitain, et basses pressions sur le golfe du Lion. C'est un vent du couchant, petit cousin de la ***Tramuntana***, en beaucoup moins violent. Sa vitesse moyenne est de 30 km/h.

Zone d'influence :
Depuis les hauteurs de « Sa Majesté » catalane, jusqu'au large de Cerbère et de Saint-Cyprien (Pyrénées-Orientales). Son cours fait 25 km de large sur 80 km de long.

Cantaleso

(Rose des vents du Quercy-Rouergue – page 357)
Air arctique maritime.

Source :
Les monts du Cantal.

Déclenchement et mécanisme :
Hautes pressions sur le Centre-France et le Bassin parisien, et basses pressions sur le Roussillon et le Pays catalan. Vent de secteur nord-nord-ouest. Sa vitesse moyenne est de 30 km/h.

Zone d'influence :
Le Rouergue. Il traverse l'Aveyron et ne dépasse guère le causse du Larzac, où il s'éteint. Son cours fait 40 km de large pour 150 km de long.

Cantonnier de Lacaune

(Rose des vents du Languedoc – page 43)
Air tropical maritime.

Source :
Les monts de l'Espinousse, dans le Haut-Languedoc.

Déclenchement et mécanisme :
Légères pressions sur le Bassin algéro-provençal entre la Sardaigne et les Baléares, et petites dépressions sur le golfe de Gascogne et le Massif central. Défluent du ***Vent marin,*** qui prend sa source

en Méditerranée. Brise chaude de secteur sud-est soufflant vers le nord-ouest, elle est complètement dépendante des reliefs. Négligeable durant l'été, on la remarque surtout l'hiver. Sa vitesse moyenne est d'environ 30 km/h.

Zone d'influence :
Ce vent rasant ne souffle que très rarement au-delà de 1000 mètres d'altitude, même si, certains hivers, il arrive que le ***Cantonnier de Lacaune*** escalade les 1260 mètres du mont Lacaune et conditionne un effet de ***Foehn*** sur la vallée de la Rance, dans le sud de l'Aveyron. Son cours fait 8 km de large sur 20 km de long.

Histoires et Singularités :

Il doit son nom à une légende rapportée par Jacques Vaizy, conteur aveyronnais, dans un ouvrage pittoresque intitulé : *De mon fenestrou.*
« La neige était tombée si fort sur Montfranc, ce 23 décembre, que les habitants ne pouvaient plus se déplacer. Le curé, affolé, demanda au cantonnier de la commune de déneiger à toute force la rue principale qui menait à l'église, afin que les fidèles puissent assister à la messe de minuit. Au terme d'une journée harassante, le pauvre homme, voyant qu'il n'aurait pas le temps de tout déblayer, supplia le Ciel de lui venir en aide… Au petit matin, lorsqu'il sortit avec sa pelle, les rues étaient dégagées. La brise marine avait soufflé toute la nuit, et fait fondre la neige ! »

Carcanet

(Rose des vents des Catalans – page 180)
Air tropical continental.

Source :
L'Ariège septentrionale.

Déclenchement et mécanisme :
Hautes pressions sur la zone « Nord-Gascogne » en Atlantique, et basses pressions sur le Bassin algéro-provençal en Méditerranée. Vent d'ouest-nord-ouest, défluent du ***Kirck***. Frais l'été, glacial l'hiver, sa vitesse est inconstante et varie, selon les saisons, de 20 à 40 km/h.

Zone d'influence :
L'extrême pointe occidentale des Pyrénées-Orientales et la Cerdagne. Son cours fait 30 km de large pour 80 km de long.

Histoires et Singularités :

C'est une appellation locale du ***Cers***, dérivé du ***Kirck*** des Celtes, et probablement du ***Sciron*** des Grecs.

Castilhou

ou *Soulèdro*

(Rose des vents de Gascogne & Béarn – page 101)
Air polaire continental.

Source :
L'Armagnac.

Déclenchement et mécanisme :
Hautes pressions sur le Bassin toulousain, et basses pressions sur les Landes. Petit vent de secteur est, il souffle sur la Chalosse depuis Aire-sur-l'Adour. Sa vitesse moyenne est de 30 km/h.

Zone d'influence :
Vent léger, extrêmement rare et plutôt automnal, il traverse les Landes et disparaît avant d'atteindre la Côte d'Argent. Son cours fait 50 km de large pour 80 km de long.

Histoires et Singularités :

Son nom signifie vraisemblablement « petit de Castille ».

Cécias

(Rose de la Tour des vents d'Andronicos – page 411)
C'est un vent de nord-est, soufflant des Balkans sur les îles Ioniennes.

Cers du Languedoc

(Léi vènt que boufon en Prouvenço *et Roses des vents du Moulin de Fontvieille, des Cévennes, du Languedoc, et de Toulouse-Pyrénées – pages 169, 22, 43, 285)*
Air polaire maritime.

Source :
Le Rouergue et le Massif central méridional.

Déclenchement et mécanisme :
Hautes pressions sur la zone « Nord-Gascogne » en Atlantique, et basses pressions sur le golfe du Lion. Vent dominant, avec la ***Tramontane,*** il souffle de secteur nord-ouest. Sa vitesse moyenne est de 30 km/h.

Zone d'influence :

Il traverse le plateau du Lévezou entre le causse du Larzac, au nord, et les monts de Lacaune et de l'Espinousse, au sud. Il vient cingler la Méditerranée entre le golfe d'Aigues-Mortes et les étangs de Bages et de Sigean (Aude). Connu dans tout le Languedoc, d'Alès à Perpignan, son cours fait 100 km de large pour 180 km de long.

Cers de Provence

(Léi vènt que boufon en Prouvenço *et Roses des vents du Moulin de Fontvieille – pages 22, 169)*
Air polaire maritime.

Source :
La région des Grands Causses.

Déclenchement et mécanisme :
Hautes pressions sur l'Atlantique et la Bretagne, et basses pressions sur la Méditerranée et le golfe de Gênes. Sa vitesse moyenne est de 40 km/h, avec des rafales pouvant atteindre plus de 80 km/h. Il est classé parmi les vents d'hiver de Provence (*lis aurasso*).

Zone d'influence :
Il souffle d'ouest-quart-nord-ouest sur la Provence, et traverse le Gard, le Vaucluse, les Bouches-du-Rhône et le Var. Son cours fait 60 km de large pour 280 km de long.

Histoires et Singularités :

Son nom vient du provençal *ser*, « serpent », « qui se tortille », lui-même certainement tiré du ***Sciron*** des Grecs.
C'est un vent frais des pays caussenards, empreint de l'odeur persistante du suint des brebis et du parfum de lait bourru. Un vent de berger qui cingle les herbes folles et siffle autour des pierres sur le causse Méjean, le causse de Sauveterre ou le causse Noir. Locataire assidu du mont Aigoual (1565 m) et du mont Ventoux (1909 m), il revendique, avec la ***Tramontane*** et le ***Mistral***, la suprématie du ciel méridional.

Cers de Toulouse

(Rose des vents de Toulouse-Pyrénées – page 285)
Air polaire maritime.

Source :
La vallée du Lot, entre Villeneuve et Puy-l'Evêque.

Déclenchement et mécanisme :
Hautes pressions sur la zone « Nord-Gascogne » en Atlantique, et basses pressions sur le golfe du Lion. Vent dominant, avec la ***Tramontane***, dont l'axe est plus nordisant, il souffle de secteur nord-ouest. Sa vitesse moyenne est de 30 km/h .

Zone d'influence :
Il traverse la Haute-Garonne et poursuit son chemin jusqu'aux confins orientaux du Lauragais. Son cours fait 60 km de large pour 130 km de long.

Chabrié
(*Chevrier*, en idiome limousin)

(Rose des vents du Limousin – page 26)
Air polaire maritime.

Source :
Le Poitou oriental.

Déclenchement et mécanisme :
Hautes pressions sur la Bretagne, et basses pressions sur le golfe du Lion. Vent de secteur nord-ouest. Sa vitesse moyenne est insignifiante.

Zone d'influence :
Le Limousin. Il traverse la Haute-Vienne, la Creuse et la Corrèze. Il disparaît sur le plateau de Millevaches. Son cours fait 90 km de large pour 180 km de long.

Histoires et Singularités :

En idiome auvergnat, « chèvre » se dit *chabre.*

Chaud-Vent

(Rose des vents de Franche Comté & Lorraine – page 111)
Air tropical continental.

Source :
La région de Vaud (Suisse).

Déclenchement et mécanisme :
Hautes pressions sur l'Italie et les Alpes françaises, et basses pressions sur la Belgique et les Pays-Bas. Vent chaud, comme son nom l'indique, de secteur sud-est. Sa vitesse est insignifiante.

Zone d'influence :
La Franche-Comté et la Lorraine méridionale. Il traverse la vallée de Joux et le Mont Risoux (Suisse) et musarde depuis les régions de Champagnole et Belfort, jusqu'à celles de Lunéville et Saint-Dizier. Son cours fait 110 km de large pour 240 km de long.

Chl'assuée
(Qui vient du sud, en idiome picard*)*

(Rose des vents de Flandre & Artois – page 120)
Air tropical continental.

Source :
La baie de Somme.

Déclenchement et mécanisme :
Hautes pressions sur le Bassin aquitain, et basses pressions sur la mer du Nord. Vent doux et humide, il souffle de secteur sud vers le nord, et amène les crachins en été. Il n'est guère actif

plus de trente jours par an. Sa vitesse moyenne est de 20 km/h.

Zone d'influence :
Depuis la Côte d'Opale et Berck, jusqu'à Boulogne. Vent côtier, son cours fait 50 km de large sur 90 km de long.

Chl'echu

Qui sèche le linge, en Picardie et en Artois.

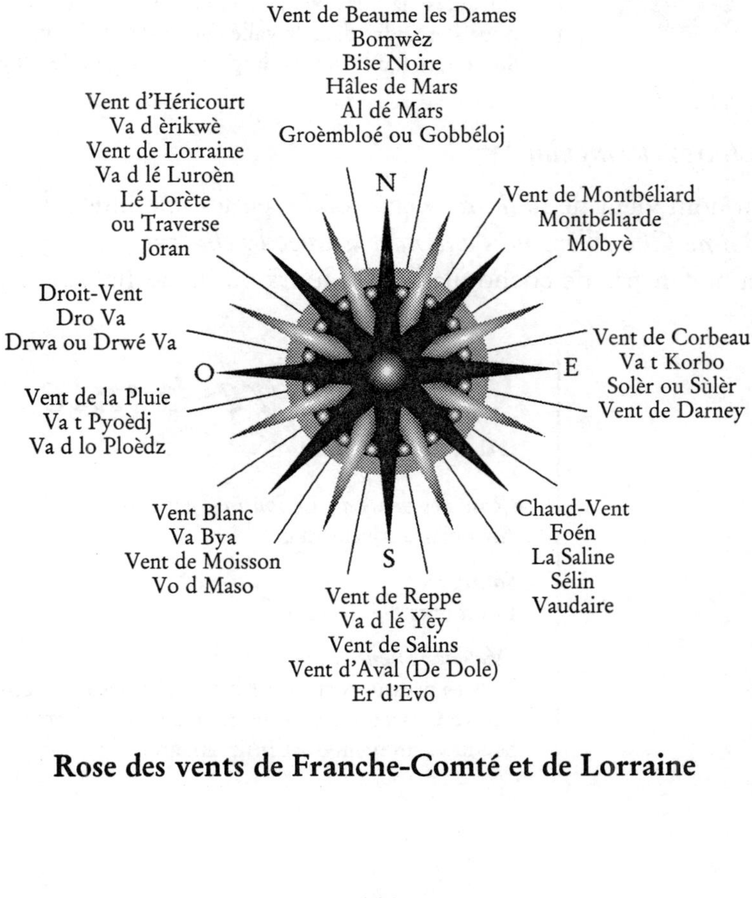

Rose des vents de Franche-Comté et de Lorraine

Chouillère

ou *Soulièro*

(Rose des vents du Limousin – page 26)
Air tropical continental.

Source:
Le causse de Gramat.

Déclenchement et mécanisme:
Hautes pressions sur les Pyrénées, et basses pressions sur la Champagne berrichonne. Vent chaud de secteur sud. Sa vitesse moyenne est de 30 km/h.

Zone d'influence:
Il traverse la Corrèze, la Vienne orientale et la Creuse pour s'éteindre dans la vallée de la Petite Creuse. Son cours fait 90 km de large pour 190 km de long.

Histoires et Singularités:

Son nom vient de *soulaire*, « ensoleillé » en idiome limousin.
« *Bonne Chouillère ne s'entend pas avec la charcutière !* »
On ne fait pas de cochonnailles les jours où il souffle.

Chouillère-haute

ou *Ventourèlo*

(Rose des vents du Limousin – page 26)
Air polaire continental.

Source:
Les monts d'Auvergne.

Déclenchement et mécanisme:
Hautes pressions sur les Alpes, et basses pressions sur les Charentes. Vent humide de secteur est. Sa vitesse moyenne est insignifiante.

Zone d'influence :
Il traverse la Creuse méridionale et la Corrèze septentrionale. Son cours fait 60 km de large pour 120 km de long.

Chu herlé

Qui sèche la terre, en Picardie et en Artois.

Ch'vint d'amont
(*Vent du haut*, en idiome picard)

(Rose des vents de Picardie – page 122)
Air arctique maritime.

Source :
Les Collines de l'Artois méridional.

Déclenchement et mécanisme :
Hautes pressions sur la Belgique, et basses pressions sur l'Aquitaine. On a pu observer que des coups de vent soufflant en tempête du sud-ouest succédaient à un très fort vent de nord-est (***Ch'vint d'amont***, ***Ch'vint d'nordéte***, etc...) Ces coups de vent entrent dans un schéma cyclique de trois jours, les soirs de pleine Lune ou de nouvelle Lune. Sa vitesse moyenne est de 60 km/h, avec des pointes en rafales pouvant atteindre les 120 km/h.

Zone d'influence :
L'ouest de la Somme et le sud-ouest de la Picardie, ainsi que le Pays de Bray. ***Bise*** de terre, son cours fait 60 km de large pour 100 km de long.

Histoires et Singularités :

C'est le vent qui vient de la montagne, ou ***Ch'vint il est Heut***, « Vent d'en haut », c'est-à-dire du nord. Cette bise puissante et glacée ne souffle guère plus de trente jours par an. Froide et humide, elle amène les brouillards givrants et, souvent, la neige. Ses tourmentes sont dévastatrices.

Ch'vint d'avo

(Vent du bas, en idiome picard*)*

(Rose des vents de Picardie – page 122)
Air polaire maritime.

Source :
Le Pays de Bray et le Beauvaisis.

Déclenchement et mécanisme :
Schéma identique au ***Ch'vint d'amont.***
Hautes pressions sur l'Aquitaine, et basses pressions sur la Belgique. On a pu observer que des coups de vent soufflant en tempête du sud-ouest, (***Ch'vint d'avo, Ch'vint d'Dieppe, Ch'vint d'Egron***) succédaient à un très fort vent de nord-est (***Ch'vint d'amont, Ch'vint d'nordéte,*** etc...).
Ces coups de vent entrent dans un schéma cyclique de trois jours, les soirs de pleine Lune ou de nouvelle Lune. Sa vitesse moyenne est de 70 km/h, avec des pointes en rafales pouvant atteindre plus de 150 km/h.

Zone d'influence :
La Seine-Maritime et l'Oise septentrionale, puis la Somme et le Pas-de-Calais méridional.
Son cours fait 70 km de large pour 100 km de long.

Histoires et Singularités :

Les marins disent qu'en baie de Somme, lorsqu'un vent d'ouest accompagne la marée montante, il se produit en haute mer un courant d'air dirigé dans le sens de la marée descendante, de l'amont vers l'aval, que les marins locaux appellent la « Dian ».

Il est à l'origine d'entrées maritimes chargées d'iode et de sel qui provoquent des attaques sévères de rouille sur les supports métalliques exposés au couchant.

Ch'vint d'bise

ou *Ch'vint d'bisse*
(Vent de Bise)

(Rose des vents de Flandre & Artois (Valenciennois) – page 120)
Air arctique maritime.

Source :
La région de Bruges.

Déclenchement et mécanisme :
Hautes pressions sur la zone « Dogger Bank » et la mer du Nord, et basses pressions sur le Bassin parisien. Cette bise glacée souffle de secteur nord vers le sud. Sa vitesse moyenne est de 40 km/h.

Zone d'influence :
Valenciennes et la région de Tournai, en Belgique, où il devient ***Ch'vint d'bisse***. Son cours fait 35 km de large pour 60 km de long.

Histoires et Singularités :

C'est une bise glaciale qui ne souffle pas plus de trois semaines par an, surtout en hiver. Depuis quelques années, on a observé que certains vents de sud et d'ouest étaient paradoxalement aussi froids que les bises d'est et de nord.

Ch'vint d'bos

(*Vent du bas,* en idiome picard)

(Rose des vents de Picardie – page 122)
Air tropical continental.

Source :
Les frontières septentrionales du Beauvaisis.

Déclenchement et mécanisme :
Hautes pressions sur la moitié sud de la France, et basses pressions sur la Manche septentrionale et la mer du Nord. Brise terrestre de petite envergure, elle souffle de secteur sud vers le nord. Sa vitesse moyenne est de 40 km/h.

Zone d'influence :
La région d'Aumale entre Pays de Bray et Picardie. Il s'étale en petites rafales vers Abbeville et Le Crotoy. Il meurt sur le Marquenterre et le Ponthieu, autour de Rue. Son cours fait 40 km de large pour 80 km de long.

Histoires et Singularités :

Brise terrestre chaude qui amène la bruine et le crachin, elle ne souffle, en moyenne, pas plus de trente-deux jours par an, dont la majeure partie pendant l'hiver. Le réchauffement des terres picardes favorise souvent des entrées maritimes.

Ch'vint d'Dieppe

(*Vent de Dieppe,* en idiome picard)

(Rose des vents de Picardie – page 122)
Air tropical maritime.

Source :
Dieppe et la Forêt d'Eawy.

Déclenchement et mécanisme :
Hautes pressions sur les zones « Sole » et « Manche-Ouest », et basses pressions sur les Pays-Bas. Brise marine soufflant de secteur ouest-sud-ouest vers est-nord-est toute l'année, il génère souvent des pluies. Sa vitesse moyenne est de 40 km/h. Aux équinoxes, sa violence peut atteindre des pointes de plus de 150 km/h.

Zone d'influence :
Le nord-est de la Seine-Maritime. Il traverse la Somme pour mourir du côté d'Arras. Son cours fait 40 km de large pour 130 km de long.

Histoires et Singularités :

C'est un flux marin dominant qui souffle environ un jour sur quatre. Chaud et humide l'été, frais l'hiver, il conditionne, dans ses périodes étales, un microclimat sur la Picardie. C'est le vent des maraîchers. Le 20 décembre 1952, période du solstice d'hiver, un ouragan, qui soufflait approximativement dans l'axe du ***Ch'vint d'Dieppe***, cassa des branches, renversa des arbres, envola quelques toitures, et se calma soudain à l'écluse du canal de la Somme, au moment où le flot de la marée arrivait. Personne n'a jamais pu expliquer cet étrange phénomène.

Ch'vint d'Ecoche

(*Vent d'Ecosse,* en idiome picard)

(Rose des vents de Picardie – page 122)
Air polaire maritime.

Source :
La Manche au Pas de Calais.

Déclenchement et mécanisme :
Hautes pressions sur l'Ecosse, et basses pressions sur les Alpes et la Suisse. Vent de nord-ouest

soufflant vers le sud-est. Sa vitesse moyenne est de 40 km/h.

Zone d'influence :
Il entre en Artois par la Côte d'Opale et traverse la Picardie pour venir mourir en Beauvaisis.
Brise marine de grande envergure, humide et froide en été, cinglante et glacée en hiver. Il souffle environ 27 jours par an. Son cours fait 50 km de large pour 125 km de long.

Histoires et Singularités :

Il rugit en mer et cingle à terre, fougueux mais pas très violent, puisque régulier. Il conditionne une climatique polaire sur la région Picardie, avec brouillards givrants et fortes gelées.

Ch'vint d'Egron

(*Vent d'Egron*, en idiome picard)

(Rose des vents de Picardie – page 122)
Air tropical maritime.

Source :
La source de l'Epte, entre Gournay et Forges-les-Eaux.

Déclenchement et mécanisme :
Hautes pressions sur la Bretagne et la Normandie, et basses pressions sur la Belgique et l'Allemagne occidentale. Il souffle d'ouest-sud-ouest vers est-nord-est. Vent de tempête, sa vitesse moyenne est de 50 km/h, avec des pointes en rafales à 150 km/h.

Zone d'influence :
Du Pays de Caux oriental au Pays de Bray, vers Amiens et la haute vallée de la Somme. Son cours fait 50 km de large pour 130 km de long.

Histoires et Singularités :

C'est un vent d'équinoxe, extrêmement violent, qui se conjugue avec les grandes marées. En hiver, il lui arrive d'être franchement tiède.

Ch'vint des Ardennes

(Vent des Ardennes,
en idiome picard*)*

(Rose des vents de Flandre & Artois – page 120)
Air arctique continental.

Source :
Les confins est du département du Nord, et la région sud de Charleroi, en Belgique.

Déclenchement et mécanisme :
Hautes pressions sur l'Allemagne, et basses pressions sur la Manche. Vent rasant soufflant d'est-nord-quart-est en ouest-quart-sud-ouest. Sa vitesse moyenne est de 40 km/h.

Zone d'influence :
L'extrême pointe orientale du département du Nord, autour de Maubeuge. Il traverse les forêts de Mormal au sud, et de Raismes au nord, pour mourir aux portes de Douai. Son cours fait 35 km de large et 80 km de long.

Histoires et Singularités :

Vent nordisant par l'est, il amène des brouillards givrants et parfois la neige.

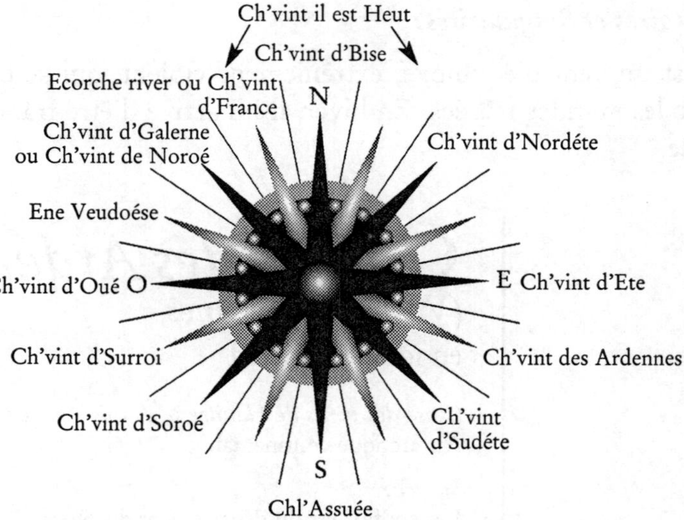

Rose des vents de Flandre et d'Artois

Ch'vint d'ete

(Vent d'est, en idiome picard*)*

(Roses des vents de Flandre & Artois – page 120)
Air polaire continental.

Source :
Le Thiérarche septentrional.

Déclenchement et mécanisme :
Hautes pressions sur la Champagne et l'Est de la France, et basses pressions sur la Manche. Vent de secteur est soufflant vers l'ouest. Sa vitesse moyenne est de 30 km/h.

Zone d'influence :
Il traverse la Somme septentrionale et le Nord méridional, ainsi que le Pas-de-Calais, jusqu'à la Côte d'Opale. Son cours fait 50 km de large pour 125 km de long.

Histoires et Singularités :

Vent terrestre, il est froid et sec en hiver, frais et humide en été. Dans le département du Nord, c'est l'un des rares vents légers, aux parfums de sous-bois. Il lui arrive de s'associer avec les brises marines sur les rivages de la Manche et de souffler en petits tourbillons autour de la moindre rugosité.

Ch'vint d'France

ou *Ecorche River*

(Vent de France, en idiome picard)

(Rose des vents de Flandre & Artois (Valenciennois) – page 120)

Air tropical continental.

Source :

Les monts de Flandre septentrionale et la Belgique.

Déclenchement et mécanisme :

Hautes pressions sur la mer du Nord, et basses pressions sur la Champagne. Vent de nord-nord-ouest soufflant vers le sud-sud-est. Sa vitesse moyenne est de 40 km/h.

Zone d'influence :

Il traverse le Nord, le Pas-de-Calais, la Somme occidentale et l'Aisne. Son cours fait 120 km de large pour 240 km de long.

Histoires et Singularités :

Vent de mer, frais l'été, ou tourbillonnant, froid et humide en automne et en hiver. Il conditionne une situation de brouillards givrants et de pluies froides ou de neige.

Ch'vint d'France

(Rose des vents de Picardie – page 122)
Air polaire continental.

Source :
Le Santerre.

Déclenchement et mécanisme :
Hautes pressions sur les Alpes, et basses pressions sur la zone « Manche-Est ». Sa vitesse moyenne est insignifiante.

Zone d'influence :
A l'inverse de la rose des vents de Flandre & Artois, qui indique le « Vent de France » soufflant de secteur sud-sud-est, les Picards, sous la même appellation, en font un courant de secteur sud-est qui traverse la Picardie et s'étale sur la Côte d'Opale entre Le Tréport et Le Touquet.

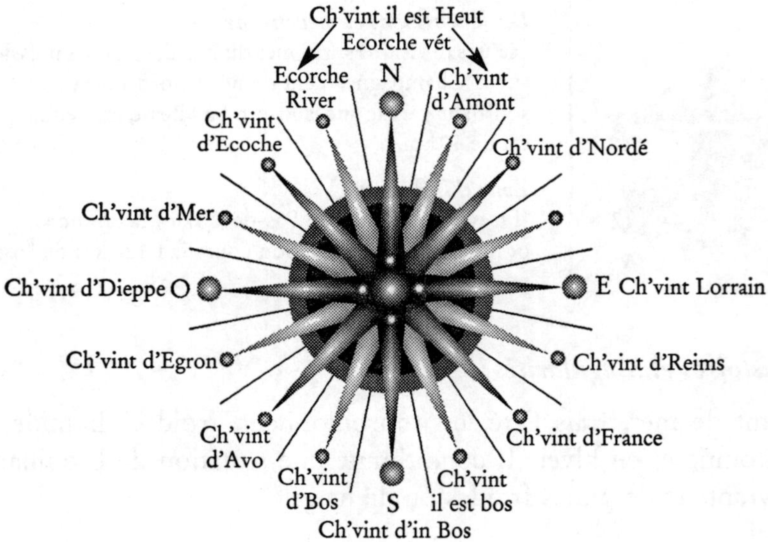

Rose des vents de Picardie

Ch'vint d'Galerne

(Vent de Galerne, en idiome picard*)*

(Rose des vents de Flandre & Artois – page 120)
Air polaire maritime.

Source :
Strait of Dover – Pas-de-Calais.

Déclenchement et mécanisme :
Hautes pressions sur la Grande-Bretagne, et basses pressions sur la Champagne et la Bourgogne. Sa vitesse moyenne est de 40 km/h.

Zone d'influence :
Il traverse le Pas-de-Calais, le Nord et l'Aisne, pour mourir dans la région de la « montagne de Reims ». Son cours fait 80 km de large pour 250 km de long.

Ch'vint d'in bos

(Vent d'en bas, en idiome picard*)*

(Rose des vents de Picardie – page 122)
Air tropical continental.

Source :
Le Beauvaisis.

Déclenchement et mécanisme :
Hautes pressions sur le Bassin parisien, et basses pressions sur la mer du Nord. Vent de secteur sud soufflant vers le nord, sa vitesse moyenne est de 40 km/h.

Zone d'influence :
Il traverse la Somme et meurt au pied des collines de l'Artois. Son cours fait 80 km de large pour 100 km de long.

Ch'vint d'mer

(Vent de mer, en idiome picard*)*

(Rose des vents de Picardie – page 122)
Air polaire maritime.

Source :
La baie de Somme.

Déclenchement et mécanisme :
Hautes pressions sur l'Angleterre méridionale, et basses pressions sur la Champagne-Ardenne. Vent de secteur ouest-nord-ouest soufflant en rafales, sa vitesse moyenne est de 50 km/h.

Zone d'influence :
Il traverse la Picardie en remontant la Somme, de son embouchure à sa source, aux environs d'Essigny-le-Pont dans le Vermandois (Aisne). Son cours fait 50 km de large pour 150 km de long.

Ch'vint d'nordé

(Vent de nord-est, en idiome picard*)*

(Rose des vents de Picardie – page 122)
Air arctique continental.

Source :
Le Cambraisis.

Déclenchement et mécanisme :
Hautes pressions sur la Belgique, et basses pressions sur la Normandie. Vent de secteur nord-est, cousin du ***Nordêt***, sa vitesse moyenne est de 40 km/h.

Zone d'influence :
Il traverse la Somme et vient mourir entre le Pays de Bray et le Vexin normand. Son cours fait 50 km de large pour 130 km de long.

Ch'vint d'nordéte

(Vent de nord-est, en idiome artésien*)*

(Rose des vents de Flandre & Artois – page 120)
Air arctique continental.

Source :
Zeepolders (Belgique).

Déclenchement et mécanisme :
Hautes pressions sur le Danemark, et basses pressions sur la baie de Seine et la Normandie. Vent froid puissant et régulier, il souffle sur l'extrême nord de la France. C'est une ***Bise*** locale, humide et glacée. Sa vitesse moyenne est de 30 km/h.

Zone d'influence :
Il traverse le Nord et le Pas-de-Calais, et poursuit sa route jusqu'en baie de Somme. Son cours fait 80 km de large pour 140 km de long.

Ch'vint d'noroé

(Vent de nord-ouest, en idiome artésien*)*

(Rose des vents de Flandre & Artois – page 120)
Air polaire maritime.

Source :
Le cap Dungeness (Angleterre).

Déclenchement et mécanisme :
Hautes pressions sur la mer d'Irlande, et basses pressions sur la Suisse. Vent de secteur nord-ouest, cousin du ***Noroît***, sa vitesse moyenne est de 50 km/h.

Zone d'influence :
Il entre par le Boulonnais et traverse le Pas-de-Calais pour venir s'essouffler sur le seuil du Cambraisis. Son cours fait 50 km de large pour 140 km de long.

Ch'vint d'oué

(Vent d'ouest, en idiome artésien*)*

(Rose des vents de Flandre & Artois – page 120)
Air polaire maritime.

Source :
Les côtes méridionales de l'Angleterre.

Déclenchement et mécanisme :
Hautes pressions sur la mer Celtique, et basses pressions sur l'Europe Centrale. Vent dominant de secteur ouest soufflant sur le continent. Sa vitesse moyenne est de 60 km/h.

Zone d'influence :
Il traverse le Boulonnais et la Flandre pour s'étaler entre le Vlaanderen et la Wallonie. Son cours fait 40 km de large pour 250 km de long.

Ch'vint d'Reims

(Vent de Reims, en idiome picard*)*

(Rose des vents de Picardie – page 122)
Air polaire continental.

Source :
La région de Reims, entre Epernay et Rethel.

Déclenchement et mécanisme :
Hautes pressions sur le Jura, et basses pressions sur la baie de Somme et la zone « Manche-Est ». Brise de terre légère et rare, elle souffle d'est-sud-est. Sa vitesse est insignifiante.

Zone d'influence :
Le Pays picard. Il traverse l'Aisne et la Somme. Son cours fait 60 km de large pour 230 km de long.

Ch'vint d'soroé

(*Vent de sud-ouest,* en idiome artésien)

(Rose des vents de Flandre & Artois – page 120)
Air tropical maritime.

Source :
La Côte d'Albâtre septentrionale.

Déclenchement et mécanisme :
Hautes pressions sur le golfe de Saint-Malo, et basses pressions sur la zone « Deutsch Butch » et le Danemark. Vent humide et frais de secteur sud-ouest, cousin du ***Suroît***, il souffle le plus souvent en tempête sur la France septentrionale en automne et en hiver. Sa vitesse moyenne n'est pas très élevée, mais ses coups de boutoir, à plus de 150 km/h, sont meurtriers.

Zone d'influence :
Il longe les côtes françaises et traverse le Boulonnais, pour mourir en mer du Nord, autour d'Ostende. Son cours, essentiellement marin, fait 50 km de large pour 210 km de long.

Ch'vint d'sudéte

(*Vent de sud-est,* en idiome artésien)

(Rose des vents de Flandre & Artois – page 120)
Air tropical maritime.

Source :
Le Vermandois (Aisne).

Déclenchement et mécanisme :
Hautes pressions sur les Alpes, et basses pressions sur la zone « Manche-Est ». Sa vitesse moyenne est insignifiante.

Zone d'influence :
Courant de secteur sud-est, il traverse l'Artois et la Flandre, puis s'étale sur la Côte d'Opale entre Le Tréport et Le Touquet. Son cours fait 90 km de large pour 170 km de long.

Ch'vint d'surroi

(Vent de sud-ouest, en idiome artésien*)*

(Rose des vents de Flandre & Artois – page 120)
Air tropical maritime.

Source :
La baie de Seine, entre la Côte Fleurie et les falaises du Pays de Caux à Etretat.

Déclenchement et mécanisme :
Hautes pressions sur le golfe de Saint-Malo, et basses pressions sur la zone « Deutsch Butch » et le Danemark. Vent humide et frais de secteur ouest-sud-ouest, cousin du ***Suroît*** et du ***Ch'vint d'soroé,*** dont il est le jumeau terrestre, il souffle le plus souvent en tempête sur la France septentrionale en automne et en hiver.
Sa vitesse moyenne n'est pas très élevée, mais ses rafales, à plus de 150 km/h parfois, sont tout aussi meurtrières que celles de son complice marin.

Zone d'influence :
Il traverse le Pas-de-Calais, depuis Berck jusqu'à la frontière belge de Bray-Dunes. Son cours fait 30 km de large pour 110 km de long.

Ch'vint il est bos

(Le vent, il est bas, en idiome picard*)*

(Rose des vents de Picardie – page 122)
Air tropical continental.

Source :
Le Beauvaisis.

Déclenchement et mécanisme :
Hautes pressions sur le Bassin parisien, et basses pressions sur la zone « Manche-Est ». Vent de terre chaud et humide, il souffle de sud-sud-est. Sa vitesse moyenne est de 20 km/h.

Zone d'influence :
La Côte d'Opale. Il arrose l'Oise septentrionale et la Picardie orientale. Son cours fait 80 km de large pour 200 km de long.

Histoires et Singularités :

Il coule en douceur entre la Bresle et la Somme, charriant mollement d'énormes nuages. Il est porteur de pluies qui, très souvent, dégénèrent en orages soudains et violents.

Ch'vint il est heut

(Le vent, il est haut, en idiome picard*)*

(Rose des vents de Picardie – page 122)
Air arctique continental.

Source :
Le Boulonnais oriental.

Déclenchement et mécanisme :
Hautes pressions sur les zones « Tamise » et « Humber » en mer du Nord, et basses pressions sur le Massif central. Sa vitesse moyenne est de 60 km/h.

Zone d'influence :
Bise du nord, défluent de l'***Euraquilon***, puissante et glaciale, elle descend en furie par le couloir maritime du Pas-de-Calais, et fouaille les terres picardes depuis le Marquenterre jusqu'en Pays de Bray, mais aussi toute la Picardie septentrionale jusqu'à la région de Thelle après Beauvais. Son cours fait 60 km de large pour 120 km de long.

Ch'vint lorrain

(*Vent lorrain*, en idiome picard)

(Rose des vents de Picardie – page 122)
Air polaire continental.

Source :
Le Thiérache (Aisne).

Déclenchement et mécanisme :
Hautes pressions sur l'Alsace et la Lorraine, et basses pressions sur les zones « Sole » septentrionale et « Sud-Irlande » en Atlantique. Vent d'est, chaud et sec l'été, froid et humide l'hiver. Sa vitesse moyenne est de 40 km/h.

Zone d'influence :
Il traverse les régions du Vermandois, de Santerre, puis l'Amiénois et le Pays de Bray septentrional. Son cours fait 40 km de large pour 190 km de long.

Ch'vint mo

Nom générique signifiant « vent chaud », en idiome picard. Il est donné à tous les vents de sud.

Cirsou
(Petit Cers)

(Rose des vents de Gascogne & Béarn – page 101)
Air arctique maritime.

Source :
Pau et la région de l'enclave des Hautes-Pyrénées dans les Pyrénées-Atlantiques, autour de Gardères.

Déclenchement et mécanisme :
Hautes pressions sur la zone « Nord-Gascogne » en Atlantique, et basses pressions sur l'Espagne et les Pyrénées-Orientales. Vent de secteur nord-ouest. Sa vitesse moyenne est insignifiante.

Zone d'influence :
La Bigorre. La Vallée d'Azun. Son cours fait 10 km de large pour 40 km de long.

Cisampe métropolitaine

(Rose des vents de Paris – page 274)
Air arctique continental.

Source :
L'aéroport du Bourget.

Déclenchement et mécanisme :
Hautes pressions sur l'Allemagne occidentale et basses pressions sur la Champagne berrichonne et le Bassin aquitain. Sa vitesse moyenne est de 40 km/h.

Zone d'influence :
Il traverse Paris, de la Porte de La Chapelle à la Porte de Vanves. C'est un courant d'air glacé et cinglant qui mord les chevilles. Vent rampant, il se glisse volontiers dans les couloirs du métro qui sont dans l'axe ou parallèles à son cours.

Cisampo

(Léi vènt que boufon en Prouvenço *et Rose des vents du Moulin de Fontvieille – pages 22, 169)*
Air arctique continental.

Source:
Les Alpes méridionales autour du massif des Ecrins.

Déclenchement et mécanisme:
Hautes pressions sur les Alpes et basses pressions sur le golfe du Lion. Classé parmi les vents d'automne (*lis rispo*), c'est un vent régulier et glacé qui souffle de secteur est-quart-nord-est. Sa vitesse moyenne est de 40 km/h.

Zone d'influence:
La ***Cisampo*** souffle sur l'arc méditerranéen, de Saint-Raphaël à Aigues-Mortes, et traverse les Hautes-Alpes, les Alpes-de-Haute-Provence, le Var, les Bouches-du-Rhône, le Vaucluse, la Drôme, l'Ardèche méridionale et le Gard.
Son lit fait 160 km de large sur 280 km de long.

Histoires et Singularités:

L'origine de son nom reste mystérieuse. Peut-être une transcription provençale de « Cisalpin ». La ***Cisampo*** provençale est tenace et têtue. Elle s'engouffre dans la moindre ouverture, la moindre fente, le moindre entrebâillement et, en rasant le sol, attaque les hommes par les pieds, les poursuivant de ses piques glacées à travers toute la maison. Lorsqu'elle est enragée, elle fait chanter le dessous des portes et frissonner le corps tout entier. Il lui arrive d'effeuiller une allée entière de platanes en une seule nuit.
« . . . veici que tout d'un cop s'acampo
E la chavano et la Cisampo
Aï! un cop de Mistraù escoubetou l'eiro . . . »
« Voici que tout à coup accourent

Et l'orage et la brise glacée...
Aïe ! un coup de mistral balaie l'airée... »
Frédéric Mistral (*Miréio*)

Cisèmpo

(*Cisampo*, en idiome varois)

(Rose des vents d'Yves Michel de la presqu'île de Giens – page 134)
Air arctique continental.

Source :
Le massif des Maures.

Déclenchement et mécanisme :
Hautes pressions sur les Alpes du Nord et la Suisse, et basses pressions en Méditerranée dans la zone « Provence ». Vent glacial et cinglant de secteur nord-nord-est.

Zone d'influence :
Il traverse la rade de Hyères et le golfe de Giens entre le fort de Brégançon et Carqueiranne, et court en mer au grand large du cap d'Arme. Vent local apparenté à la ***Cisampo*** du Moulin de Fontvieille, mais qui, selon les « Pescadous » de Giens, aurait ici une tendance plus nordique.

Cornard

(*Cornu*, en idiome local)

(Rose des vents du Poitou – page 369)
Air arctique maritime.

Source :
Aléatoire.

Déclenchement et mécanisme :
C'est un vent d'hiver uniquement, qui souffle

en rafales, de secteurs nord-ouest, nord et nord-est, vers le sud-est, le sud et le sud-ouest. Froid et humide, hurlant et cinglant, sur terre comme sur mer, il est le mal-aimé des Poitevins et des Saintongeais. *« Quand le Cornard tend les bras aux jouvencelles, elles les ferment. »*

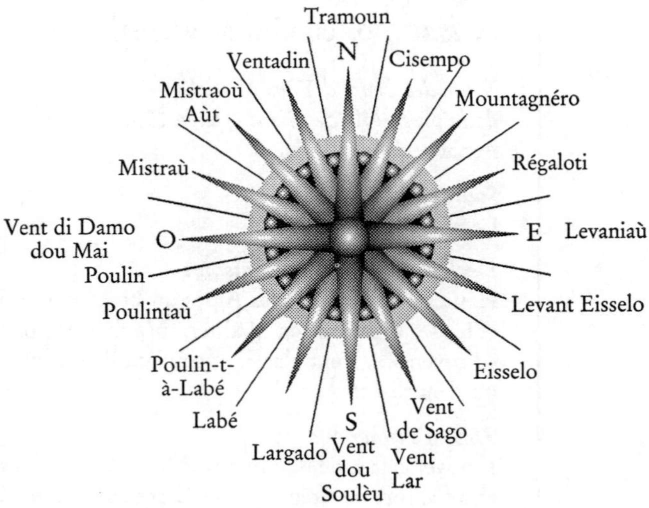

Rose des vents d'Yves Michel de la Presqu'Île de Giens

D

Dalu

(Rose des vents du Poitou – page 369)
Air arctique maritime.

Source :
L'Anjou.

Déclenchement et mécanisme :
Hautes pressions sur la zone « Dogger Bank » en mer du Nord, et basses pressions sur l'Espagne. Vent connu sous cette appellation de l'Anjou jusqu'en Vendée. Défluent de la ***Bise du nord,***

il est conditionné quant à sa direction par les marais isobares assez stables du Centre-France et l'anticyclone persistant des Açores. Vent rasant, sa vitesse moyenne est de 50 km/h.

Zone d'influence :
Il traverse le Maine-et-Loire oriental, l'Indre-et-Loire occidentale, les Deux-Sèvres, la Vienne, et meurt en Charente. Vent de tempête amenant des pluies froides, il souffle de secteur nord-nord-ouest vers sud-sud-est. Son cours fait 90 km de large sur 150 km de long.

Histoires et Singularités :

Son nom vient de « Dalu », être démoniaque personnifiant les froidures de la bise hivernale. Il aurait un lointain rapport avec le « Dahu » des Alpes, animal fabuleux qui possède deux pattes plus courtes côté amont pour faciliter ses déplacements à flanc de montagne, et dont les Savoyards enseignaient volontiers la traque aux citadins naïfs.
On l'appelle aussi ***Daluche***, pour « hurluberlu », « fantasque », générateur de calamités, dont les tempêtes. On dit que les écoliers du temps jadis se protégeaient de lui en apportant chaque jour à l'école une bûche dans leur cartable.
« Assis au bord de la Gartempe, l'enfant regardait les choucas, les corneilles et les corbeaux freux qui descendaient vers le sud. Son grand-père retira sa ligne de l'eau.
– Corb va d'abas, l'estieus ès tréspassàs. (Le corbeau va vers le sud, l'été est mort.)
– Comment tu le sais, grand-père ?
– Ce sont les corbeaux qui tirent les voiles du Dalu. C'est un monstre fantasmagorique qui rugit l'hiver, entre Anjou et Touraine. Il court les vallées entre la Gartempe et le Thouet, poussant parfois jusqu'à Angoulême et Limoges. Dès la fin de l'automne, il envoie ses lutins malfaisants tirer les dernières feuilles des arbres, noircir la folle avoine, brûler les fanes des jardins et figer

l'eau des bessières. Alors l'ombre de son corps éthéré couvre tout le pays de ses bourrasques lancinantes; le froid gagne, pénètre jusqu'aux os, emporte les malheureux sans foyer dans son antre hivernal, un enfer de froidures.
L'enfant tremblait de tous ses membres en écoutant le récit de son grand-père.
– Ne crains rien. Il n'entre jamais dans les maisons où abondent bûches et fagots. S'il hurle aux plus mauvais jours de janvier, c'est qu'il n'a plus rien dans sa besace. Puis, aux Pâques, quand les campanes et les carillons sonneront à la volée, tu verras les papillons tomber du clocher. Alors, tu sauras qu'il s'est enfui. »
(Conte de la mémoire orale)

Damo d'Aubrac

(Dame d'Aubrac,
en idiome auvergnat*)*

(Les Treize vents de Born à Aubrac – page 55)
Air arctique maritime.

Source :
La chaîne des volcans d'Auvergne et le Planèze.

Déclenchement et mécanisme :
Hautes pressions sur le nord de la France, et basses pressions sur le golfe du Lion.
Vent de secteur nord, il souffle en rafales puissantes et régulières. Sa vitesse moyenne est de 40 km/h.

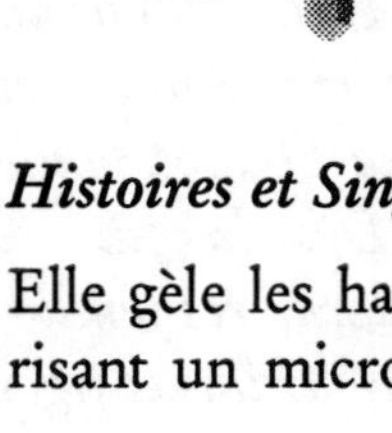

Zone d'influence :
L'Aubrac cantalien, aveyronnais et lozérien.
Son cours fait 45 km de large sur 55 km de long.

Histoires et Singularités :

Elle gèle les hautes terres basaltiques des monts d'Aubrac, favorisant un microclimat glaciaire qui fixera les pluies gelées et les

premières neiges, tombées bien souvent dès l'automne. Ces terres resteront dures de fin octobre à mi-mai. Défluent de la ***Burle*** et de la ***Borée***, elle met à rude épreuve la vie des buronniers dans leurs refuges d'altitude. La ***Damo d'Aubrac*** s'enroule en écharpe au cou des « puechs » en hurlant et secoue sans vergogne les rameaux effeuillés tout en haut des mâts de la Saint-Jean.
« La Damo d'Aubrac fanfaronne à la queue des génisses mais est poltronne devant leurs cornes. »
(Proverbe qui rappelle que la ***Damo d'Aubrac***, vent d'hiver, pousse les génisses à descendre de l'estive, mais disparaît dès qu'elles remontent sur les alpages.)

Dévalaé

(Rose des vents des pêcheurs normands – page 98)
Air tropical maritime.

Source :
Les côtes bretonnes de Goëlo. Le golfe de Saint-Malo.

Déclenchement et mécanisme :
Hautes pressions sur l'Atlantique et la zone « Nord-Gascogne », et basses pressions sur la Manche et la mer du Nord. C'est un vent doux et humide. Classé parmi les vent « d'Ava », il souffle de secteur ouest-sud-ouest vers est-nord-est, contrariant l'***Étilli***. Sa vitesse moyenne est de 40 km/h.

Zone d'influence :
Il traverse les départements de la Manche et du Calvados, ainsi que la partie occidentale de la Seine-Maritime. Son lit fait 90 km de large sur 180 km de long.

Histoires et Singularités :

Son nom vient peut-être de « val », qu'on trouve dans la « *Chanson de Roland* ». Le mot est issu du latin *vallis*. Dévaler, c'est descendre le val, ou courir dans les vallées !

Davantié

ou *Lavano*
(*Vent d'est* ou *Laveur*)

(Rose des vents du Languedoc – page 43)
Air polaire continental.

Source :
Le delta du Rhône.

Déclenchement et mécanisme :
Hautes pressions sur la Riviera italienne et la mer Ligurienne, et basses pressions sur l'Aquitaine. Vent caractériel et pluvieux de secteur est. Sa vitesse moyenne est de 30 km/h.

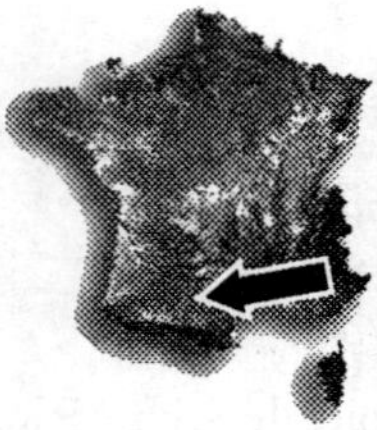

Zone d'influence :
Le haut Languedoc. Frère jumeau du ***Soulédrado*** périgourdin, il traverse l'Hérault et disparaît dans le massif de l'Espinousse, entre la vallée de l'Orb et celle de l'Agout. Son cours fait 50 km de large sur 160 km de long.

Do

(*Vent du haut*, en idiome ardennais)

(Rose des vents de Champagne & Ardennes – page 145)
Air arctique maritime.

Source :
Les Ardennes.

Déclenchement et mécanisme :
Hautes pressions sur la Baltique, et basses pressions sur le Massif central. Bise de secteur nord. Sa vitesse moyenne est de 40 km/h.

Zone d'influence :
Cette bise, extrêmement violente l'hiver, est un défluent de l'***Ecorche-ville*** et la jumelle de la ***Bije*** de Haute-Marne. Elle traverse l'Aisne, la Marne

et la Haute-Marne. Son cours fait 120 km de large pour 210 km de long.

Drailhets

(*Petites drailles,* en idiome rouergat)

(*Les Treize vents de Born à Aubrac – page 55*)
Air arctique et polaire continental.

Source :
La Haute-Loire septentrionale, les monts du Velay et de la Margeride.

Déclenchement et mécanisme :
Petites pressions sur l'Europe centrale, et basses pressions sur le golfe de Gascogne. Courant d'air frais en hiver, sec en été. Sa vitesse est sans importance.

Zone d'influence :
L'Aubrac lozérien, aveyronnais et cantalien.

Histoires et Singularités :

En occitan, les drailles sont des petits sentiers. Les ***drailhets*** sont des souffles d'air à peine perceptibles, aux cours divers et innombrables. Ils rampent dans les herbages, subissant l'influence rugueuse des murets qui bordent les drailles en Aubrac. Courants d'air de poètes, ils obligent les herbes folles à se balancer, viennent lécher le museau des vaches, descendent jusqu'aux lacs perdus au milieu des « devèzes » (les prairies sauvages), glissant sur l'onde sans même en rider la surface, s'accrochent aux gentianes, entrent sous une pessière en chuintant. Pour les entendre, il faut être d'ici. Ils ne caressent que les genoux ronds et les mains blanches des filles, car la peau trop tannée des garçons est insensible à leurs souffles légers.

Dret vent

ou *Dro vent*

(*Vent droit*, en idiome ardennais)

(Rose des vents de Champagne & Ardennes – page 145)

Air polaire maritime.

Source :
L'Orléanais oriental.

Déclenchement et mécanisme :
Hautes pressions sur la Bretagne, et basses pressions sur l'Alsace et l'Allemagne. Vent de secteur ouest. Sa vitesse moyenne est de 30 km/h.

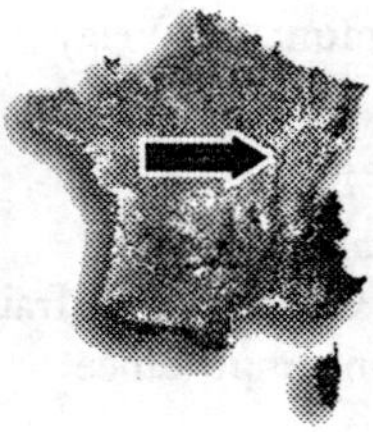

Zone d'influence :
Il traverse l'Yonne septentrionale, l'Aube et la Marne méridionale, puis la Haute-Marne, et disparaît aux pieds des monts Faucilles. Son cours fait 130 km de large pour 220 km de long.

Droit vent

ou *Dro va* ou *Drwe va* ou *Drwa va*

(Rose des vents de Franche Comté & Lorraine- page 111)

Air polaire maritime.

Source :
Entre la région du Bassigny (Haute-Marne) et celle du Barrois (Meuse).

Déclenchement et mécanisme :
Hautes pressions sur la Bretagne, et basses pressions sur la Bavière. Vent humide dominant de secteur ouest. Sa vitesse moyenne est de 40 km/h.

Zone d'influence :
Il traverse la Haute-Marne, la Meuse, la Meurthe-et-Moselle méridionale, les Vosges, la Haute-Saône, le Doubs et le Jura septentrional. Il disparaît aux pieds occidentaux des ballons d'Alsace. Son cours fait 150 km de large pour 180 km de long.

E

Ecir

(Probablement du Sciron grec)

On donne ce nom à tous les vents rampants d'hiver, sans axe précis, soufflant de secteur nord-ouest à nord-est, vers sud-est à sud-ouest, en rafales.

Source:
Défluent désaxé de l'***Ecorche chieuve***, ou de la ***Burle***, de la ***Borée***, des ***Bises***, du ***Vent noir***, du ***Cers***, et parfois de la ***Tramontane***, il est reconnu dans tout le Massif central, et en particulier sur le plateau de l'Aubrac et la Margeride, pour son caractère rigoureux, impétueux et glacial.

Déclenchement et mécanisme:
Hautes pressions sur divers secteurs septentrionaux, et basses pressions sur divers secteurs méridionaux.

Zone d'influence:
Peu importe sa direction, il se lève généralement sur les terres enneigées, et gèle d'un bloc le pays tout entier.

Histoires et Singularités:

Il hérisse de pointes acérées le sommet des congères, « tôle » les prairies, givre le grésil sur la lauze des burons, cire, moire, lustre, polit et glace. Il gèle sur les joues les larmes qu'il tire des yeux.
« Lo vènt éciro, l'ivèrn s'estiro. »
« Le vent cire, l'hiver s'étire. »

Ecorche chieuve

(Vent qui coule d'Ecosse, en langue d'oïl*)*

(Roses des vents d'Auvergne et du Périgord – pages 241, 367)
Air arctique maritime.

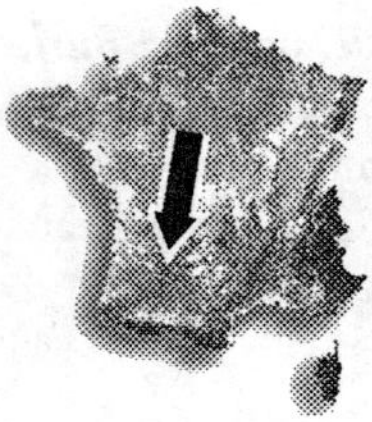

Source :
De la région du Boischaut (Indre) à la Forêt du Tronçais (Allier).

Déclenchement et mécanisme :
Hautes pressions sur la mer du Nord, et basses pressions sur l'Espagne. ***Bise*** glaciale soufflant le plus souvent l'hiver. Sa vitesse moyenne est de 50 km/h.

Zone d'influence :
Elle traverse la Haute-Vienne, la Creuse, et le Cantal, mais aussi le Puy-de-Dôme oriental, la Dordogne orientale, la Corrèze, le Lot-et-Garonne oriental et le Lot. Elle disparaît dans le Tarn-et-Garonne, autour du causse de Limogne. Son cours fait 180 km de large et 240 km de long.

Histoires et Singularités :

En principe, tous les vents « d'Ecorche » tiennent ce nom de leur secteur d'origine : le nord de la Grande-Bretagne. Mais il se pourrait que le mot puisse aussi être pris au premier degré : « qui égratigne ». L'***Ecorche chieuve*** (« coule » dans le sens de « suinte ») est un vent de Belgique. Si elle est à ce point remarquable, c'est qu'elle tient sa personnalité de ses maîtres du Nord : ***Ecorche vèt***, ***Ecorche ville***, ***Ecorche river***, ***Ecorche vache***, toutes ***Bises*** pointues des régions arctiques dont elle est la représentante la plus sudiste. Avec son compagnon le gel, elle peut anéantir en une nuit tous les efforts des maraîchers d'Auvergne et du Limousin. Sur le plateau de Millevaches, où elle se donne à plein quarante jours par an, les autochtones la comparent au ***Blizzard*** nord-américain ! Dans le Massif central, lorsque son axe devient aléatoire, elle se transforme en ***Auvergnasse***.

Ecorche d'aùt

ou *Biso Négro*

(Vent qui vient d'en haut de l'Ecosse)

(Les Treize vents de Born à Aubrac – page 55)
Air arctique maritime .

Source :
Aurillac.

Déclenchement et mécanisme :
Courant d'air local froid et humide, défluent de l'***Ecorche chieuve*** dévié par l'aspiration des vallées au sud de la chaîne des volcans d'Auvergne, elle souffle de secteur nord-ouest vers sud-est. Sa vitesse est inconstante, de 20 à 50 km/h.

Zone d'influence :
Le plateau du Viadène et l'Aubrac occidental d'Aveyron. Vent rare et peu connu, son cours fait 30 km de large sur 75 km de long.

Ecorche river

ou *Ch'vint d'France*

(Vent de la rivière d'Ecosse)

(Rose des vents de Flandre & Artois – page 120)
Air arctique maritime.

Source :
Le Pas de Calais, en Manche. Le cap Gris-Nez.

Déclenchement et mécanisme :
Hautes pressions sur la zone « Humber » en mer du Nord, et basses pressions sur le Massif central. ***Bise*** côtière, froide l'hiver et humide l'été, elle souffle avec violence une trentaine de jours par an. Sa vitesse est de 40 km/h.

Zone d'influence :
C'est un courant de couloir qui a du mal à pousser. Il traverse les départements du Nord occidental, du Pas-de-Calais, de la Somme et de l'Oise occidentale. Son cours fait 60 km de large sur 200 km de long.

Ecorche vache
(Source d'Ecosse)

(Rose des vents de Champagne & Ardennes – page 145)
Air arctique maritime.

Source :
Les Flandres française et belge.

Déclenchement et mécanisme :
Hautes pressions sur la zone « German » en mer du Nord, et basses pressions sur le Languedoc. C'est une ***Bise*** particulièrement froide et humide, qui souffle de secteur nord-quart-nord-est vers sud-sud-quart-est, quarante jours par an. Sa vitesse moyenne est de 50 km/h.

Zone d'influence :
Elle traverse le Nord, le Pas-de-Calais, l'Aisne, les Ardennes et la Marne occidentale. On dit qu'elle irait mourir dans le lac de Der, près de Saint-Dizier. Son cours fait 100 km de large sur 200 km de long.

Histoires et Singularités :

Curieusement, on retrouve dans cette région le mot « vache », qui signifie « source » en idiome limousin.

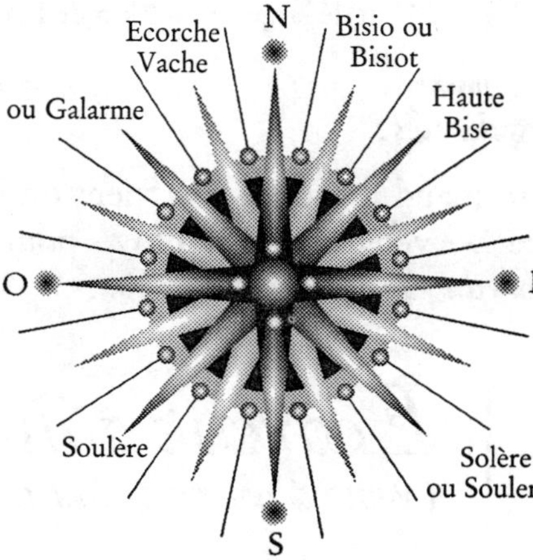

Rose des vents de Champagne et Ardennes

Ecorche vèt
(Vêtement d'Ecosse)

(Rose des vents de Picardie – page 122)
Air arctique maritime.

Source :
Entre les monts de Flandre et le Vlaamse Ardennen (Belgique).

Déclenchement et mécanisme :
Hautes pressions sur la mer du Nord, et basses pressions sur le Massif central. Sa pénétration sur les terres est beaucoup plus marquée que celle de l'***Ecorche river***. Véritable ***Bise du nord*** (***Ch'vint il est heut***), glaciale et violente. Sa vitesse moyenne est de 60 km/h.

Zone d'influence :
Elle traverse le Nord, le Pas-de-Calais oriental, la Somme orientale et l'Aisne, et parfois les départements de l'Ile-de-France. Son lit fait 70 km de large sur 260 km de long.

Histoires et Singularités :

Il faut se couvrir quand il souffle. *Vèt* vient du latin *vestire*, qui a donné naissance à « vêtement », employé pour la première fois dans « *La passion du Christ* » en l'an 980.

Ecorche ville
(Vent d'un morceau d'Ecosse)

(Rose des vents de Champagne & Ardennes – page 145)
Air arctique maritime.

Source :
Le sud de la Marne, entre Saint-Dizier et Provins.

Déclenchement et mécanisme :
Comme l'***Ecorche vache***, plus septentrionale, dont elle est la jumelle, l'***Ecorche ville*** est la référence des vents du Nord en Bourgogne. Sa force est moindre, autour de 40 km/h.

Zone d'influence :
Bise glacée poursuivant l'œuvre dévastatrice de sa sœur nordique dans les vignobles de l'Auxerrois, mais aussi sur la Bourgogne, jusqu'à Chalon-sur-Saône. Elle traverse l'Aube, l'Yonne, la Côte-d'Or et la Saône-et-Loire, pour venir mourir dans le Mâconnais. Son cours fait 110 km de large sur 220 km de long.

Histoires et Singularités :

Le mot « ville » n'est pas employé ici dans le sens que nous connaissons. Apparu pour la première fois lui aussi dans « *La Passion du Christ* » en 980, avec l'orthographe « vile », il signifiait plutôt « partie », ou « quartier », comme chez Antoine Furetière en 1684, dans son essai d'un dictionnaire universel, qui provoqua son exclusion de l'Académie française. Sous l'Empire, c'était un morceau du domaine rural.

Eguzki haizéa

(*Vent de sud-est,* en basque)

(Rose des vents du Pays basque – page 195)

Air polaire continental.

Source :

Le Béarn, autour de Pau.

Déclenchement et mécanisme :

Hautes pressions sur la Méditerranée septentrionale, et basses pressions sur la zone « Cap-Finisterre » en Atlantique. Défluent méridional de l'***Autan noir***, c'est un courant chaud et très humide soufflant toute l'année. Sa vitesse moyenne est de 40 km/h.

Zone d'influence :

Vent rasant, plus fréquent en été, il court aux pieds des Pyrénées françaises, et se jette dans le golfe de Gascogne, entre Bayonne et Irun. Son cours fait 40 km de large pour 120 km de long.

Histoires et Singularités :

Mini-mousson annuelle, elle amène généralement des pluies abondantes.

Eisselo

(*Sirocco*, en idiome varois)

(Rose des vents d'Yves Michel
de la presqu'île de Giens – page 134)
Air tropical continental.
C'est l'***Eissero*** de la rose des vents du Moulin de Fontvieille et de ***Léi vènt que boufon en Prouvenço.***

Eissero

(*Sirocco*, en idiome provençal)

(Léi vènt que boufon en Prouvenço *et Rose des vents du Moulin de Fontvieille – pages 22, 169)*
Air tropical continental.

Source :
Le large des côtes nord-ouest de la Corse.

Déclenchement et mécanisme :
Hautes pressions sur l'Afrique, et basses pressions sur l'Europe. Classé parmi les vents d'été (***u marinado***), il souffle de secteur sud-est vers nord-ouest.
Courant d'air chaud d'altitude (vent de masse), chargé peu ou prou du sable roux des déserts africains.
Sa vitesse moyenne est de 30 à 40 km/h.

Zone d'influence :
L'***Eissero*** traverse les Alpes-Maritimes, le Var, les Bouches-du-Rhône, le Vaucluse méridional, le Gard et l'Hérault. Il lui arrive parfois de déborder largement les côtes méditerranéennes pour poudrer d'ocre jaune tout le quart sud-est de la France, jusque sur la région des Grands Causses. Son cours, maritime et terrestre, fait 300 km de large pour 450 km de long.

Histoires et Singularités :

Il est le fossoyeur du maraîchage méridional, finissant le travail commencé par les périodes de sécheresse qui sévissent de plus en plus souvent dans le Midi entre mai et octobre.

Eissidre

C'est un coup de vent violent, en idiome limousin.

Ekialdeko haizéa

(Vent d'est, en basque*)*

(Rose des vents du Pays basque – page 195)

Air polaire continental.

Source :
La vallée du Gave de Pau, autour d'Orthez.

Déclenchement et mécanisme :
Défluent de l'***Autan noir***, possédant les mêmes caractéristiques de déclenchement que l'***Eguzki haizéa***, avec une direction un peu plus prononcée vers le nord. Sa vitesse moyenne est de 40 km/h.

Zone d'influence :
Il s'étale sur les régions septentrionales des Pyrénées-Atlantiques, d'est en ouest, jusqu'à l'Atlantique et la Côte d'Argent méridionale (Landes). Son cours fait 50 km de large pour 100 km de long.

Histoires et Singularités :

Vent rasant, plus fréquent en hiver, il se tient un peu à l'écart des montagnes qui génèrent les masses froides. Il amène la pluie et la neige.

Ellebant
ou *Llebant*
(Vent du levant, en catalan*)*

(Rose des vents des Catalans – page 180)
Air polaire continental.

Source :
Le carrefour des zones « Sardaigne », « Minorque », « Lion » et « Provence » en Méditerranée.

Déclenchement et mécanisme :
Hautes pressions sur le golfe de Gênes et la Corse, et basses pressions sur l'Aquitaine et les Pyrénées. Vent de secteur est, défluent de l'***Autan noir*** et du ***Marin***, avec un axe plus latéral, sec et chaud en été, plus humide en hiver. Sa vitesse moyenne est de 30 km/h.

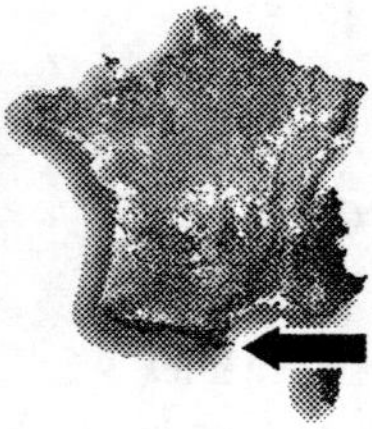

Zone d'influence :
Il traverse les Pyrénées-Orientales méridionales le long de la frontière espagnole et disparaît en Andorre. Son cours fait 20 km de large pour 120 km de long.

Embat
(Vent du bas, en idiome provençal*)*

(Lei vent que boufon en prouvenço – *page 169)*
Air tropical continental.

Source :
La mer Ligurienne occidentale, et la zone « Provence » en Méditerranée.

Déclenchement et mécanisme :
Hautes pressions sur la Corse et la Sardaigne, et basses pressions sur la vallée du Rhône.
Sa vitesse moyenne est de 10 km/h.

Zone d'influence :
Il entre sur le continent entre Saint-Raphaël et Marseille. Il traverse le Var, les Bouches-du-Rhône, puis les Alpes-de-Haute-Provence et le Vaucluse. Son cours fait 140 km de large pour 200 km de long.

Histoires et Singularités :

Brise marine chaude et passagère, elle a du mal à passer la montagne de Lure et le Lubéron. Arrêtée par le mont Ventoux, elle n'est pas reconnue sur terre, où les ruraux la confondent avec les ***Vents Marins***. Sur mer, elle est propice aux pêches miraculeuses, comme tous les courants défluents des alizés qui poussent vers l'ouest.

En-bàs

(Rose des vents du Moulin de Fontvieille – page 22)
Air tropical continental.

Source :
Port-St-Louis-du-Rhône et la plaine de la Crau.

Déclenchement et mécanisme :
Hautes pressions sur la zone « Sardaigne » en Méditerranée, et basses pressions sur le Massif central et les monts du Vivarais. Sa vitesse moyenne est insignifiante.

Zone d'influence :
La Camargue orientale et les Alpilles, le département du Vaucluse jusqu'à Bollène. Son cours fait 40 km de large pour 100 km de long.

Enbata

(*Vent du bas*, en basque)

(Rose des vents du Pays basque – page 195)
Air polaire maritime.

Source :
Le golfe de Gascogne.

Déclenchement et mécanisme :
Hautes pressions sur la zone « Sole » en Atlantique, et basses pressions sur la chaîne des Pyrénées. Sa vitesse moyenne est de 60 km/h.

Zone d'influence :
Vent dominant soufflant d'ouest à nord-ouest, extrêmement puissant, générant des tempêtes formidables aux équinoxes. Il entre sur le Pays basque par la Côte d'Argent et vient mourir au pied du col de la Pierre-St-Martin (Pyrénées-Atlantiques). Son cours fait 60 km de large pour 120 km de long.

Histoires et Singularités :

Il est l'artisan des plus belles vagues et des plus beaux rouleaux sur les plages du Boucau à Hendaye, paradis des surfeurs.

Ene veudoése
ou *Veudoise de Lorraine (Tourbillon et trombe,* en idiome artésien*)*

(Rose des vents de Flandre & Artois – page 120)
Air polaire maritime.

Source :
Le Pas-de-Calais et le cap Gris-Nez.

Déclenchement et mécanisme :
Hautes pressions sur la mer d'Irlande, et basses pressions sur la Suisse. Vent d'ouest-nord-ouest dominant, frais et humide en été, froid en hiver. Sa vitesse moyenne est de 50 km/h.

Zone d'influence :
Il traverse en trombes tourbillonnantes

le Pas-de-Calais et le Nord, entre les collines de l'Artois et les monts de Flandre. Il meurt dans le Vermandois (Aisne). Son cours fait 50 km de large pour 160 km de long.

Er d'evo
ou *Vent d'aval*

(Rose des vents de Franche-Comté & Lorraine – page 111)
Air tropical continental.

Source :
Dole et la Forêt de Chaux.

Déclenchement et mécanisme :
Hautes pressions sur le Lyonnais et les Dombes, et basses pressions sur la Belgique et le Luxembourg. Vent chaud de secteur sud. Sa vitesse moyenne est de 20 km/h.

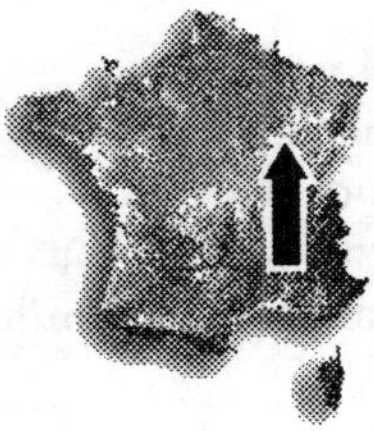

Zone d'influence :
Il escalade les monts de la Serre, dans le Jura septentrional, avec effet de ***Foehn*** sur la vallée de l'Ognon, traverse le plateau de Langres, la Haute-Saône et la Haute-Marne orientale, pour disparaître en Lorraine méridionale. Son cours fait 120 km de large pour 190 km de long.

Espanino
(Petit vent d'Espagne)

(Rose des vents de Toulouse-Pyrénées – page 285)
Air tropical continental.

Source :
Le massif de l'Arize et la montagne du Plantaurel (Ariège).

Déclenchement et mécanisme :
Hautes pressions sur l'Espagne, et basses pressions sur le Limousin. Petit vent chaud de secteur sud. Sa vitesse moyenne est de 20 km/h.

Zone d'influence :
Il traverse l'Ariège et la Haute-Garonne, et disparaît dans le Quercy méridional. Son cours fait 60 km de large pour 200 km de long.

Essero

(*Sirocco*, variante méridionale de l'*Eissero* provençal)

(Les Maîtres du ciel – page 219)
Air tropical continental.

Source :
Le golfe de Gênes et le Canal di Corsica.

Déclenchement et mécanisme :
Hautes pressions sur l'Afrique du Nord orientale, et basses pressions sur l'Europe occidentale. Courant d'air chaud d'altitude (vent de masse) de secteur sud-est, chargé peu ou prou du sable roux des déserts africains. Sa vitesse moyenne est de 30 km/h.

Zone d'influence :
Défluent aérien du ***Sirocco***, l'***Essero*** traverse le Var, les Bouches-du-Rhône, le Vaucluse, la Drôme provençale et le Gard. Il lui arrive parfois de déborder largement les côtes méditerranéennes pour poudrer d'ocre jaune tout le quart sud-est de la France jusque sur la région des Grands Causses. Son cours fait 300 km de large pour 450 km de long.

Histoires et Singularités :

Comme l'***Eissero***, il est la terreur des maraîchers méridionaux. Il n'est pas rare que le ciel devienne jaunâtre, et qu'on ne sente qu'un petit souffle d'air sans force, alors qu'en haut les nuages chargés de sable roux roulent et tirent vers le nord-ouest.

Estieus

(*Vent d'été,* en idiome normand)

(Rose des vents des pêcheurs normands – page 98)
Air tropical continental.

Source :
Entre Chartres et Le Mans.

Déclenchement et mécanisme :
Hautes pressions sur l'Europe méridionale, et basses pressions sur l'Atlantique nord. C'est un vent de terre chaud et sec qui souffle l'été (*vent d'estieus*). Sa vitesse est presque nulle.

Zone d'influence :
On le connaît sous cette appellation dans la Sarthe, l'Eure-et-Loir, l'Orne, l'Eure, le Calvados, la Manche et la Seine-Maritime. Son cours fait 120 km de large pour 240 km de long.

Êt

(*Vent d'est,* en idiome normand)

(Rose des vents des pêcheurs normands – page 98)
Air polaire continental.

Source :
L'Ile-de-France.

Déclenchement et mécanisme :
Hautes pressions sur l'Europe centrale, et basses pressions sur l'Atlantique. Classé parmi les vents d'Amont, l'***Êt*** souffle de secteur est vers l'ouest. Vent de terre, il est frais en hiver et chaud en été. Sa vitesse moyenne est de 20 km/h.

Zone d'influence :
Il traverse les départements de l'Ile-de-France, dans lesquels il est ***Vendet***, l'Eure-et-Loir septentrional, l'Orne, l'Eure, la Seine-Maritime, le Calvados et la Manche. Son cours fait 160 km de large sur 320 km de long.

Etésien

(Vent d'été, du grec *Etêsiai)*

(Rose des vents de Rhône-Alpes & Savoie – page 157)
Air arctique maritime.

Source :
Le Mâconnais.

Déclenchement et mécanisme :
Hautes pressions sur l'Europe septentrionale, et basses pressions sur la Méditerranée. Vent de secteur nord soufflant dans la basse vallée de la Saône et la vallée du Rhône, en été seulement. Beaucoup moins froid que le ***Mistral*** ou la ***Tramontane***, il est assez fréquent, mais rarement violent.

Zone d'influence :
Il traverse les Dombes, passe Lyon et court sur le lit du fleuve jusqu'à Montélimar, où il se perd entre la montagne de Berg (Ardèche) et la montagne d'Angèle (Drôme). Son cours fait 80 km de large pour 220 km de long.

Êti

(Petit vent d'est)

(Rose des vents des pêcheurs normands – page 98)
Air polaire continental.

Source :
Au large de la baie de Seine et la Côte d'Albâtre.

Déclenchement et mécanisme :
Hautes pressions sur l'est des Pays-Bas, et basses pressions sur la zone « Sole » en Atlantique. Vent soufflant d'est-quart-nord-est sur le Cotentin et le golfe de Saint-Malo. Sa vitesse moyenne est insignifiante.

Zone d'influence :
Les zones « Manche-Est » et « Manche-Ouest », et la Normandie, de la Côte de Nacre au passage de la Déroute. Son cours fait 110 km de large pour 220 km de long.

Histoires et Singularités :

Vent côtier, il subit les variations des climats terre-mer, et ondule le long des côtes sans axe précis. C'est un défluent de l'***Ét***, froid et sec en hiver, frais en été.

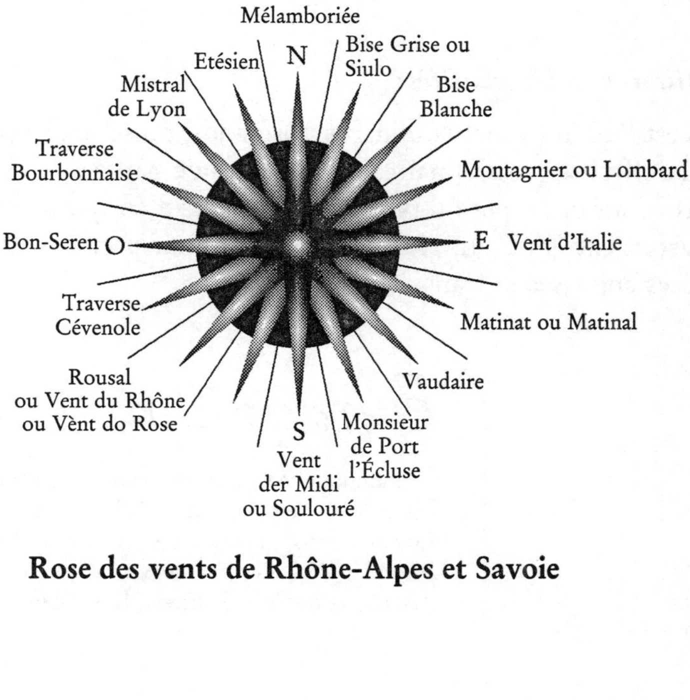

Rose des vents de Rhône-Alpes et Savoie

Êtilli

(Très petit vent d'est)

(Rose des vents des pêcheurs normands – page 98)
Air polaire continental.

Source :
Le détroit du Pas de Calais.

Déclenchement et mécanisme :
Hautes pressions sur les zones « German », « Humber » et « Tamise » en mer du Nord, et basses pressions sur la zone « Cap-Finisterre » en Atlantique. Vent d'est-nord-est. Sa vitesse moyenne est de 40 km/h.

Zone d'influence :
Il souffle sur la baie de Seine, traverse le Calvados et la Manche, et vient mourir en Ille-et-Vilaine entre Fougères et Saint-Malo. Son cours fait 90 km de large pour 160 km de long.

Histoires et Singularités :

C'est l'un des vents dominants normands, puisque directement lié aux effets dépressionnaires de l'Atlantique par rapport aux fortes pressions de la mer du Nord. Ses courants d'air quasi permanents, parfois extrêmement violents, sont dus pour partie aux reliefs des côtes anglaises et françaises.

Euraquilon

Vent arctique maritime qui traverse l'Europe depuis le cercle polaire jusqu'à la Méditerranée. Violent et froid en automne et en hiver, il est frais et humide l'été. Les ***Ecorches du Nord,*** les ***Bises,*** la ***Borée,*** la ***Burle,*** le ***Horzain,*** le ***Sterenn,*** la ***Tramontane*** et le ***Mistral*** sont quelques-uns de ses défluents prestigieux, puissants, glacés et dévastateurs.

Eurche

ou *Eurse*

Dérivé morvandeau et berrichon du grec *eurus*, « large ».

Voir Aurisse

Euros

(Rose de la Tour des vents d'Andronicos – page 411)

Roi des vents des mers de la Grèce antique, il soufflait du sud-est sur la Grèce et la mer Egée entre Rhodes et la Crête.

F

Foehn – Foeh

Air tropical continental ou maritime.
Vent de sud et sud-ouest, généralement sec et chaud, parfois humide, il souffle sur les vallées des Alpes orientales, en Autriche, dans les départements français limitrophes de la Suisse, et en Suisse, où on ne l'observe que 35 jours par an, selon un schéma assez régulier : 9 jours en hiver – 11 jours au printemps – 4 jours en été – 10 jours en automne.
On emploie le plus souvent la formule « effet de ***Foehn*** », pour tous les vents de secteur sud qui, ayant franchi un massif montagneux par l'adret, coulent sur ses versants à l'ubac (vents descendants et rabattants). L'***Autan blanc***, sautant la chaîne des volcans d'Auvergne sur la vallée de Mandailles (Aveyron) ; l'***Haizé hégoa***, les Pyrénées occidentales sur le Pays basque ; ***Monsieur de Port-l'Ecluse***, le massif de la Vanoise sur la vallée de la Tarentaise

et de l'Isère ; le ***Libeccio***, l'arête dorsale
du Massif corse sur les côtes orientales de l'île,
du cap Corse au cap de Pertusato ; le ***Marin***,
le mont Aigoual sur la vallée de la Jonte et
du Gardon...
Le ***Foehn*** (suisse) ou le ***Foeh*** (dialecte allemand)
sont issus du latin *favonius*, « vent de sud-ouest ».
En France, le mot a été employé pour la première fois
par Victor Hugo en 1859.

Foén

(Rose des vents de Franche-Comté & Lorraine – page 111)
Air tropical continental.

Source :
Les Alpes françaises.

Déclenchement et mécanisme :
Hautes pressions sur les Alpes et l'Italie, et
basses pressions sur la Belgique. Vent chaud, de secteur
sud et sud-est. Sa vitesse est sans importance.

Zone d'influence :

Défluent du ***Foehn*** Suisse, il traverse le lac Léman,
saute par dessus les monts du Jura, entre le col
de la Faucille (1320 m) et le col du Mollendruz (1180 m),
et vient réchauffer les gorges de l'Ain, depuis Oyonnax
jusqu'à Champagnole. Il disparaît autour de Dole
et de la Forêt de Chaux. Son cours fait 80 km de large
pour 120 km de long.

Forain

(Rose des vents des pêcheurs normands – page 98)
Air tropical continental.

Source :
Des Alpes Mancelles (Mayenne et Sarthe) au large
du golfe de St Malo.

Déclenchement et mécanisme :
Hautes pressions sur l'Espagne, et basses pressions sur la mer du Nord et l'Angleterre septentrionale. Il souffle sans violence du sud vers le nord. Sa vitesse moyenne est de 30 km/h.

Zone d'influence :
Il traverse la Mayenne septentrionale, l'Orne, la Manche, le Calvados, l'Eure et la Seine-Maritime. Son cours fait 110 km de large sur 150 km de long.

Histoires et Singularités :

Son nom signifiait « Saxon » au XIIe siècle, puis « étranger » en 1757, retrouvant ainsi le sens original du mot *foranus*, en bas latin. Avec le Gulf Stream, il entretient un microclimat sur les côtes normandes. Il n'est pas rare de rencontrer le long de son cours une végétation méditerranéenne voire subtropicale (palmiers, mimosas, plantes grasses. . .)

Foui

(Rose des vents du Moulin de Fontvieille – page 22)
Air tropical maritime.

Source :
Le golfe de Beauduc et Les Saintes-Maries-de-la-Mer.

Déclenchement et mécanisme :
Hautes pressions sur la zone « Lion » en Méditerranée, et basses pressions sur les Alpes. Vent de secteur sud-sud-ouest. Sa vitesse moyenne est de 40 km/h, avec des pointes redoutables aux équinoxes à plus de 120 km/h.

Zone d'influence :
Il traverse la Camargue par l'Etang de Vaccarès et la plaine de la Crau, saute les Alpilles entre Sénas et Tarascon, et disparaît derrière le Ventoux. Son cours fait 40 km de large pour 70 km de long.

Frère jumeau du **Fouis** sur *Léi vènt que boufon en Prouvenço*, c'est un vent salé, pénétrant et humide, qui fait ses colères en automne. Il lui arrive de remonter le Rhône jusqu'à Bollène.

Histoires et Singularités :

Son nom vient du latin *fodere*, « mettre dans le sol », qui donnera » enfouir ». On trouve la forme « fouir » ou « foïr » dans le psautier de Cambridge (1120). « Fouée », qui apparaît dans « *La geste des Lohérains* » (XIe siècle), deviendra synonyme de « Vent du sud-ouest » à la fin du siècle suivant.

Fouis

(Rose des vents des Cévennes – page 32)
Air tropical maritime.

Source :
Le Bassin de Thau et la vallée de l'Hérault.

Déclenchement et mécanisme :
Hautes pressions sur l'Espagne orientale et la Costa Brava, et basses pressions sur les Alpes. Vent de secteur sud-sud-ouest. Sa vitesse moyenne est de 40 km/h, avec des pointes redoutables aux équinoxes, à plus de 120 km/h.

Zone d'influence :
Il traverse l'Hérault puis le Gard occidental avant de se perdre au sommet du mont Aigoual (1565 m). Son cours fait 60 km de large pour 90 km de long. Frère jumeau du **Foui** de *Léi vènt que boufon en Prouvenço*, il fait lui aussi ses plus grosses colères en automne.

Histoires et Singularités :

Son nom cévenol est tiré de *foisne*, variante de *foène*, « vent de sud-

ouest » au XIIIe siècle. On dit aussi *fouit* pour « vent » en langue d'oc.
« *Ana come un fouit !* »
« Filer comme le vent ! »
« ...– Monte pas au Traoucas, y a le diable ; je l'y ai entendu.
– Là-haut, au Traoucas, il n'y a que des cailloux et les vieux amandiers du Bajasse enracinés on ne sait comment dans rien de terre.
– Monte pas, répéta la vieille, lo Cornu jouga de corna.
Mais Mariette n'écoutait rien ; elle était déjà sur la corniche.
– Là-haut, il y a des herbes, des herbes qui font le lait.
Le bâton d'une main, la chèvre de l'autre, en trois bonds la voilà sur la sente ; encore un peu et la voici au sommet.
C'était ce jour de 1962 où la terre a fait trembler toutes les Cévennes.
Mariette regardait le Traoucas[1] *qui semblait vouloir s'ouvrir. Soudain une grosse pierre se détacha, roula sur la pente, sauta le belvédère, frappa deux ou trois fois lo baoù, siffla dans l'air et vint se ficher au milieu de la place juste devant l'église.*
Un miracle, que personne ne fût blessé.
Quand Mariette redescendit, tout les habitants regardaient le bloc de roche enfoncé de cinquante bons centimètres dans le pavage. On questionna la chevrière sur ce qui s'était passé là-haut.
– Sur le causse, toutes les pierres dansaient. La plus grosse s'est retournée d'une vrille ; j'ai entendu des hurlements qui n'avaient rien d'humain, puis un courant d'air a jailli du Traoucas et a poussé le rocher que voici. L'air coulait de cette gueule, maintenant béante, comme une rivière. Il arrachait les herbes, emportait des vieilles branches, déflorait les amandiers. J'ai cru la fin du monde et il a bien failli m'emporter... »
(Conte de mémoire orale des montagnes cévenoles)

1. *Traoucas :* trou, petite grotte. C'est aussi le nom de l'endroit.
Lo Cornu jouga de corna : le Diable joue de la trompe.
Baoù : barre rocheuse.

Depuis ce jour, en mars de chaque année, le courant d'air jaillit du *Traoucas*, ramasse en passant les fleurs des amandiers et vient en éparpiller les pétales sur la place du village, située juste en dessous des rochers. Quand cette volée de pétales coïncide avec le jour des Rameaux, les paysans dansent sur le parvis comme des endiablés, car elle est promesse d'herbes grasses pour le printemps. Une joie que certains ne trouvent pas très catholique. On dit que le ***Fouis*** prendrait sa source à cet endroit...

Fouis

ou *Miéjour-Labé*

(Léi vènt que boufon en Prouvenço – *page 169)*
Air tropical maritime.

Source :
Le carrefour des zones « Lion », « Provence » et « Minorque », en Méditerranée.

Déclenchement et mécanisme :
Hautes pressions sur les Baléares, et basses pressions sur les Alpes. Vent de secteur sud-sud-ouest. Sa vitesse moyenne est de 40 km/h, avec des pointes redoutables aux équinoxes à plus de 120 km/h.

Zone d'influence :
Il entre en Provence par la Camargue, les calanques de La Ciotat et le cap Sicié (358 m). Il traverse les Bouches-du-Rhône, le Var, puis le Vaucluse et les Alpes-de-Haute-Provence. Son cours fait 110 km de large pour 170 km de long.

Histoires et Singularités :

Comme le ***Foui***, c'est un vent de mer, salé, pénétrant et humide, qui fait ses plus grosses colères en automne.

G

Galarme

(*Galerne*, en idiome champenois)

(Rose des vents de Champagne & Ardennes – page 145)
Air arctique maritime.

Source :
Vallée du Grand Morin, en Brie.

Déclenchement et mécanisme :
Hautes pressions sur la Picardie et les Flandres, et basses pressions sur les Alpes méridionales. Vent de secteur nord-ouest, défluent du ***Vent de Galarne***. Sa vitesse moyenne est de 50 km/h.

Zone d'influence :
Il traverse les grandes plaines agricoles de Seine-et-Marne, entre Coulommiers et Provins, puis le département de l'Aube après avoir franchi la Seine, et disparaît dans la région du Duesmois, au pied du plateau de Langres. Son cours fait 60 km de large pour 190 km de long.

Galerne

Grand vent de nord-ouest, on trouve son nom pour la première fois au XIIe siècle dans « *Le Voyage, ou pèlerinage de Charlemagne* ». Il est issu du latin populaire, *Galerna*.
Avec le ***Mistral***, qui emprunte le même axe, la ***Tramontane***, le ***Cers***, le ***Suroît***, le ***Noroît***, le ***Grégal*** et l'***Autan***, c'est l'un des vents les plus connus de France, et aussi celui qui a la plus grande envergure. Humide et froid, il favorise les giboulées.
« Quand la Galerne se met en berne, la pluie derrière remplit les citernes. »

Galerne

(Roses des vents du Pays Nantais-Pays de Loire-Bretagne, Bourgogne-Berry-Morvan et Poitou – pages 177, 318, 369)
Air polaire maritime.

Source :
La Manche.

Déclenchement et mécanisme :
Hautes pressions sur l'Irlande et la mer Celtique, et basses pressions sur le couloir rhodanien et la Provence. Vent dominant de secteur nord-ouest, froid et humide, connu sur tout le quart nord-ouest de la France. Sa vitesse moyenne est de 50 km/h avec des rafales pouvant atteindre 130 km/h.

Zone d'influence :

Affluent du ***Noroît***, il est le frère aîné des vents continentaux sévissant sur les terres bretonnes, ***Goulern*** de l'île de Groix et ***Gwalarn*** de Plestin-en-Armor, mais aussi du ***Ch'vint d'Galerne*** d'Artois, du ***Vent de Galerne*** de Marne, et du ***Morvandeau*** de Bourgogne. On le connaît dans la Sarthe, l'Eure-et-Loir, le Loiret, le Loir-et-Cher, l'Indre-et-Loire, le Maine-et-Loire, la Loire-Atlantique, la Vienne, l'Indre, le Cher, la Nièvre et l'Yonne. Son cours fait 320 km de large pour 420 km de long.

Garbi
ou *Lleibeg*

(Rose des vents du Languedoc – page 43)
Air tropical maritime.

Source :
La Cerdagne et Andorre.

Déclenchement et mécanisme :
Hautes pressions sur l'Espagne centrale, et basses pressions sur le Languedoc septentrional

et la Camargue. Vent de secteur ouest-sud-ouest. Sa vitesse moyenne est de 40 km/h.

Zone d'influence :
Le Pays catalan et le Roussillon. Il traverse les Pyrénées-Orientales, l'Aude, l'Hérault, et vient mourir dans le golfe d'Aigues-Mortes. Son cours fait 60 km de large pour 250 km de long.

Histoires et Singularités :

Son nom vient peut-être du bas latin *carbassus*, qui signifie « voile de navire ». Mais il pourrait aussi être un dérivé de « maugrabin » ou « magrabin », qui a donné « maghrébin », habitant de la Barbarie, selon le nom arabe donné à l'Afrique du Nord, « pays du couchant ». A moins qu'il ne soit issu de *Gabinus*, « habitant de Gabies », ancien nom d'une région d'Afrique du Nord.

Garbin

(Léi vènt que boufon en Prouvenço – *page 169*)
Air tropical maritime.

Source :
Le golfe du Lion.

Déclenchement et mécanisme :
Hautes pressions sur l'Espagne, et basses pressions sur les Alpes. Vent de secteur sud-ouest. Sa vitesse moyenne est de 50 km/h, avec une tendance, depuis 1990, à forcir aux équinoxes.

Zone d'influence :
Il traverse la Camargue et le Vaucluse, atteint parfois la Drôme, puis les Bouches-du-Rhône, le Var et les Alpes-de-Haute-Provence. Il souffle dans le même axe que le ***Labé***, avec qui il partage des racines nord-africaines. Son cours fait 110 km de large pour 160 km de long.

Histoires et Singularités :

« Un jour de septembre, le Garbin, qui avait traversé la plaine de la Crau à vive allure, attaqua les Alpilles comme un sarrasin se lance à l'assaut d'une citadelle. Après avoir traversé Carpentras, il entreprit de gravir le Ventoux. Au sommet, il rencontra l'Aguiéloun, son ennemi juré. De force égale, ils se partageaient le territoire du temps depuis des millénaires sans jamais prendre le risque de s'affronter. Li rispo Aguiéloun glaçait la Provence en automne, et l'aureto Garbin la réchauffait au printemps. Ce jour-là, donc, on ne sait trop par quel mystérieux concours de circonstances, ils se retrouvent face à face. Bien entendu, ni l'un ni l'autre ne veut céder la place. La girouette du refuge ne sait plus où pointer sa flèche. Tantôt elle indique le nord-est, tantôt le sud-est. Un pâtre, assis dans sa borie, assiste au prodige, abasourdi. Un bouquet de chardon d'âne, arraché de l'abri des rocailles, remonte la sente, puis redescend soudain. Le voici qui se tient maintenant sur un travers, à un mètre du sol, et roule en l'air comme une bille. Là-dessus, on entend un ronflement, un souffle bruyant qui vient du côté de Valensole et qui s'élève entre les monts de Vaucluse et la montagne de Lure.

Le berger, de plus en plus ahuri, se demande quelle folie s'est emparée d'Eole. Car voici l'Autan qui vient se mêler au combat. La furie est à son comble. Le Garbin et l'Aguiéloun s'enroulent et se déroulent comme deux harpies, se frappent de plein fouet, tourbillonnent en hurlant, emportant les graviers du chemin à plus de dix mètres de hauteur. Subitement, tout s'arrête. Les deux protagonistes se retirent sur la pointe des pieds, et l'Autan repart à la mer. Là-bas, dans la vallée du Rhône, on entend un roulement de tambour. C'est le Mistral, qui sera sur le Ventoux dans un instant. Car « lo maistre » n'aime pas les chahuteurs. Et par-dessus tout, un peu cabot, il ne supporte pas qu'on évoque une tempête qui ne serait pas de son fait.

C'est pourquoi, depuis ce jour, sur cette montagne, dite « des quatre

vents», on sait que le coup de soufflet du Garbin fait parfois accourir le Mistral.»
(Conte de la mémoire orale)

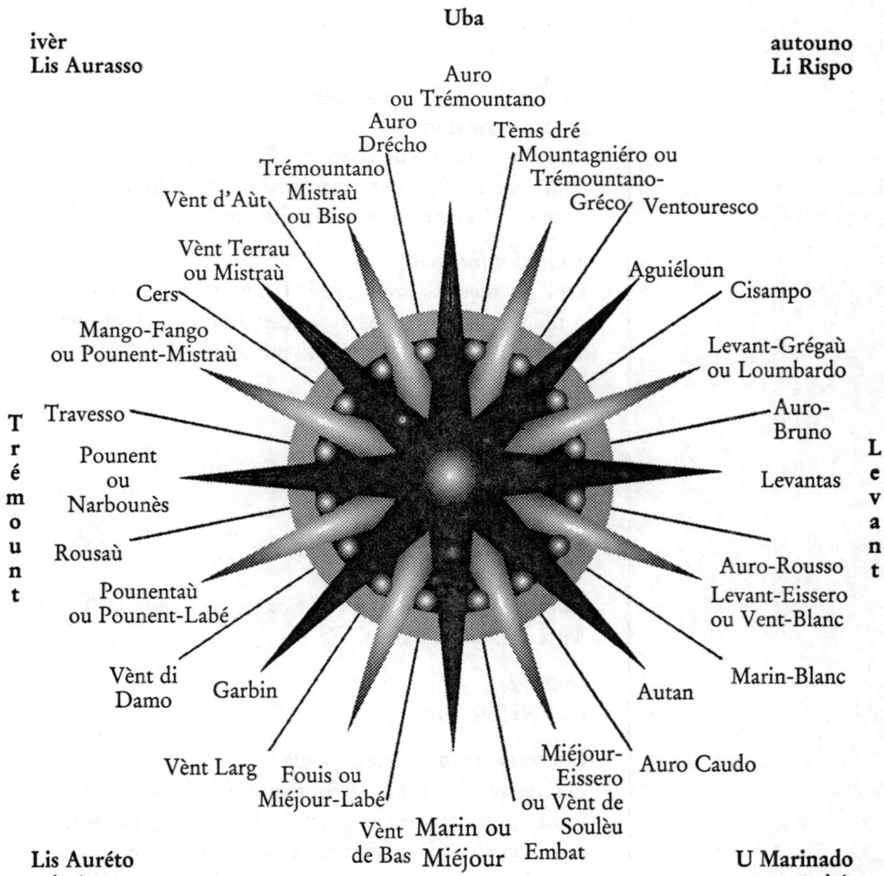

Léi vènt que boufon en Prouvenço

Gargaù
(Grégaù, « grec » en idiome nissart*)*

(Rose des vents nissarts – page 229)
Air arctique continental.

Source :
La région d'Imperia, à l'est de San Remo.

Déclenchement et mécanisme :
Hautes pressions sur le nord de l'Italie, et basses pressions sur la zone « Provence » en Méditerranée. Vent rare et frais, de secteur nord-est. Sa vitesse est insignifiante.

Zone d'influence :
Le Pays niçois. Il traverse la frontière vers Sospel, coule sur la Côte d'Azur, et disparaît aux alentours du cap d'Antibes. Son cours fait 30 km de large pour 70 km de long.

Gaterno
(Galerne)

(Rose des vents du Quercy-Rouergue – page 357)
Air arctique maritime.

Source :
Le Périgord Noir.

Déclenchement et mécanisme :
Hautes pressions sur la Bretagne et la Vendée, et basses pressions sur le golfe du Lion. Vent rarissime, de secteur nord-ouest, frais et humide en été, glacial et humide en hiver. Sa vitesse moyenne est de 20 km/h.

Zone d'influence :
Le Quercy. Il traverse le département du Lot et disparaît dans les gorges de l'Aveyron

entre Montauban et Villefranche-de-Rouergue. C'est le frère jumeau du ***Jibral***. Son cours fait 70 km de large pour 170 km de long.

Gevred

(Vent de sud-est, en breton*)*

(Les 32 vents de la Boussole bretonne des marins de l'île de Groix – page 203)
Air tropical continental.

Source :
Le large du phare de la Calabasse (Loire-Atlantique).

Déclenchement et mécanisme :
Hautes pressions sur le Massif central, et basses pressions sur la mer Celtique. Vent de terre plutôt sec, de secteur sud-est, jumeau parallèle du *Gevred de Plestin*. Sa vitesse moyenne est de 30 km/h.

Zone d'influence :
Belle-Ile, Quiberon et l'île de Groix. Il traverse la baie de Concarneau et court par dessus les Montagnes noires et les monts d'Arrée. Son cours fait 40 km de large pour 220 km de long.

Gevred de Plestin

(Rod en Aveliou *des Côtes-d'Armor – page 89)*
Air tropical continental.

Source :
Le bocage angevin.

Déclenchement et mécanisme :
Hautes pressions sur le Massif central, et basses pressions sur la mer Celtique. Vent sec, de secteur sud-est. Sa vitesse moyenne est de 30 km/h.

Zone d'influence :
Parallèle à son voisin de Groix, il traverse l'Ille-et-Vilaine, la Loire-Atlantique septentrionale, les Côtes-d'Armor, le Morbihan septentrional et le Finistère. Son cours fait 110 km de large pour 270 km de long.

Gevred izel
(Vent de sud-est du bas)

(Rod en Aveliou *des Côtes-d'Armor – page 89)*
Air tropical continental.

Source :
La région des Landes de Lanvaur (Morbihan).

Déclenchement et mécanisme :
Hautes pressions sur le Périgord et le Massif central, et basses pressions sur la mer Celtique et les Cornouailles. Vent de terre chaud et sec l'été, de secteur sud-quart-sud-est. Sa vitesse moyenne est de 20 km/h.

Zone d'influence :
Il traverse le Morbihan et les Côtes-d'Armor.
Son cours fait 80 km de large pour 130 km de long.

Gevred quart reter
(Vent de sud-est quart est)

(Les 32 vents de la Boussole bretonne des marins de l'île de Groix – page 203)
Air tropical continental.

Source :
La Côte d'Amour (Loire-Atlantique).

Déclenchement et mécanisme :
Hautes pressions sur le Limousin et le Massif central, et basses pressions sur la zone « Sud-Irlande » en mer

Celtique. Vent de terre frais et humide, de secteur est-sud-quart-est. Sa vitesse moyenne est de 30 km/h.

Zone d'influence :
Il arrive par la pointe du Croisic sur les îles d'Hoédic et d'Houat, puis la presqu'île de Quiberon et l'île de Groix. Son cours fait 50 km de large pour 120 km de long.

Gevred quart su
(Vent de sud-est quart sud)

(Les 32 vents de la Boussole bretonne des marins de l'île de Groix – page 203)
Air tropical continental.

Source :
Belle-Ile.

Déclenchement et mécanisme :
Hautes pressions sur le Périgord et la Guyenne, et basses pressions sur les Cornouailles. Vent côtier sec et chaud, de secteur sud-quart-sud-est. Sa vitesse moyenne est de 30 km/h.

Zone d'influence :
Il arrive sur l'île de Groix par la côte septentrionale de Belle-Ile, traverse la forêt de Carvoêt, Quimperlé, et se perd dans les Montagnes noires. Son cours fait 50 km de large pour 130 km de long.

Gevred uhel
(Vent de sud-est du haut)

(Rod en Aveliou *des Côtes-d'Armor* – *page 89)*
Air tropical continental.

Source :
Entre les Pays de Pontivy et de Loudéac.

Déclenchement et mécanisme :
Hautes pressions sur le Massif central, et basses pressions sur la mer Celtique. Vent de terre, de secteur est-sud-quart-est. Sa vitesse moyenne est de 30 km/h.

Zone d'influence :
La baie de Lannion. Il traverse le Morbihan septentrional et les Côtes-d'Armor. Son cours fait 50 km de large pour 100 km de long.

Gobbéloj

ou *Grèmbloé – Groèmbloé*

(Rose des vents de Franche-Comté & Lorraine – page 111)

Air arctique maritime.

Source :
Le plateau de Lorraine.

Déclenchement et mécanisme :
Hautes pressions sur l'Europe septentrionale, et basses pressions sur la Méditerranée. ***Bise*** de printemps de secteur nord, il souffle dans l'axe de la ***Bise noire*** sur la Lorraine et la Franche-Comté. Sa vitesse moyenne est de 50 km/h.

Zone d'influence :
Il traverse la Moselle méridionale, les Vosges, la Haute-Saône, le Doubs et le Jura. Il disparaît dans la vallée de l'Ain, entre le lac Léman et le Revermont. Son cours fait 150 km de large pour 380 km de long.

Histoires et Singularités :

Cette bise gèle en plein jour, et cuit les fleurs des mirabelliers. Ses différents noms sont des variations des idiomes jurassien, vosgien ou lorrain. *Gobbe* ou *Groème* signifient approximativement

« Ecraser entre ses dents une amande ou une pomme verte », et *Bloé* est une « prune ».

Goulern

(Galerne)

(Les 32 vents de la Boussole bretonne des marins de l'île de Groix – page 203)
Air arctique maritime.

Source :
Le canal du Four et la baie de Douarnenez.

Déclenchement et mécanisme :
Hautes pressions sur la zone « Sud-Irlande » en mer Celtique, et basses pressions sur le Massif central méridional. Vent dominant froid et humide, de secteur nord-ouest, il souffle plus de 150 jours par an. Sa vitesse moyenne est de 60 km/h.

Zone d'influence :
Il gifle les côtes de la pointe du Finistère et la Cornouaille, s'étale par la baie de Concarneau sur les îles de Glénan et de Groix, puis disparaît après Belle-Ile.

Histoires et Singularités :

Il fait partie des vents qui se mêlent aux courants contraires et s'affrontent au Raz de Sein, autour du phare de la Vieille, entre la baie des Trépassés et la baie d'Audierne, dont les « capistes » disent que c'est un passage pour l'autre monde !

Goulern quart kornog
(Galerne quart pointe ouest)

(Les 32 vents de la Boussole bretonne des marins de l'île de Groix – page 203)
Air polaire maritime.

Source :
La Cornouaille.

Déclenchement et mécanisme :
Hautes pressions sur la zone « Sud-Irlande » en mer Celtique, et basses pressions sur le Massif central. Vent froid et humide, de secteur ouest-quart-nord-ouest, il souffle plus de 60 jours par an. Sa vitesse moyenne est de 40 km/h.

Zone d'influence :
Il suit les côtes de la Bretagne méridionale, depuis Concarneau jusqu'à Guérande. Son cours fait 30 km de large pour 120 km de long.

Goulern quart nort
(Galerne quart nord)

(Les 32 vents de la Boussole bretonne des marins de l'île de Groix – page 203)
Air arctique maritime.

Source :
Les Montagnes noires.

Déclenchement et mécanisme :
Hautes pressions sur l'Irlande, et basses pressions sur la Guyenne et la Gascogne. Vent glacial et humide, de secteur nord-nord-quart-ouest, défluent nordisant du ***Goulern***. Sa vitesse moyenne est de 50 km/h.

Zone d'influence :
Il est connu pour ses rafales sournoises et glacées coulant des Montagnes noires par Quimper et Lorient sur les côtes de la Bretagne méridionale et les îles. Son cours fait 30 km de large pour 100 km de long.

Goulern sterenn
(Galerne de l'étoile polaire, du nord)

(Les 32 vents de la Boussole bretonne des marins de l'île de Groix – page 203)
Air arctique maritime.

Source :
Le Pays de Léon.

Déclenchement et mécanisme :
Hautes pressions sur l'Angleterre, et basses pressions sur l'Aquitaine et la Vendée. Vent de transition, de secteur nord-nord-ouest, descendant des courants de nord, se désaxant par l'ouest, il ne tient que quelques heures avant une levée de colère du ***Noroît*** ou de la ***Galerne***, qui enchaîne parfois avec celle du ***Kornaoueg*** et du ***Suroît***, des vents dominants d'Atlantique qui relaient ceux, tout aussi impétueux, de la mer du Nord. Sa vitesse est variable et inconstante.

Zone d'influence :
Il ouvre la porte aux tempêtes par les Montagnes noires, et disparaît dans des tourbillons entre la pointe de Kerdonis, sur Belle-Ile, et la pointe du Croisic.

Gré cévenol
(Vent grec)

(Rose des vents des Cévennes – page 32)
Air polaire continental.

Source :
Tricastin.

Déclenchement et mécanisme :
Hautes pressions sur l'Italie, et basses pressions sur l'Aquitaine. Vent de secteur est-nord-est, sec et chaud l'été, frais et humide l'hiver. Sa vitesse moyenne est de 20 km/h.

Zone d'influence :
Il traverse la vallée du Rhône entre Orange et Pont-St-Esprit, et va par Alès flirter avec le mont Aigoual (1565 m) au sud, et le mont Finiels (1700 m) au nord. Son cours fait 60 km de large pour 120 km de long.

Gré Provençal

(Léi vènt que boufon en Prouvenço – *page 169)*
Voir Aguiéloun

Grec – Grégal

(Rose des vents du Languedoc – page 43)
Air polaire continental.

Source :
La Camargue.

Déclenchement et mécanisme :
Hautes pressions sur l'Italie, et basses pressions sur l'Aquitaine. Vent de secteur est-nord-est, sec et chaud l'été, frais et humide l'hiver. Sa vitesse moyenne est de 20 km/h.

Zone d'influence :
Jumeau du ***Gré*** cévenol, courant dans la même direction avec un lit plus maritime, il entre en Languedoc entre les étangs de Mauguio et de Thau. On le confond souvent avec des vents ayant des axes orientaux tels que le ***Davantié***, le ***Lavano***, ou le ***Ventarel***, qui est l'un de ses défluents doux et léger. Il disparaît dans le Minervois (Aude). Son cours fait 40 km de large pour 130 km de long .

Histoires et Singularités :

Son nom vient du latin *graecus.* Il est commun depuis le XVIe siècle et a éliminé le sens populaire « grieu ». Henri Estienne l'emploie pour « rusé » en 1578, et Trévoux pour « tricheur » en 1732. Au VIe siècle av. J.-C., c'est lui qui aurait amené les Grecs, venus fonder des comptoirs en Gaule, notamment Antipolis (Antibes) et Massalia (Marseille). On utilise ***Grégal*** en Roussillon.
« Vent grèc, ploja aù bèc. »
« Vent grec pluie au bec. »
« Lo grèc es pas cassaïré ni pescaïré. »
« Le Grec n'est pas chasseur ni pêcheur. »
« Se vas luonh de ton ostaù pren ton paraploja s'es grégaù. »
« Si tu vas loin de ta maison, prend ton parapluie s'il y a du Grégal. »

Grégala

(Vent grec et léger, en catalan*)*

(Rose des vents des Catalans – page 180)
Air polaire continental.

Source :
La zone « Provence » en Méditerranée.

Déclenchement et mécanisme :
Hautes pressions sur l'Europe centrale et basses pressions sur l'Espagne. Vent léger de secteur est-nord-est. Sa vitesse moyenne est de 30 km/h.

Zone d'influence :
Comme ses cousins dont les routes sont plus nordisantes, parallèle du ***Gré*** et du ***Grec***, mais aussi du ***Gargaù*** des Niçois, du ***Grégaù*** du Moulin de Fontvieille, et du ***Grégalé*** corse, ce vent entre en Roussillon par les étangs de Sigean et d'Ayrolle, et celui du Barcarès. Il traverse les Corbières et les Pyrénées-Orientales et disparaît en Cerdagne. Son cours fait 70 km de large pour 120 km de long.

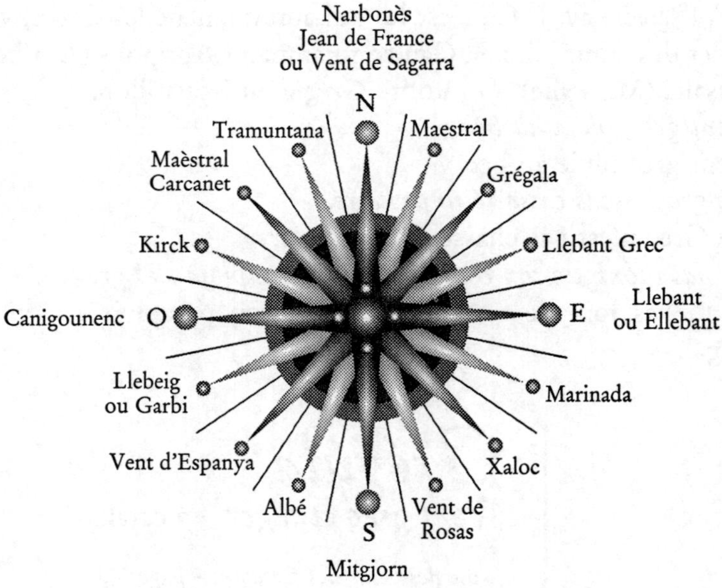

Rose des vents des Catalans

Grégalé – Grécalé

(Vent grec, en corse*)*

(Rose des vents corses – page 342)
Air polaire continental.

Source :
L'île d'Elbe.

Déclenchement et mécanisme :
Hautes pressions sur l'Europe centrale, et basses pressions sur la zone « Sardaigne » en Méditerranée. Vent léger de secteur est-nord-est. Sa vitesse moyenne est de 30 km/h.

Zone d'influence :
Il traverse la Corse en diagonale, mais ne franchit que très rarement la chaîne montagneuse qui coupe l'Ile de Beauté en deux du nord au sud. Son cours fait 100 km de large pour 120 à 170 km de long.

Grégaou – Grégaù – Grégau

(Vent grec)

(Roses des vents du Moulin de Fontvieille, des Pescadous varois, et les Maîtres du ciel – pages 22, 219, 349)
Air polaire continental.

Source :
Le Piémont.

Déclenchement et mécanisme :
Hautes pressions sur l'Europe centrale, et basses pressions sur l'Espagne. Vent de secteur est-nord-est. Sa vitesse moyenne est de 30 km/h.

Zone d'influence :
Il traverse les Alpes-de-Haute-Provence, le Var, les Bouches-du-Rhône, le Vaucluse, la Drôme méridionale et le Gard oriental. Son cours fait 190 km de large pour 280 km de long.

Histoires et Singularités :

C'est un courant principalement aérien, qui n'est connu que des vélivolistes et autres parapentistes, des alpinistes et des vigies accrochées à la hune des grands voiliers. Lorsqu'il lui arrive de descendre sur terre, surpris par des courants contraires, il s'enroule, se recroqueville et remonte au ciel en emportant dans sa spirale ascendante feuilles mortes et vieux papiers.

Grèmbloé

ou *Groèmbloé*

Voir Gobbeloj

Gwalarn

(Galerne)

*(*Rod en Aveliou *des Côtes-d'Armor – page 89)*
Air arctique maritime.

Source :
L'Angleterre.

Déclenchement et mécanisme :
Hautes pressions sur l'Atlantique nord et la Grande-Bretagne septentrionale, et basses pressions sur la Méditerranée. Vent dominant froid et humide, de secteur nord-ouest. Sa vitesse moyenne est de 50 km/h.

Zone d'influence :
Il traverse la Manche et entre en Bretagne par la Côte des Légendes et la Côte de Granit Rose, s'étale en Côtes-d'Armor et en Finistère, et disparaît en Morbihan. Son cours fait 140 km de large pour 200 km de long.

Gwalarn gornaoueg
(Galerne pointe à l'ouest)

(Rod en Aveliou *des Côtes-d'Armor – page 89)*
Air polaire maritime.

Source :
La zone « Sole » septentrionale en Atlantique et l'extrême sud des Cornouailles.

Déclenchement et mécanisme :
Hautes pressions sur le plateau Rockall au sud de l'Islande, et basses pressions sur le sud des Alpes. Vent de pluie glacé de grande envergure, de secteur ouest-nord-ouest, soufflant en tempête. Sa vitesse moyenne est de 50 km/h.

Zone d'influence :
Il traverse la zone frontière, en mer, entre l'Atlantique et la Manche, puis vient en furie sur la pointe de la Bretagne depuis la Côte des Abers au Sillon de Talbert. Il poursuit sa route cap à l'est-sud-est vers Nozay, ébouriffe le Finistère, les Côtes-d'Armor, le Morbihan et l'Ille-et-Vilaine méridionale.
Il disparaît entre la forêt de Gâvre et celle du Teillay (Loire-Atlantique). Son cours fait 120 km de large pour 280 km de long.

Histoires et Singularités :

Les « ligneurs » du Raz de Sein, ces marins respectueux de la mer qui ont choisi de pêcher le bar de façon traditionnelle, à la ligne, connaissent bien ce vent de tempête qui complique leur travail entre le phare de la Vieille et de la Petite vieille, lieu mythique où s'affrontent les courants de Manche et d'Atlantique. Au delà de force 9 (75 à 88 km/h), toute sortie leur est quasiment interdite. L'installation des éoliennes du cap Cizun constitua une alternative « propre » à la construction d'une centrale nucléaire sur la pointe du Raz, dont les Bretons ne voulaient à aucun prix.

Gwalarn izel
(Galerne du bas)

(Rod en Aveliou *des Côtes-d'Armor – page 89)*
Air arctique maritime.

Source:
La zone « Sole » septentrionale en Atlantique et l'extrême sud des Cornouailles.

Déclenchement et mécanisme:
Hautes pressions sur le plateau Rockall au sud de l'Islande, et basses pressions sur le sud des Alpes. Vent de pluie glacé, défluent du ***Gwalarn gornaoueg,*** car influencé par le relief continental, de secteur ouest-quart-nord-ouest. Sa vitesse moyenne est de 30 km/h.

Zone d'influence:
Ce vent rasant coule sur les Côtes-d'Armor et va disparaître dans le Pays de Pontivy. Son cours fait 80 km de large pour 180 km de long.

Gwalarn sterenn
(Galerne de l'étoile polaire, du nord)

(Rod en Aveliou *des Côtes-d'Armor – page 89)*
Air arctique maritime.

Source:
Les Cornouailles.

Déclenchement et mécanisme:
Hautes pressions sur la mer Celtique et la zone « Sud-Irlande », et basses pressions sur la zone « Nord-Gascogne » et la Vendée. Vent violent dominant de secteur nord-nord-ouest, glacial et humide. Sa vitesse moyenne est de 50 km/h.

Zone d'influence :
Il traverse la Manche et les Côtes-d'Armor, puis le Morbihan où il vient alimenter le ***Goulern sterenn***, son jumeau de l'île de Groix. Son cours fait 100 km de large pour 200 km de long.

Gwalarn uhel
(Galerne du haut)

(Rod en Aveliou *des Côtes-d'Armor – page 89)*
Air arctique maritime.

Source :
L'extrême sud des Cornouailles.

Déclenchement et mécanisme :
Hautes pressions sur la mer Celtique et la zone « Sud-Irlande », et basses pressions sur la zone « Nord-Gascogne » et la Vendée. Vent intermédiaire de secteur nord-nord-quart-ouest, froid et humide. Sa vitesse moyenne est de 30 km/h.

Zone d'influence :
Il traverse la Manche et les Côtes-d'Armor, puis disparaît dans le Morbihan au Pays de Pontivy. Son cours fait 70 km de large pour 160 km de long.

H

Hailo
(*Eau*, en idiome béarnais)

(Rose des vents de Gascogne & Béarn – page 101)
Air tropical continental.

Source :
Le col du Portalet (1794 m).

Déclenchement et mécanisme :
Hautes pressions sur l'Espagne, et basses pressions sur le Bassin parisien. Vent chaud, de secteur sud,

défluent de l'air austral qui alimente aussi le ***Balaguéro*** et le ***Bén d'Espagne***. Sa vitesse moyenne est de 30 km/h.

Zone d'influence:
Il descend des Pyrénées avec un effet de ***Foehn*** dans les vallées béarnaises, puis traverse les Pyrénées-Orientales, les Landes orientales et le Gers occidental. Il disparaît dans le Pays d'Albret. Son cours fait 70 km de large pour 140 km de long.

Haizé hégoa

(*Vent du sud*, en basque)

(Rose des vents du Pays basque – page 195)
Air tropical continental.

Source:
Le Pays basque espagnol.

Déclenchement et mécanisme:
Hautes pressions sur l'Espagne, et basses pressions sur la Vendée et le Pays nantais. Vent chaud, de secteur sud. Sa vitesse moyenne est insignifiante au printemps et en été. Elle peut être redoutable aux équinoxes, surtout en automne.

Zone d'influence:
Il traverse la frontière espagnole entre Irun et St-Etienne-de-Baïgorry, et court tout le Pays basque jusqu'à Bayonne et Bidache. Son cours fait 40 km de large pour 60 km de long.

Hale d'amont

(Rose des vents des pêcheurs normands – page 98)
Air arctique maritime.

Source:
Les côtes anglaises, à l'est de Brighton.

Déclenchement et mécanisme :
Hautes pressions sur la mer du Nord, et basses pressions sur le golfe de Gascogne. Vent sec et froid, de secteur nord-nord-est. Sa vitesse est pratiquement nulle.

Zone d'influence :
Il traverse la Manche, le Calvados, la Seine-Maritime, l'Eure, l'Orne, et disparaît aux abords de la Mayenne et de la Sarthe, vers le mont des Avaloirs et la ville d'Alençon. Son cours fait 140 km de large pour 250 km de long.

Histoires et Singularités :

Son nom vient de *hasle*, un déverbal qu'on trouve chez Chrétien de Troyes (1175), issu du latin *assulare*, « griller » mâtiné d'une influence néerlandaise *hael*, qui signifie « dessécher » (1240). Attention donc à ne pas trop se laisser « hâler » par le soleil !

Hale le su

(Hale du sud)

*(Rose des vents des pêcheurs normands – **page 98**)*
Air tropical continental.

Source :
La baie de Saint-Brieuc.

Déclenchement et mécanisme :
Hautes pressions sur le golfe de Gascogne, et basses pressions sur la mer du Nord. Vent chaud, de secteur sud-sud-ouest. Sa vitesse moyenne est de 40 km/h.

Zone d'influence :
Il traverse la baie de Saint-Malo, accoste en Normandie par le passage de la Déroute, ébouriffe tout de tiédeur le département de la Manche et le Calvados occidental et se perd en Manche au sortir de la baie de Seine. Son cours fait 100 km de large pour 180 km de long.

Hâles de Mars

Voir Al dé Mars

Haot nordet

(Vent au-delà du nord-est)

(Rose des vents des pêcheurs normands – page 98)
Air arctique continental.

Source :
Le large de la Manche.

Déclenchement et mécanisme :
Hautes pressions sur les zone « Humber » et « Dogger » en mer du Nord, et basses pressions sur la zone « Cap-Finisterre » en Atlantique. Vent de secteur nord-nord-quart-est. Sa vitesse moyenne est de 30 km/h.

Zone d'influence :
Etranglée par le détroit du Pas de Calais, cette bise bâtarde, défluent de l'***Hale d'Amont***, tire vers le ***Nordet***. Elle naît au cœur du Channel, fraîche et sèche en été, et se révèle pointue en hiver, où elle givre les herbes des bocages normands. Elle passe sur la Seine-Maritime, le Calvados, l'Orne et la Manche sans à-coups, et coule en baie de Saint-Malo. Son cours fait 140 km de large pour 280 km de long.

Histoires et Singularités :

Son nom vient du latin *altus*, qui normalement signifie « haut », mais qui, dans ce cas, est utilisé dans un sens un peu différent.

Haot su

(Vent au-delà du sud)

(Rose des vents des pêcheurs normands – page 98)
Air tropical continental.

Source:
Le Coëvrons (Mayenne) et la haute vallée de la Vilaine.

Déclenchement et mécanisme:
Hautes pressions sur la Gascogne et le Bassin aquitain, et basses pressions sur l'Angleterre. Vent chaud et sec de secteur sud-sud-quart-est. Sa vitesse moyenne est de 20 km/h.

Zone d'influence:
Il traverse le nord de la Mayenne, l'Orne, le Calvados et la Manche. Il disparaît au large de la baie de Seine et du cap de la Hague. Son cours fait 140 km de large pour 220 km de long.

Haot vouêt

(Vent au-delà de l'ouest)

(Rose des vents des pêcheurs normands – page 98)
Air polaire maritime.

Source:
Plymouth et les Cornouailles.

Déclenchement et mécanisme:
Hautes pressions sur la zone « Sud-Irlande » en mer Celtique, et basses pressions sur le Bassin parisien et l'Ile-de-France. C'est l'un des vents dominants frais et humides, de secteur ouest-nord-ouest qui soufflent sur la baie de Seine et le Cotentin. Sa vitesse moyenne est de 50 km/h.

Zone d'influence:
Il gifle les falaises du Pays de Caux, la Côte Fleurie, la Côte de Nacre, la pointe du Cotentin et s'engouffre

par le passage de la Déroute jusque dans la baie du Mont-St-Michel. Il traverse les départements de la Manche, du Calvados et de l'Orne, l'Eure-et-Loir septentrional, l'Eure et la Seine-Maritime. Son cours fait 200 km de large pour 300 km de long.

Harle
ou *Vent du bas*
(*Bise sèche*, en idiome champenois)

(Rose des vents de Champagne & Ardennes – page 145)
Air arctique maritime.

Source :
La vallée de la Marne autour d'Epernay.

Déclenchement et mécanisme :
Hautes pressions sur l'Europe septentrionale, et basses pressions sur la Méditerranée. Vent de saison de secteur nord. Jumeau de l'***Ecorche ville*** des Ardennes et du ***Vent du bas*** de l'Aube.
Sa vitesse moyenne est de 40 km/h.

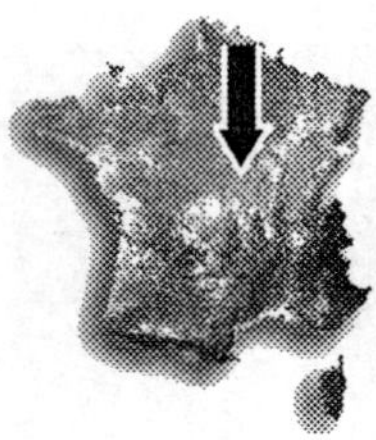

Zone d'influence :
Il traverse le département de l'Aube pour disparaître sur les rives de l'Armançon entre Chablis et Tonnerre. Il s'entrecroise en permanence avec la ***Bije*** de Marne et le ***Do*** de Haute-Marne.
Son cours fait 90 km de large pour 130 km de long.

Histoires et Singularités :

C'est probablement un dérivé de ***Hale*** transformé par la linguistique locale.

Haute Bise

(Rose des vents de Champagne & Ardennes – page 145)
Air polaire continental.

Source :
Le Lac du Der (Marne) et la région de Saint-Dizier.

Déclenchement et mécanisme :
Hautes pressions sur la mer Baltique, et
basses pressions sur le golfe de Gascogne.
Vent de secteur nord-est. Sa vitesse moyenne
est de 20 km/h.

Zone d'influence :
Il traverse l'Aube et disparaît dans la forêt d'Othe et la région du Senonais. Son cours fait 40 km de large pour 130 km de long.

Horzain

(Rose des vents des pêcheurs normands – page 98)
Air arctique maritime.

Source :
L'île de Wight et Portsmouth.

Déclenchement et mécanisme :
Hautes pressions sur les îles Féroé (Danemark), et basses pressions sur l'Espagne. Vent violent et glacé soufflant presque toujours en rafales sur le Cotentin. Sa vitesse moyenne est de 40 km/h avec des pointes à 130 km/h.

Zone d'influence :
La baie de Seine et les départements de la Manche et du Calvados. Il traverse parfois la Mayenne et la Sarthe. Il est connu dans quelques régions côtières de la Seine-Maritime et de l'Eure. Son cours fait 150 km de large pour 230 km de long.

Histoires et Singularités :

Son nom signifie « du dehors » (vent de nord), et par extension « étranger » (XIIIe siècle).

Horzié

(Rose des vents des pêcheurs normands – page 98)
Air arctique maritime.

Source :
Le sud de l'Angleterre.

Déclenchement et mécanisme :
Hautes pressions sur la mer d'Irlande, et basses pressions sur le Bassin toulousain et les Pyrénées. Vent dominant froid et humide de secteur nord-nord-ouest. Sa vitesse moyenne est de 50 km/h, avec des rafales pouvant atteindre 150 km/h.

Zone d'influence :
Il traverse la Manche, la Mayenne, l'Orne, la Sarthe, l'Eure et la Seine-Maritime, et parfois l'Eure-et-Loir. Il disparaît en basse Touraine et petite Beauce. Son cours fait 230 km de large pour 390 km de long.

Histoires et Singularités :

Voir l'étymologie à ***Byin Horzié.***

Houlet

« *Vent* », en idiome béarnais.

Hurle

Voir Burle

I

Ipar haizéa

(*Vent de nord*, en basque)

(Rose des vents du Pays basque – page 195)
Air arctique maritime.

Source :
Le lac de Biscarosse et les Landes de Gascogne.

Déclenchement et mécanisme :
Hautes pressions sur la Manche et la mer du Nord, et basses pressions sur l'Espagne. Bise marine soufflant de secteur nord vers le sud, plus fraîche que froide. Sa vitesse moyenne est de 40 km/h.

Zone d'influence :
Elle traverse les forêts landaises, depuis la Gironde méridionale, jusqu'aux Pyrénées-Atlantiques. Son cours fait 60 km de large pour 110 km de long.

Histoires et Singularités :

On la reconnaît à Biarritz, St-Jean-de-Luz et Hendaye, mais aussi de Hasparren à Navarrenx, ainsi que sur tous les pics des Pyrénées et du Pays basque espagnol. Elle sent la résine de pin quand elle se fâche, et la fougère quand elle s'étale. Ses bourrasques hivernales ferment les ports de congères insurmontables.

Itsas haizéa

(*Vent d'ouest*, en basque)

(Rose des vents du Pays basque – page 195)
Air tropical maritime.

Source :
Les côtes espagnoles du golfe de Gascogne.

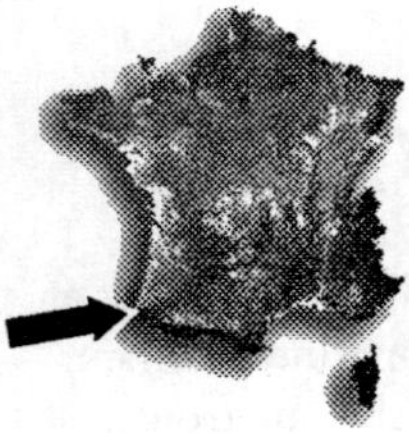

Déclenchement et mécanisme :
Hautes pressions sur les Açores, et basses pressions sur le Bassin méditerranéen. L'été, sa vitesse est régulière (40 km/h), mais l'hiver, il pousse en rafales jusqu'à 150 km/h.

Zone d'influence :
Le golfe de Gascogne, sur les côtes du Pays basque, entre Bilbao et Biscarrosse. Il traverse d'ouest-quart-sud-ouest vers est-nord-quart-est les Pyrénées-Atlantiques et les Landes, et vient mourir sur les bordures occidentales du Gers et des Hautes-Pyrénées. Son cours fait 160 km de large pour 220 km de long.

Histoires et Singularités :

C'est le vent des bonnes vagues pour les surfeurs, le vent des rouleaux. Mais, synonyme de tempête, il amène aussi la pluie. C'est la région des paradoxes entre courants marins et axes des vents, des divergences impétueuses qui tantôt se contrarient, tantôt s'allient et font que la climatique du pays est en proie à de perpétuelles turbulences, qui vont de la violence exacerbée à la quiétude absolue. Des caractéristiques qui peuvent parfaitement s'appliquer aux habitants de ce pays, orgueilleux, fougueux, et affables à la fois.

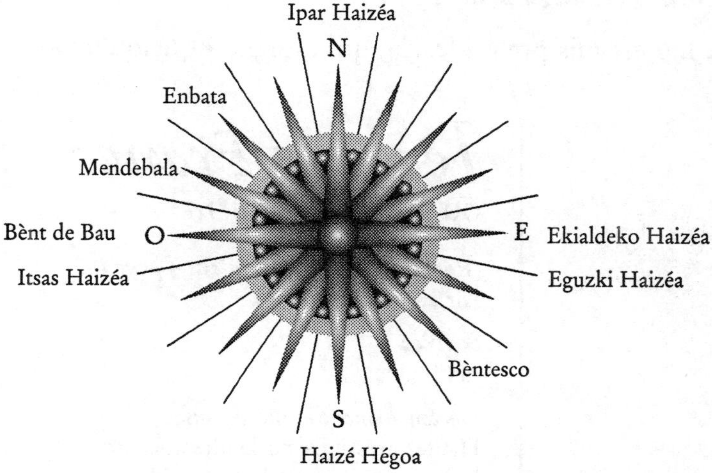

Rose des vents du Pays Basque

J

Jan d'Auverno

(Rose des vents du Limousin – page 26)
Air arctique maritime.

Source :
Les Combrailles.

Déclenchement et mécanisme :
Hautes pressions sur l'Europe septentrionale, et basses pressions sur les Pyrénées. Vent de secteur nord légèrement désaxé. Sa vitesse moyenne est de 40 km/h.

Zone d'influence :
Défluent de la ***Bise du nord*** ou de l'***Ecorche vèt***, frère du ***Vent de haut***, il traverse la Haute-Vienne, la Creuse orientale, puis le Puy-de-Dôme occidental et le Cantal, où il s'étiole au pied de la chaîne des volcans. Son cours fait 70 km de large pour 130 km de long.

Histoires et Singularités :

Ici, *Jan* est mis pour « Jean », qui désigne « quelqu'un ».

Jean de France

ou *Vent de Sagarra*

(Rose des vents des Catalans – page 180)
Air arctique maritime.

Source :
Narbonne.

Déclenchement et mécanisme :
Hautes pressions sur le Massif central, et basses pressions sur la zone « Minorque » en Méditerranée. Vent de secteur nord. Sa vitesse moyenne est de 40 km/h.

Zone d'influence :
Défluent de l'***Aouro*** cévenol, il a pour nom ***Vent de Sagarra***, ou ***Narbonès***, selon les régions. Il est actif depuis les Corbières jusqu'à Cerbère. Il s'agit ici d'une ***Bise*** puissante (défluent de l'***Euraquilon***), canalisée par le Rhône et les reliefs des Cévennes. Ce courant traverse l'Europe depuis le cercle polaire pour se perdre autour des îles Baléares. Son cours fait 40 km de large pour 90 km de long.

Histoires et Singularités :

On dit qu'il fut nommé ***Jean de France*** parce qu'il traversait la frontière des Corbières avant le traité des Pyrénées, signé en 1659 (appelé aussi « paix des Pyrénées »), qui mettait fin à quatorze annés de guerre avec l'Espagne. Il reçut le nom de ***Vent de Sagarra*** après la révolte des Angelets (1663-1773), en souvenir du terrifiant magistrat chargé de la répression qui frappa vite et fort, comme la ***Tramontane***. C'est sur les rivages de la Méditerranée qu'il devient ***Narbonès***.

Jibral
(Vent de givre, en idiome auvergnat*)*

(Rose des vents du Quercy-Rouergue – page 357)
Air polaire maritime.

Source :
La Corrèze méridionale, autour de Brive-la-gaillarde.

Déclenchement et mécanisme :
Hautes pressions sur la Bretagne, et basses pressions sur la basse vallée du Rhône. Vent de secteur nord-ouest, extrêmement rare, frais, subissant les moindres reliefs quant à son courant. Sa vitesse est insignifiante.

Zone d'influence :
Il traverse le Lot oriental et l'Aveyron, et disparaît aux pieds des monts de Lacaune.
C'est le frère jumeau du ***Gaterno***. Son cours fait 60 km de large pour 170 km de long.

Histoires et Singularités :

« Lo vènt es jibral, nèu sus l'ostal. »
« Le vent est givrant, neige sur la maison. »

Joran

(Rose des vents de Franche-Comté & Lorraine – page 111)
Air polaire maritime.

Source :
La Côte d'Or.

Déclenchement et mécanisme :
Hautes pressions sur le Bassin parisien, et basses pressions sur les Alpes. Vent de terre, humide

et tiède l'été, frais l'hiver, de secteur nord-ouest.
Sa vitesse moyenne est de 30 km/h.

Zone d'influence :
Il arrive sur les monts du Jura par Besançon au nord, et Louhans au sud, selon un axe Dijon-Dole-Champagnole et le lac Léman.
Connu depuis l'immense forêt de Chaux, il s'ouvre sur les régions méridionales du Doubs par Pontarlier, puis Lausanne en Suisse. Il traverse le Jura et la pointe septentrionale de l'Ain, puis coule sur la vallée de Joux, de l'autre côté du mont Risoux, en Suisse, pour se perdre après le lac Léman, dans le Chablais savoyard et la région du Berner (Suisse). Son cours fait 100 km de large pour 180 km de long.

Histoires et Singularités :

Joran, c'est à la fois « qui est du Jura », et « qui souffle sur le Jura », en idiome régional.
Porteur de pluies au début du printemps, il alourdit la neige et la transforme en gros sel, annonçant la fermeture des stations de sports d'hiver. Avec le ***Foehn***, le ***Vaudaire*** et le ***Tivano***, c'est un des vents très connus des Suisses, pour qui il poursuit son voyage jusque sur le Tyrol autrichien et les Dolomites italiennes.

K

Kirck

(Rose des vents des Catalans – page 180)
Air polaire maritime.

Source :
La vallée du Têt, entre les confluents du Boulès et de la Lentilla (Pyrénées-Orientales).

Déclenchement et mécanisme :
Hautes pressions sur la zone « Nord-Gascogne » en Atlantique, et basses pressions sur la zone « Minorque » en Méditerranée. Vent de secteur nord-ouest à ouest-nord-ouest. Sa vitesse moyenne est de 30 km/h.

Zone d'influence :
Le Roussillon en général, où on le confond souvent avec la ***Tramontana***, et le ***Carcanet*** en Cerdagne. C'est une brise nordisante d'ouest. Son cours fait 30 km de large pour 120 km de long.

Histoires et Singularités :

Son nom vient du ***Sciron*** grec, devenu ***Circus*** en latin, qui a donné naissance au ***Cers*** cévenol. Ce sont les Celtes qui l'ont appelé le ***Kirck***. Ils en avaient fait un dieu dévastateur. Sur le territoire de l'Albère, près de Saint-Jean, on trouve le « Mas Kirck », vestige d'un monument qui traduit l'importance attribuée à ce dieu turbulent.

Kornaoueg
(Vent de pointe à l'ouest, en breton du nord*)*

(Rod en Aveliou *des Côtes-d'Armor – page 89)*
Air polaire maritime.

Source :
Le grand large à l'ouest d'Ouessant.

Déclenchement et mécanisme :
Hautes pressions sur la zone « Sole » en Atlantique, et basses pressions sur le Bassin parisien. Vent dominant de secteur ouest. Sa vitesse moyenne est de 60 km/h, avec des pointes aux équinoxes à plus de 200 km/h.

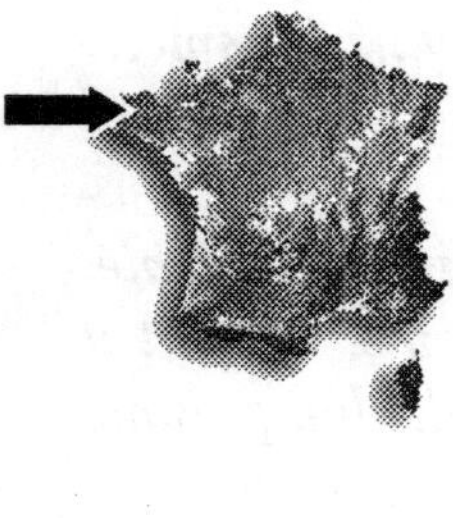

Zone d'influence :
Il traverse le Finistère, les Côtes-d'Armor et l'Ille-et-Vilaine pour disparaître entre le Mont-St-Michel et Vitré. Son cours fait 70 km de large pour 260 km de long.

Histoires et Singularités :

La « pointe » désigne la corne française de Bretagne. C'est l'enfant terrible de la région, avec son jumeau de l'île de Groix, le ***Kornog***. Il souffle plus de 100 jours par an, et détient les records de durée et de vitesse sur les côtes bretonnes : 210 km/h à la pointe du Raz en février 1989 !

« Il était une fois en Bretagne un joueur de biniou tellement vieux que plus personne ne pouvait dire quel âge il avait. Tout le monde admirait son talent. Cela faisait des générations de mariages, de communions, de baptêmes, et même d'enterrements, qu'il soufflait dans son instrument des heures entières sans jamais se lasser... Jusqu'au jour où il ressentit les premiers signes de fatigue. Un peu moins de résistance, un peu plus de difficulté à récupérer ; il avait l'impression que le biniou aspirait sa vie peu à peu.

Un soir qu'il rentrait d'un bal où il avait dû laisser la place à un plus jeune après la pause, il fit une étrange rencontre. Un homme tout en noir qui lui proposa un marché :

– Le souffle commence à te manquer, n'est-ce pas ? Je peux t'aider à le retrouver. Il me suffit d'emprisonner le Kornaoueg dans ton biniou, et tu pourras jouer jusqu'à la fin de tes jours, comme aux plus belles années de ta jeunesse. En échange, tu t'engages à me céder ton âme lorsque l'heure de ta mort sera venue.

Le vieil homme n'hésita pas longtemps. S'il ne pouvait plus jouer, autant mourir tout de suite. Il signa le contrat de son sang, comme c'est la coutume et, dès le lendemain, sur la place du village, faisait danser les habitants stupéfaits avec un entrain de jeune homme... Bien des années plus tard, lorsque sa dernière heure fut proche, il fit venir le curé et se confia à lui.

– Tu as été bien imprudent de conclure un pacte avec le Diable. Mais tu peux être plus malin que le Malin lui-même. Quand il viendra chercher ton âme, donne-lui ton biniou et dis-lui, puisque c'était toute ta vie, que ton âme est à l'intérieur.

La nuit suivante, comme prévu, le Diable se présenta au chevet du vieil homme, et repartit tout heureux avec le biniou qui contenait,

croyait-il, l'âme du musicien. Sitôt rentré dans son repaire, il fendit l'instrument d'un coup de couteau pour récupérer son dû. Le Kornaoueg s'en échappa en trombes tourbillonnantes et éteignit d'un coup toutes les flammes de l'enfer. »
(Conte de la mémoire orale)

Kornaoueg izel

(Vent de pointe à l'ouest du bas, en breton du nord*)*

*(*Rod en Aveliou *des Côtes-d'Armor – page 89)*
Air polaire maritime.

Source :
L'île d'Ouessant.

Déclenchement et mécanisme :
Hautes pressions sur la zone de la Plaine abyssale porcupine méridionale en Atlantique, et basses pressions sur les Pays-Bas. Vent de secteur ouest-quart-sud-ouest, défluent du ***Kornaoueg***. Sa vitesse moyenne est de 50 km/h.

Zone d'influence :
Il traverse le Pays de Léon et le Trégorrois, influencé par les monts d'Arrée qui le repoussent au nord, et meurt dans le golfe de Saint-Malo. Son cours fait 50 km de large pour 200 km de long.

Kornaoueg uhel

(Vent de pointe à l'ouest du haut, en breton du nord*)*

*(*Rod en Aveliou *des Côtes-d'Armor – page 89)*
Air polaire maritime.

Source :
La pointe du Finistère, au large de la Côte des Légendes.

Déclenchement et mécanisme :
Hautes pressions sur la zone de la Plaine abyssale porcupine méridionale en Atlantique, et basses pressions sur les Pays-Bas. Vent de secteur ouest-nord-quart-ouest, défluent du ***Kornaoueg***. Sa vitesse moyenne est de 30 km/h.

Zone d'influence :
Il traverse le Pays de Léon et le Trégorrois, et meurt dans la région septentrionale du Bassin de Rennes. Son cours fait 40 km de large pour 250 km de long.

Kornog

(Vent de pointe à l'ouest, en breton du sud*)*

(Les 32 vents de la Boussole bretonne des marins de l'île de Groix – page 203)
Air polaire maritime.

Source :
La zone « Ouest-Bretagne » en Atlantique.

Déclenchement et mécanisme :
Hautes pressions sur la zone « Sole » en Atlantique, et basses pressions sur le Bassin parisien. Vent dominant de secteur ouest. Sa vitesse moyenne est de 60 km/h, avec des pointes aux équinoxes à plus de 200 km/h.

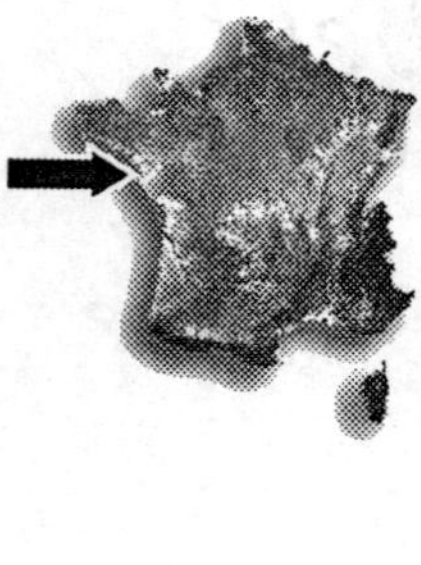

Zone d'influence :
Parallèle au ***Kornaoueg*** de Plestin, il traverse le Finistère méridional, puis le Morbihan et l'Ille-et-Vilaine méridionale pour disparaître entre le Bassin de Rennes et le Pays nantais. Son cours fait 100 km de large pour 230 km de long.

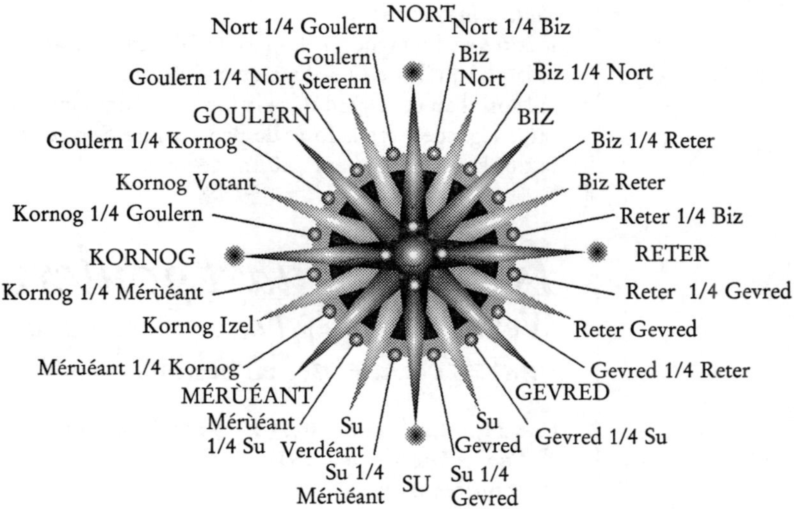

Les 32 vents de la Boussole bretonne de l'Île de Groix

Kornog izel

(Vent de pointe à l'ouest du bas, en breton du sud*)*

(Les 32 vents de la Boussole bretonne des marins de l'île de Groix – page 203)
Air polaire maritime.

Source :
La zone « Nord-Gascogne » en Atlantique.

Déclenchement et mécanisme :
Hautes pressions sur la zone « Cap-Finisterre » septentrionale en Atlantique, et basses pressions sur la Belgique. Vent de secteur ouest-sud-ouest, soufflant en tempête sur l'île de Groix et le Morbihan. Sa vitesse moyenne est de 60 km/h, avec des pointes en rafales à plus de 200 km/h.

Zone d'influence :
Il entre en Bretagne par les îles de Glénan au nord, et la presqu'île de Quiberon au sud, traverse le Morbihan et se perd dans la forêt de Paimpont, où la légende situe la forêt de Brocéliande. Son cours fait 60 km de large pour 140 km de long.

Kornog quart goulern
(Vent de pointe à l'ouest dans l'axe quart de Galerne, en breton du sud*)*

(Les 32 vents de la Boussole bretonne des marins de l'île de Groix – page 203)
Air polaire maritime.

Source :
La zone « Sole » en Atlantique.

Déclenchement et mécanisme :
Hautes pressions sur la zone de la Plaine abyssale porcupine en Atlantique, et basses pressions sur les Alpes. Vent violent, de secteur ouest-nord-quart-ouest, défluent du ***Kornog***. Sa vitesse moyenne est de 50 km/h, avec des pointes en rafales à plus de 160 km/h.

Zone d'influence :
Il entre en Bretagne par les îles de Glénan et la presqu'île de Quiberon, traverse le Morbihan méridional et se perd dans la région de la Brière. Son cours fait 50 km de large pour 190 km de long.

Kornog quart mérùéant

(Vent de pointe à l'ouest dans l'axe quart sud-ouest)

(Les 32 vents de la Boussole bretonne des marins de l'île de Groix – page 203)
Air polaire maritime.

Source :
La zone « Nord-Gascogne » en Atlantique.

Déclenchement et mécanisme :
Hautes pressions sur la zone « Sole » en Atlantique, et basses pressions sur la Champagne. Vent dominant de secteur ouest-quart-sud-ouest. Sa vitesse moyenne est de 50 km/h, avec des pointes aux équinoxes à plus de 160 km/h.

Zone d'influence :
Défluent sudiste du ***Kornog***, il traverse le sud du Morbihan, puis l'Ille-et-Vilaine méridionale pour disparaître dans le Bassin de Rennes. Son cours fait 40 km de large pour 170 km de long.

Kornog votant

(Vent de pointe à l'ouest, dans l'axe ouest-sud-ouest)

(Les 32 vents de la Boussole bretonne des marins de l'île de Groix – page 203)
Air polaire maritime.

Source :
La mer d'Iroise.

Déclenchement et mécanisme :
Hautes pressions sur la zone de la Plaine abyssale porcupine en Atlantique, et basses pressions

sur les Alpes. Vent de secteur ouest-nord-ouest, soufflant avec violence sur l'île de Groix et Belle-Ile. Sa vitesse moyenne est de 50 km/h, avec des pointes en rafales à plus de 160 km/h.

Zone d'influence :
Il entre en Bretagne par la Point du Raz et l'île de Sein, suit les côtes du Morbihan méridional et se perd dans la région de la Brière. Son cours fait 40 km de large pour 190 km de long.

Histoires et Singularités :

Quand il vient en Brière, c'est le ***Père Barnard*** qui le ramasse au milieu des ajoncs, s'en fait un manteau de sel, puis repart, comme ressuscité, de par les vaux de Loire jusqu'en Touraine et en Sologne se disperser dans les marais.

L

Labé

(Roses des vents d'Yves Michel de la presqu'île de Giens, du Moulin de Fontvieille, et des Cévennes – pages 22, 32, 134)
Air tropical maritime.

Source :
Le carrefour des zones « Lion », « Provence », « Sardaigne » et « Minorque » en Méditerranée.

Déclenchement et mécanisme :
Hautes pressions sur l'Espagne et les Baléares, et basses pressions sur le massif alpin. Classé parmi les vents de printemps en Languedoc et en Provence (*lis aureto*), il souffle de secteur sud-ouest vers nord-est. (Yves Michel, lui, dessine un axe plus au sud, avec une direction sud-sud-ouest, en direction des îles d'Hyères). Sa vitesse moyenne est de 30 km/h, soufflant en bourrasque aux équinoxes, avec des pointes à 140 km/h.

Zone d'influence :
De Béziers à Saint-Raphaël et Boulouris. Il traverse l'Hérault, le Gard, le Vaucluse, la Drôme provençale, les Bouches-du-Rhône, le Var, l'extrême pointe occidentale des Alpes-Maritimes, et meurt sur les premiers contreforts des Cévennes à l'ouest, et des Alpes à l'est. Son lit fait 150 km de large sur 280 km de long.

Histoires et Singularités :

Son nom vient de *Libernatus*, vent de Libye pour les Grecs, dont on retrouve la trace dans ***Lips***. Il est à la base de ***Labech***, ***Labechado***, ***Lebech***, ***Lebechada***, ***Libeccio***, ***Libech***, ***Llebeig***, et même d'***Albé***. Il se pourrait que sa racine soit également à chercher du côté de l'arabe turc : *al beg* ou *al bey*, « le seigneur ».

Labech

(*Labé*, en idiome provençal)

(Rose des vents des Pescadous varois – page 349)
Air tropical maritime.

Source :
La zone « Provence » en Méditerranée.

Déclenchement et mécanisme :
Hautes pressions sur la zone « Minorque » en Méditerranée, et basses pressions sur le nord de l'Italie. Vent chaud et humide, de secteur sud-ouest. Sa vitesse moyenne est de 40 km/h.

Zone d'influence :
Il est connu des marins-pêcheurs varois depuis Bandol jusqu'aux îles d'Hyères. Il pénètre sur le continent et disparaît aux pieds des massifs de la Sainte-Baume et des Maures. Son cours, essentiellement maritime, fait 90 km de large pour 60 km de long.

Histoires et Singularités :

« Sauta me léu daù liech au printemps, quand faï Labech. »
« Saute vite du lit au printemps quand souffle le Labech. »
« Labech tardier, Grégaù matinier. »
« Labech tardif, Grégal matinal. »

Labechado

(Labé, avec un axe approximatif, en occitan*)*

(Rose des vents de Toulouse-Pyrénées – page 285)
Air tropical maritime.

Source :
Le Cirque de Gavarnie.

Déclenchement et mécanisme :
Hautes pressions sur l'Espagne, et basses pressions sur le Massif central. Vent chaud, de secteur sud-ouest. Sa vitesse moyenne est de 20 km/h.

Zone d'influence :
Il descend des Pyrénées, comme le ***Foehn*** dans les Alpes suisses, presque tiède. Il poursuit sa route par la vallée de la Save, court jusqu'à Toulouse et s'en va périr aux portes du Gaillacois. Son cours fait 50 km de large pour 190 km de long.

Histoires et Singularités :

Dans les montagnes des Pyrénées, ce même vent est appelé ***Péleskaos***, « le vent de l'ours », en gascon.

Largado
(Vent du large, en idiome varois*)*

(Rose des vents d'Yves Michel de la presqu'île de Giens – page 134)
Air tropical maritime.

Source:
La Méditerranée, au large du cap Sicié (358 m).

Déclenchement et mécanisme:
Hautes pressions sur la Méditerranée, et basses pressions sur les Alpes. Sa vitesse (moyenne 50 km/h) est irrégulière, mais comme tous les vents du large, il est redoutable lorsqu'il souffle en rafales, à plus de 130 km/h.

Zone d'influence:
Il souffle sur l'île de Porquerolles et la presqu'île de Giens. Son cours n'est pratiquement que maritime. Il fait 15 km de large pour 25 km de long.

La Saline
ou *Sélin*

(Rose des vents de Franche-Comté & Lorraine – page 111)
Air tropical continental.

Source:
La région du Laveron (Doubs).

Déclenchement et mécanisme:
Hautes pressions sur les Alpes, et basses pressions sur la Belgique. Vent instable et chaud, variant de sud à sud-est, défluent du ***Vaudaire*** et du ***Foèn***. Sa vitesse moyenne est de 20 km/h.

Zone d'influence:
Il traverse les montagnes du Jura et le nord du département, le Doubs et la Haute-Saône

méridionale, avant de disparaître dans le Barrois (Meuse). Son cours fait 70 km de large pour 160 km de long.

Histoires et Singularités :

C'est sans doute son caractère particulier qui lui a valu ce nom. Comme si les habitants de la région voyaient en lui un vent qui apportait la douceur de la mer.

Lavano

Voir Davantié

Lebechada

ou *Libech-Miéjour*

(Rose des vents nissarts – page 229)
Air tropical continental.

Source :
Les îles de Lérins.

Déclenchement et mécanisme :
Hautes pressions sur la zone « Provence » orientale en Méditerranée, et basses pressions sur l'Italie du Nord. Vent chaud de secteur sud-sud-ouest. C'est un ***Labé*** « de direction approximative », en occitan. Sa vitesse moyenne est de 20 km/h.

Zone d'influence :
Il passe le cap d'Antibes et s'étale sur la baie des Anges, s'écorche sur le cap Ferrat et va se perdre en rade de Villefranche. Son cours, principalement côtier et essentiellement maritime, fait 20 km de large pour 35 km de long.

Lé Lorète

ou *Vent de lorraine – Va d lé Luroèn*

(Rose des vents de Franche-Comté & Lorraine – page 111)

Air arctique maritime.

Source :
La région de Nancy et le Parc de Lorraine.

Déclenchement et mécanisme :
Hautes pressions sur la Belgique, et basses pressions sur les Alpes suisses. Vent de secteur nord-ouest. Sa vitesse moyenne est de 30 km/h.

Zone d'influence :
Il traverse les Vosges et la Haute-Saône, puis le Territoire de Belfort, pour se perdre entre le Sundgau (Haut-Rhin) et l'Ajoie (Suisse).

Histoires et Singularités :

« Lè lorèn a bèl. »
« La Lorraine est belle. »
« Lè lorèn se tcèrdj. »
« La Lorraine se charge. »
« Lè luroèn bèl kàl, lomo poé tcèpé, rémoèn lu tà à bé. »
« Lorraine beau bonnet, Lomont vilain chapeau, ramène le temps au beau. »

Llebeig

(Rose des vents des Catalans – page 180)

Voir Garbi

Le Père-Lachaise

(Rose des vents de Paris – page 274)
Air polaire continental.

Source :
La Brie, entre Meaux et Coulommiers.

Déclenchement et mécanisme :
Vent d'est qui entre par la porte de Bagnolet et la porte de Montreuil et traverse la capitale jusqu'au bois de Boulogne, où il s'éteint.

Lès vent sant nord

(Rose des vents du Poitou – page 369)
Air arctique maritime.
« Courant froid qui vient du nord ». C'est un vent glacé, variant de secteur nord-est et nord à nord-ouest, qui fouette le Poitou avec le ***Dalu***, le ***Vent de haut*** et le ***Cornard.***

Levagnou
ou *Levantin*
(Petit vent du levant)

(Rose des vents nissarts – page 229)
Air polaire continental.

Source :
La Riviera di Ponente (Italie).

Déclenchement et mécanisme :
Hautes pressions sur la mer Adriatique, et basses pressions sur le golfe de Gascogne.
« Petit courant d'air de secteur est ». Sa vitesse moyenne est de 40 km/h.

Zone d'influence :
Humide et frais l'hiver, chaud et sec l'été, il traverse la baie des Anges, va se frotter au cap d'Antibes et s'allonge parfois jusque sur la Croisette à Cannes. Comme tous les vents latéraux nissarts, il est essentiellement marin. Son cours fait 20 km de large pour 40 km de long.

Levaniaù

(Rose des vents d'Yves Michel de la presqu'île de Giens – page 134)
Air polaire continental.

Source :
L'île du Levant.

Déclenchement et mécanisme :
Hautes pressions sur l'Italie, et basses pressions sur le golfe du Lion. « Petit courant d'air de secteur est ». Sa vitesse moyenne est de 40 km/h.

Zone d'influence :
Vent local s'étalant sur les îles entre le phare des Titans et le cap Bénat, près de Bormes-les-Mimosas. Cinglant La Capte, soulevant de courtes vagues cassantes, il longe aussi les côtes sud des îles d'Hyères, Porquerolles et la presqu'île de Giens, jusqu'au large du cap Sicié (358 m). Son cours fait 20 km de large pour 50 km de long.

Levant

Nom commun depuis 1265, générique de tous les vents d'est.

Levant

(Rose des vents des Pescadous varois – page 349)
Air polaire continental.

Source :
Le large de la corniche de l'Esterel.

Déclenchement et mécanisme :
Hautes pressions sur l'Europe de l'Est méridionale, et basses pressions sur le golfe de Gascogne. Vent de secteur est, tiède en été et frais en hiver, il amène généralement la pluie. Sa vitesse moyenne est de 40 km/h.

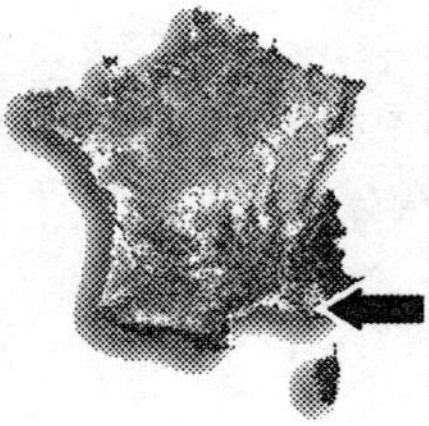

Zone d'influence:
Il traverse les côtes escarpées du département du Var. Son lit fait 50 km de large sur 120 km de long.

Levant

(Rose des vents du Moulin de Fontvieille – page 22)
Air polaire continental.

Source :
Les Alpes du Sud et l'Italie du Nord. Le Parc du Mercantour.

Déclenchement et mécanisme :
Hautes pressions sur l'Europe de l'Est méridionale, et basses pressions sur le golfe de Gascogne. Vent de secteur est, tiède en été et glacial en hiver, il amène généralement la pluie. Sa vitesse moyenne est de 40 km/h.

Zone d'influence :
Il traverse les Alpes-Maritimes, le Var et les Alpes-de-Haute-Provence, puis les Bouches-du-Rhône, le Vaucluse et le Gard. Il disparaît entre les Cévennes méridionales et le golfe d'Aigues-Mortes. Son cours fait 130 km de large pour 280 km de long.

Histoires et Singularités :

Depuis la fin du XVIe siècle, les maçons méridionaux avaient à résoudre trois problèmes majeurs : le ***Mistral***, le grand soleil d'été, et les pluies de vent d'est. Comme les ciments imperméables n'existaient pas encore, les propriétaires qui en avaient les moyens faisaient entièrement carreler le pignon de la façade tournée vers l'est avec des carrelages en céramique émaillée, aux couleurs chatoyantes. Mais dans cette région soumise à une climatique de sécheresse, le ***Levant*** est aussi un bienfaiteur, « l'arrosoir » des maraîchers.

« Cieù colonat, Levant granat. »

« Ciel moutonneux, grain (pluie) le matin. »

Levantada

(Rose des vents nissarts – page 229)

Air polaire continental.

Source :

La Riviera italienne.

Déclenchement et mécanisme :

Hautes pressions sur le nord de l'Italie, et basses pressions sur le golfe du Lion. Vent de secteur est, dont la direction est approximative. Sa vitesse moyenne est de 30 km/h.

Zone d'influence :

De St-Jean-Cap-Ferrat au cap d'Antibes et aux îles de Lérins. Son cours fait 25 km de large pour 50 km de long.

Levantas

(Lei vènt que boufon en prouvènço – *page 169)*

Air polaire continental.

Source :
Du massif de l'Esterel au mont du Parpaillon.

Déclenchement et mécanisme :
Vent du Levant qui souffle vers l'ouest,
mais beaucoup moins rigide que son grand frère.
Il s'insinue dans les vallées, dévie au moindre relief,
et pousse devant lui d'énormes cumulo-nimbus
qui se videront sur la première marche des piémonts
varois. Sa vitesse moyenne est de 30 km/h.

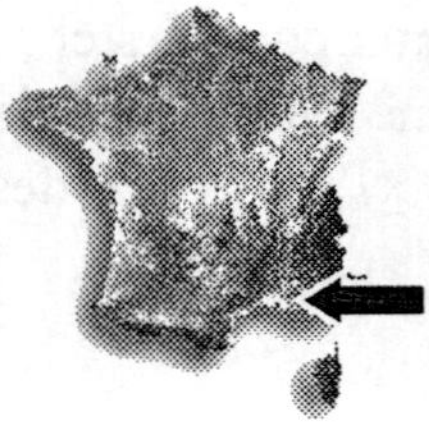

Zone d'influence :
L'extrémité occidentale des Alpes-Maritimes,
les Alpes-de-Haute-Provence, le Var,
les Bouches-du-Rhône et le Vaucluse. Son cours,
aléatoire, fait 120 km de large sur 200 km de long.

Histoires et Singularités :

Le suffixe « *as* » est péjoratif. Il traduit le manque de rigueur de ce vent, dont on dit qu'il rend fou, parce que son axe varie selon les saisons. Ces variations sont dues principalement à l'instabilité de son débit et au relief provençal.

Levant dré

(Vent du levant droit, en idiome provençal*)*

(Les Maîtres du ciel – page 219)
Air polaire continental.

Source :
Les Alpes du Sud et le Parc du Mercantour.

Déclenchement et mécanisme :
Hautes pressions sur l'Europe de l'Est, et basses
pressions sur la zone « Nord-Gascogne » en
Atlantique. Frais en été et glacial en hiver, il amène
généralement la pluie. Il souffle sans violence

de secteur est sur les cimes et sommets de Provence. Sa vitesse moyenne est de 40 km/h.

Zone d'influence :
Il traverse les Alpes-de-Haute-Provence, le Var, les Bouches-du-Rhône, le Vaucluse, la Drôme provençale et le Gard méridional. Son lit, entièrement aérien, ne paraît pas toucher la Terre. Il fait 130 km de large pour 260 km de long.

Lévanté

(Rose des vents corses – page 342)
Air polaire continental.

Source :
L'île d'Elbe et l'îlot Montecristo.

Déclenchement et mécanisme :
Hautes pressions sur l'Italie, et basses pressions sur le golfe du Lion. Sa vitesse moyenne est de 30 km/h.

Zone d'influence :
Le Canal di Corsica, que le ***Lévanté*** coupe par son travers, et la Corse, qu'il traverse d'Est en Ouest. Son cours fait 150 km de large pour 220 km de long.

Levant Eisselo
(Vent du levant-Sirocco)

(Rose des vents d'Yves Michel de la presqu'île de Giens – page 134)
Air tropical continental.

Source :
La Méditerranée, au large du cap d'Arme et l'île de Port-Cros.

Déclenchement et mécanisme :
Hautes pressions sur le cap Corse, et basses pressions

sur la Vallée du Rhône. Défluent des vents venus d'Afrique, chaud et sec, sa vitesse moyenne est de 30 km/h.

Zone d'influence :
Variante locale et maritime des pêcheurs varois du ***Levant-Essero***, il traverse Porquerolles et Giens pour mourir au large du Cap Brun, entre Toulon et Carqueiranne. Son cours fait 15 km de large pour 40 km de long.

Levant Eissero
ou Vènt blanc
(Vent du levant-Sirocco)

(Lei vènt que boufon en prouvènço – *page 169)*
Air tropical continental.

Source :
La mer Ligurienne et le cap Corse.

Déclenchement et mécanisme :
Hautes pressions sur la mer Ligurienne, et basses pressions sur le Massif central. Sèche et chaude, cette brise buissonnière n'est qu'un défluent anémié des vents d'Afrique, ***Siroc, Sirocco, Sirocou, Eissero, Eisselo***, que les différents idiomes provençaux ont pétris chacun à leur façon. Sa vitesse moyenne est de 30 km/h.

Zone d'influence :
C'est un vent d'été semi-tropical, qui souffle d'est-sud-est vers ouest-nord-ouest. Il pénètre sur le continent entre Saint-Raphaël et l'Estaque. Son envergure est immense (120 km), mais il ne s'aventure pratiquement jamais à plus de 80 km à l'intérieur des terres, et on ne le reconnaît pas au-delà d'une ligne Castellane-Carpentras. C'est un vent lisse, de moins de 2 000 mètres d'altitude. Il n'est pas rare qu'au printemps il amène une pluie chargée de sable.

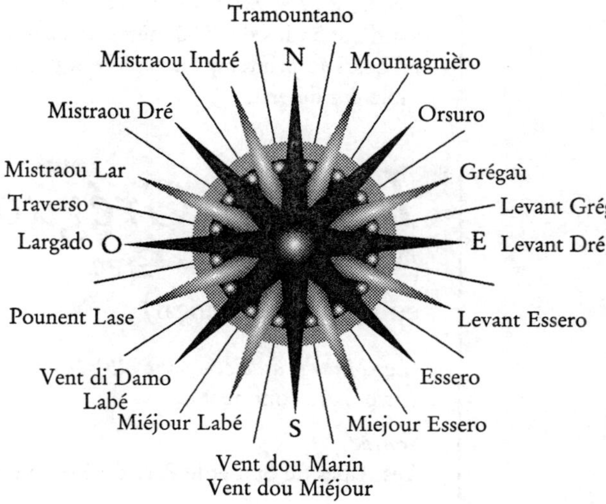

Rose des vents des Maîtres du Ciel

Levant Essero

(Vent du levant-Sirocco, en idiome varois*)*

(Les Maîtres du ciel – page 219)
Air tropical continental.

Source :
La mer Ligurienne et le cap Corse.

Déclenchement et mécanisme :
Hautes pressions sur la mer Ligurienne, et basses pressions sur les Cévennes. Sec et chaud, c'est un vent d'été semi-tropical, lui aussi défluent anémié des vents d'Afrique, qui souffle d'est-sud-est vers ouest-nord-ouest. Sa vitesse moyenne est de 30 km/h.

Zone d'influence :
Le ***Levant-Essero*** entre sur le continent par le département du Var. Ses dimensions sont identiques

à celles du ***Levant-Eissero***. C'est un vent géant, soufflant à plus de 5000 mètres d'altitude, qui amène lui aussi au printemps une pluie souvent chargée du sable des déserts.

Levant Grégaou

(Vent du levant-Grec, en idiome provençal)

(Les Maîtres du ciel – page 219)
Air polaire continental.

Source :
Les Alpes du Sud et le Parc du Mercantour.

Déclenchement et mécanisme :
Hautes pressions sur l'Europe de l'Est, et basses pressions sur la zone « Nord-Gascogne » en Atlantique. Défluent nordisant du ***Levant-Dré***, il souffle comme lui, sans violence, de secteur est à est-nord-est sur les cimes et les sommets de Provence. Sa vitesse moyenne est de 40 km/h.

Zone d'influence :
Il traverse les Alpes-de-Haute-Provence, la Drôme provençale, le Var, les Bouches-du-Rhône, et le Vaucluse. Essentiellement aérien, il ne paraît pas toucher la Terre. Il fait 120 km de large pour 240 km de long.

Levant Grégaù

ou *Loumbardo* *(Vent du levant-Grec* ou *Lombard,* en idiome provençal)

(Léi vènt que boufon en Prouvenço – ***page 169)***
Air polaire continental.

Source :
La Montagne de l'Alp (Alpes-Maritimes).

Déclenchement et mécanisme :
Hautes pressions sur l'Italie du Nord, et basses pressions sur la zone « Provence » en Méditerranée. Vent frais et humide, de secteur est-nord-est, frère jumeau du ***Grégaù*** du Moulin de Fontvieille.
Sa vitesse moyenne est de 40 km/h.

Zone d'influence :
Il traverse le Var, les Alpes-de-Haute-Provence, les Bouches-du-Rhône et le Vaucluse. Il disparaît aux alentours du golfe de Fos et de la région de Port-St-Louis-du-Rhône. Son cours fait 110 km de large pour 170 km de long.

Histoires et Singularités :

Vent de pluie en automne, assez rare, il est régulier, sans bourrasque, et peut tenir plus de deux jours.

Levantin

Voir Lévagnou

Levant Siroc

(Vent du levant-Sirocco)

(Rose des vents des Pescadous varois – page 349)
Air tropical continental.

Source :
La Corse.

Déclenchement et mécanisme :
Hautes pressions sur la Lybie, et basses pressions sur l'Europe occidentale. Vent de secteur est-sud-est.
Sa vitesse est aléatoire.

Zone d'influence :
Il souffle surtout sur les côtes varoises entre Saint-Raphaël et La Ciotat, et disparaît entre le plateau de Valensole et la montagne du Lubéron. Son cours fait 90 km de large pour 150 km de long.

Libeccio
(*Labé*, en corse)

(Rose des vents corses – page 342)
Air polaire maritime.

Source :
Le Bassin algéro-provençal en Méditerranée.

Déclenchement et mécanisme :
Hautes pressions sur le golfe de Gascogne et le sud-ouest de la France, et basses pressions sur la Grèce et la mer Egée. C'est un vent puissant, qui a pour affluent la ***Tramontane*** languedocienne et le ***Mistral.*** Sa vitesse moyenne est de 70 km/h.

Zone d'influence :
Il traverse la Corse de part en part. Il génère des turbulences sur les côtes orientales de l'île – avec des effets de ***Foehn*** lorsqu'il est très puissant – après avoir franchi les montagnes depuis le mont de l'Incudine (2136 m), au-dessus de Zonza, jusqu'au Monte Stello (1305 m) dans le cap Corse. Son cours fait 150 km de large pour 220 km de long.

Histoires et Singularités :

C'est l'un des vent dominants de l'Ile de Beauté. Sec et frais en été, il est plus froid en hiver et chasse les nuages vers l'Italie.

Libech

(Labé)

(Rose des vents nisssarts – page 229)
Air tropical maritime.

Source:
Le massif de l'Esterel.

Déclenchement et mécanisme:
Hautes pressions sur la zone « Minorque » en Méditerranée, et basses pressions sur la mer Adriatique septentrionale. Vent de secteur sud-ouest. Sa vitesse moyenne est de 30 km/h.

Zone d'influence:
Vent terrestre, il longe la Côte d'Azur depuis Mandelieu-la-Napoule jusqu'à Beaulieu. Son cours fait 20 km de large pour 60 km de long.

Libech-Miéjour

(Labé-Midi, en occitan*)*

Voir *Lebechada*

Limousin pliau

(Rose des vents du Limousin – page 26)
Air polaire maritime.

Source:
La Gâtine de Parthenay (Deux-Sèvres).

Déclenchement et mécanisme:
Hautes pressions sur la zone « Nord-Gascogne », et basses pressions sur la Suisse et le Jura. Vent de secteur ouest, il est parfois très violent, humide et froid. Il vient en tempête aux équinoxes. Sa vitesse moyenne est de 50 km/h.

Zone d'influence :
Il traverse la Vienne, l'Indre-et-Loire méridionale, l'Indre et le Cher méridional. Son cours fait 75 km de large et 140 km de long.

Histoires et Singularités :

Le mot « limosin » (XVe siècle) s'est transformé en « limousin » chez Antoine Furetière en 1684, dans son essai d'un dictionnaire universel, qui provoqua son exclusion de l'Académie française. Il désigne les maçons qui font les gros travaux. *Pliau* signifie « plier » ou « qui plie » en idiome régional.

Lips

(Rose de la Tour des vents d'Andronicos – page 411)
Air tropical maritime.
Vent soufflant de sud-ouest, de la mer Ionienne à la mer Egée, il traverse la Grèce selon un axe Méthoni-Samothràki.

Llebant

Voir *Ellebant*

Llebant Grec

(Vent du levant Grec, en catalan*)*

(Rose des vents des Catalans – page 180)
Air polaire continental.

Source :
La zone « Lion » en Méditerranée.

Déclenchement et mécanisme :
Hautes pressions sur la Provence, et basses pressions sur l'Espagne. Vent de secteur est-nord-est. Sa vitesse moyenne est insignifiante.

Zone d'influence :
Il n'est reconnu qu'en Pays catalan, entre Port-Barcarès et Cerbère. Il remonte cependant la vallée du Têt jusque dans la région de Conflent, et le Tech jusque dans la région de Vallespir. Son cours fait 60 km de large pour 80 km de long.

Llebeig

(Labé, en arabe*)*
Voir *Garbi*

Lombard

ou *Montagnier*

(Rose des vents de Rhône-Alpes & Savoie – page 157)
Air tropical continental.

Source :
Les Alpes du Sud et le Piémont (Italie).

Déclenchement et mécanisme :
Hautes pressions sur la mer Ligurienne et les côtes italiennes, et basses pressions sur la Bourgogne et la Champagne. Sa vitesse moyenne est de 20 km/h.

Zone d'influence :
Il traverse le nord des Hautes-Alpes, la Drôme, la Savoie, l'Isère, l'Ain méridional et le Rhône, pour mourir dans les monts du Beaujolais. Son cours fait 200 km de large pour 300 km de long.

Lou Bisé

Voir *Bén de nort*

Loumbardo

Voir *Levant-Grégaù*

M

Maèstral

(Mistral, en catalan*)*

(Rose des vents des Catalans – page 180)
Air arctique maritime.

Source :
La région des Corbières.

Déclenchement et mécanisme :
Hautes pressions sur l'Angleterre et la zone « Sud-Irlande » en Atlantique, et basses pressions sur le golfe du Lion. Vent de secteur nord-nord-ouest. Sa vitesse moyenne est de 50 km/h.

Zone d'influence :
Défluent du ***Mistral*** de Provence, celui dont on dit qu'il viendrait d'Atlantique, mais dont l'axe nord-ouest serait dévié par les reliefs du Massif central et des Cévennes vers le Languedoc et le Roussillon. Connu des Catalans du bord de mer. Son cours fait 30 km de large pour 60 km de long.

Maestralé

(Mistral, en corse*)*

(Rose des vents corses – page 342)
Air polaire maritime.

Source :
Le carrefour des zones « Ligure », « Provence » et « Corse » en Méditerranée.

Déclenchement et mécanisme :
Hautes pressions sur l'océan Atlantique et sur l'Europe du Nord, et basses pressions sur la Méditerranée, au sud de l'Italie et sur les côtes africaines. ***Bise du nord*** qui emprunte la vallée du Rhône, elle trouve en la ***Tramontane*** languedocienne un puissant affluent qui dévie encore un peu plus son cours vers l'est. A l'automne et en hiver, ces vents conjugués sont souvent d'une extrême violence. Ils abordent la Corse par le nord-ouest. La vitesse moyenne du ***Maestralé*** est de 50 km/h.

Zone d'influence :
Son axe sur l'île va du golfe de Galéria au golfe de Porto-Vecchio. Son cours fait 100 km de large pour 175 km de long.

Histoires et Singularités :

Assez fréquent, il associe ses pouvoirs climatiques (froid et sec en hiver, frais en été) à ceux des particularités géophysiques de la Corse : maritime, désertique, maquisarde, montagneuse, forestière et vallonnée. Un schéma hétéroclite qui lui donne son aspect sauvage et incomparable.

Maestraù
(*Mistral*, en idiome nissart)

(Rose des vents des « Nissarts » – page 229)
Air arctique maritime.

Source :
La Montagne du Cheiron (Alpes-Maritimes).

Déclenchement et mécanisme :
Hautes pressions sur l'océan Atlantique et l'Europe du Nord, et basses pressions sur la Méditerranée et le golfe de Gênes. Vent de secteur nord-ouest. Sa vitesse moyenne est de 50 km/h.

Zone d'influence :
Entre Antibes et Nice. Son cours est aussi large que long : 30 km.

Magalouno
ou *Séguent*

(Rose des vents du Languedoc – page 43)
Air polaire maritime.

Source :
La région des monts de Lacaune.

Déclenchement et mécanisme :
Hautes pressions sur l'Aquitaine, et basses pressions sur la Provence. Vent de secteur ouest. Sa vitesse moyenne est de 40 km/h.

Zone d'influence :
Brise locale très humide, défluent occidental de la ***Tramontane***, elle traverse l'Hérault et disparaît sous les remparts d'Aigues-Mortes. Son cours fait 45 km de large pour 130 km de long.

Histoires et Singularités :

Mag, c'est le « pétrin » et *louno*, la « lune », en langue d'oc. Si la lune est brassée par le vent et les nuages, il pleuvra. Ce qui explique son deuxième nom, ***Séguent :*** « irrigue ».

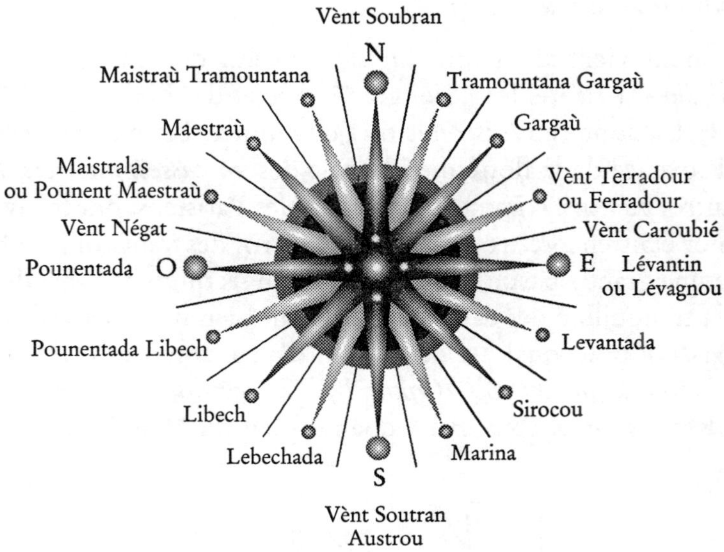

Rose des vents des « Nissarts »

Magistraù

(Rose des vents des Pescadous varois – page 349)
Air arctique maritime.

Source :
La Montagne Ste-Victoire (La Croix-de-Provence 1011 m).

Déclenchement et mécanisme :
Les conditions du ***Mistral***. Le ***Magistraù*** appartient aux peuples de la mer. Il souffle du nord-ouest vers le sud-est en rafales. Sa vitesse moyenne est de 50 km/h.

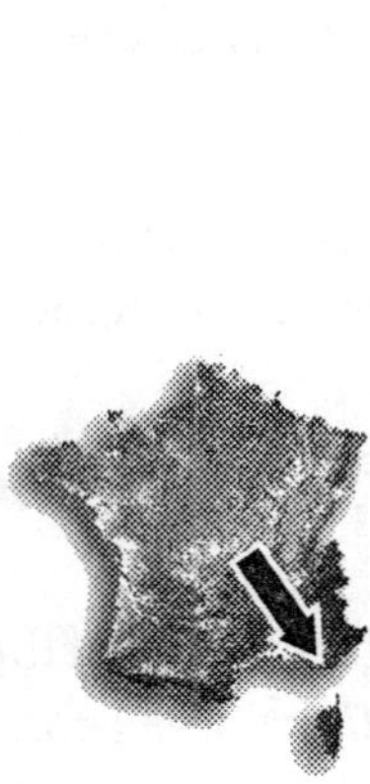

Zone d'influence :
La Sambuc en Camargue, les côtes provençales, au bord de la Corniche de l'Esterel. Son cours fait 30 km de large pour 240 km de long.

Histoires et Singularités :

Son nom vient du latin *Magister*, « celui qui enseigne ». Dans « *Miréio* » (« Mireille »), le grand poète de Maillane, Frédéric Mistral, a donné au ***Mistral*** le titre de *Maîstre.* Les marins-pêcheurs de Provence de la flotte méridionale des *barcasses, mourets, bêtes,* et autres *pointus,* comme les appellent les Parisiens, ont trouvé que le mot était encore trop faible pour ce roi des vents qui les bouscule une grande partie de l'année, dès qu'ils quittent l'abri du port ou la tranquillité des calanques. Il fallait bien un superlatif tel que ***Magistraù*** pour qualifier ce courant d'air incomparable.

« *Démora jot ton cobèrt quand faï magistraù l'ivern.* »

« Reste sous ta couverture quand il fait du Mistral l'hiver. »

Mahun

(Rose des vents d'Aquitaine – page 57)

Air tropical continental.

Source :

Les Landes et le Pays d'Albret.

Déclenchement et mécanisme :

Hautes pressions sur l'Espagne, et basses pressions sur les Pays-Bas. Vent chaud, de secteur sud, parallèle au ***Bén de mountagne*** et au ***Bén de Mijour*** gascon. Sa vitesse moyenne est de 20 km/h.

Zone d'influence :

Il traverse la région du haut Médoc et du Médoc, la Gironde, et disparaît en Saintonge. Son cours fait 50 km de large pour 160 km de long.

Histoires et Singularités :

Son nom vient peut-être de *mahonne*, un bateau turc selon P. Belon, dans *Les observations de plusieurs singularités et choses mémorables trouvées en Grèce* (1553). Dans l'édition 1873 du

Larousse, le mot « mahun » est mis pour « chaland » ou « mahonne ». Une référence à son action de passage ?

Maistralas
ou *Pounent-Maestraù*

(Rose des vents des « Nissarts » – page 229)
Air polaire maritime.

Source :
Le Plan de Caussol (Alpes-Maritimes).

Déclenchement et mécanisme :
Hautes pressions sur l'océan Atlantique et l'Europe du Nord, et basses pressions sur la Méditerranée et le golfe de Gênes. Vent de secteur ouest-nord-ouest. Sa vitesse moyenne est de 40 km/h.

Zone d'influence :
Courant bâtard (ce qui explique le suffixe péjoratif « *as* ») et beaucoup plus léger du ***Maestraù***, venant plus au ponant, il entre dans la baie des Anges par la vallée du Loup. Son cours fait 30 km de large pour 30 km de long.

Maistraù Tramountana

(Rose des vents des « Nissarts » – page 229)
Air arctique maritime.

Source :
Le col de Vence (970 m).

Déclenchement et mécanisme :
Hautes pressions sur l'océan Atlantique et l'Europe du Nord, et basses pressions sur la Méditerranée. Vent de secteur nord-nord-ouest. Sa vitesse moyenne est de 40 km/h.

Zone d'influence :
Après plusieurs détours entre les reliefs de l'arrière-pays niçois, il s'engouffre dans le lit du Var, s'étale sur ses rives et s'ouvre sur le littoral en rafales, parfois extrêmement violentes. Défluent impétueux du ***Maestraù*** (plus au nord) associé à la ***Tramountana*** (plus à l'ouest), dite ici ***Vènt soubran***. Son cours fait 40 km de large pour 70 km de long.

Mango Fango

ou *Pounent-Mistraù*

(Léi vènt que boufon en Prouvenço *et Rose des vents du Moulin de Fontvieille – pages 22, 169)*
Air polaire maritime.

Source :
Entre les garrigues gardoises et le Canyon de l'Ardèche.

Déclenchement et mécanisme :
Hautes pressions sur l'Atlantique et la zone « Sud-Bretagne », et basses pressions sur la mer Ligurienne et le golfe de Gênes. C'est un vent d'hiver, mais tempéré, de secteur ouest-nord-ouest, qui serpente entre les reliefs et se réchauffe en traversant les basses terres du Gard et du Vaucluse. Sa vitesse moyenne est de 40 km/h.

Zone d'influence :
« ***Lo Mango-Fango*** » traverse le Gard, la Drôme méridionale, le Vaucluse, les Alpes-de-Haute-Provence, les Bouches-du-Rhône et le Var. C'est un vent sec et compact, rasant, lisse et régulier. Dans certains cas, il renforce le ***Ponant***. Son cours fait 60 km de large sur 300 km de long.

Histoires et Singularités :

Son nom signifie « Mange-fange » en langue d'oc. Avec lui, la boue disparaît. Cette appellation vient de sa capacité à sécher les terres en accélérant l'évaporation. On la retrouve appliquée aux vents de même direction dans certaines communes du Gard, dont la principale, Nîmes.

Si c'est l'auxiliaire naturel des lavandières, à qui il sert de sèche-linge, ce n'est pas celui des jardiniers, ni des cultivateurs en général. Ils ne peuvent pas labourer les jours où il souffle, car la terre retournée sècherait trop vite, et les mottes durciraient. En revanche, c'est un vent qui favorise la cicatrisation, et il est recommandé de tailler les arbres pendant qu'il s'époumone. A cause de cette propriété cautérisante, une ancienne coutume voulait que les chasseurs coupent la queue de leur chien au moment où il soufflait.

La Provence est une grande région productrice de fruits secs. Quand le séchage des figues grises, qu'on déguste à Noël, se faisait encore artisanalement, « ***Lo Mango-Fango*** » était d'une aide précieuse.

Marais

(Rose des vents de Vendée – page 305)

Air arctique maritime.

Source :

Les collines vendéennes.

Déclenchement et mécanisme :

Hautes pressions sur la Belgique et les Pays-Bas, et basses pressions sur l'Espagne. Vent froid, de secteur nord. Sa vitesse moyenne est de 30 km/h.

Zone d'influence :

Bise rasante courant dans les bocages et le Marais poitevin, elle traverse sans à-coup la Vendée méridionale et les Deux-Sèvres occidentales, puis la Charente-Maritime septentrionale. Elle disparaît en Saintonge. Son cours fait 100 km de large pour 150 km de long.

Histoires et Singularités :

C'était un compagnon fidèle des meuniers vendéens d'antan, avec le ***Serin***, le ***Suage*** ou le ***Vendée***. Lisses et réguliers, ils faisaient chanter les lourdes meules de pierre et moulaient le grain à la bonne cadence, à la différence du ***Salaï***, du ***Vent de mer*** ou du ***Noroué***, vents dominants dont les furies ont brisé plus d'une aile.

Mari (Lo)

(*Le marin*, en idiome rouergat)

(Les Treize vents de Born à Aubrac – page 55)

Air tropical continental.

Source :
Le Causse Méjean.

Déclenchement et mécanisme :
Hautes pressions sur le golfe du Lion oriental, et basses pressions sur le Limousin et le Poitou. Vent chaud et souvent pluvieux, de secteur sud-est, défluent du ***Marin*** et de l'***Autan Blanc***. Sa vitesse moyenne est de 40 km/h, mais il peut souffler en rafales avec des pointes à plus de 100 km/h.

Zone d'influence :
Il traverse l'Aubrac méridional, depuis la région de la Canourgue, St-Geniez-d'Olt, Laguiole et Nasbinals, jusqu'à Saint-Urcize. Son cours fait 15 km de large pour 35 km de long.

Histoires et Singularités :

Vent dominant du Rouergue septentrional, il pousse devant lui les quelques cumulo-nimbus ramassés en Méditerranée qui ne sont pas restés accrochés au mont Aigoual. Ses effets de ***Foehn*** donnent à la climatique de l'Aubrac quelques accents méditerranéens.

« *Quand nèva del Mari a lèu fach un brava nevièr.* »

« Quand il neige du Marin, alors il fait un sacré tas de neige. »

Mari Blanco

(Rose des vents du Quercy-Rouergue – page 357)
Air tropical continental.

Source :
La région du mont Lozère.

Déclenchement et mécanisme :
Hautes pressions sur le golfe du Lion oriental, et basses pressions sur le Limousin et le Poitou. Vent chaud et souvent pluvieux, de secteur sud-est, défluent du ***Marin*** et de l'***Autan Blanc***, sa vitesse moyenne est de 40 km/h.

Zone d'influence :
Il traverse la Lozère, l'Aveyron et le Lot. Son cours fait 120 km de large pour 230 km de long.

Marin

Air tropical continental.

Nom générique des vents soufflant depuis la Méditerranée sur la France méridionale. On le confond souvent avec l'***Autan***. Généralement de secteur sud à sud-est, il monte bien au-delà des Cévennes et du Massif central à l'ouest, et au pied des Alpes-de-Haute-Provence à l'est.
Son nom vient du latin *mare*, « mer ». Il a été employé comme adjectif pour la première fois au Xe siècle par le poète anglo-normand Wace dans sa « *Geste des Normands* ».

Marin

ou *Miéjour*

(Lei vènt que boufon en Prouvenço – *page 169)*
Air tropical continental.

Source :
La zone « Sardaigne » en Méditerranée.

Déclenchement et mécanisme :
Hautes pressions sur le Bassin algéro-provençal en Méditerranée, et basses pressions sur l'Europe du Nord. Vent chaud, de secteur sud. Sa vitesse moyenne est de 40 km/h, avec des pointes en rafales pouvant atteindre plus de 130 km/h.

Zone d'influence :
Le littoral provençal, depuis la Camargue jusqu'à Saint-Raphaël. Il traverse le Var, les Bouches-du-Rhône, le Gard, puis le Vaucluse, la Drôme et les Alpes-de-Haute-Provence. Il atteint parfois l'Ardèche et les Hautes-Alpes. Son cours fait 200 km de large pour 200 km de long.

Histoires et Singularités :

C'est le « vent qui vient de la mer » ou « vent du Midi ». Il est très sec l'été et très humide l'hiver, avec des tempêtes aux équinoxes qui sont, depuis une dizaine d'années, de plus en plus fréquentes et de plus en plus meurtrières. En 1999 et en 2000, on a relevé des pointes à plus de 170 km/h au mont Ventoux (1909 m), et son influence ravageuse s'étend bien au-delà de Valence.

Marin languedocien

(Rose des vents du Languedoc – page 43)
Air tropical continental.

Source :
Le golfe du Lion.

Déclenchement et mécanisme :
Hautes pressions sur le golfe de Gênes et la Corse, et basses pressions sur l'Aquitaine et la Gascogne. Vent chaud, de secteur sud-est. Sa vitesse moyenne est de 50 km/h. Record enregistré à Sète : 165 km/h !

Zone d'influence :
Il entre par le littoral du golfe du Lion occidental, entre Montpellier et Port-Leucate, puis traverse l'Hérault, l'Aude, le Tarn, le sud de l'Aveyron, et la Haute-Garonne septentrionale. Il disparaît dans le Quercy méridional. Son cours fait 100 km de large pour 190 km de long.

Histoires et Singularités :

Vent dominant du Languedoc avec le ***Cers***, le ***Grégal***, l'***Autan*** et la ***Tramontane***, il est l'arroseur des Corbières, du Minervois, du Lauragais et du Gaillacois, jusque sur les Causses et le Ségala (région plantée de seigle) aveyronnais.

Marina

(Rose des vents des « Nissarts » – page 229)
Air tropical continental.

Source :
La zone « Corse » en Méditerranée.

Déclenchement et mécanisme :
Hautes pressions sur la Tunisie, et basses pressions sur les Alpes françaises. Vent chaud, de secteur sud-sud-est. Sa vitesse moyenne est de 40 km/h.

Zone d'influence :
Entrées marines ne dépassant guère le bandeau littoral, sinon par les vallées des fleuves alpins. Défluent de l'***Austrou*** et du ***Vènt Soutran***, son cours, avec une tendance plus marquée à l'orient, est, chose rare, beaucoup plus large que long : 40 km pour 10 km.

Marinada
(Vent marin instable)

(Rose des vents des Catalans – page 180)
Air tropical continental.

Source :
La zone « Minorque » septentrionale en Méditerranée.

Déclenchement et mécanisme :
Hautes pressions sur le Bassin algéro-provençal en Méditerranée, et basses pressions sur l'Aquitaine. Vent chaud, de secteur est-sud-est. Sa vitesse moyenne est de 30 km/h.

Zone d'influence :
Il traverse les Pyrénées orientales, depuis Cerbère jusqu'aux Corbières occidentales. Son cours fait 40 km de large pour 70 km de long.

Marin blanc

(Lei vènt que boufon en Prouvenço – *page 169)*
Air tropical continental.

Source :
La Corse.

Déclenchement et mécanisme :
Hautes pressions sur la mer Tyrrhénienne, et basses pressions sur le Massif central. Vent léger et chaud, de secteur est-sud-quart-est. Sa vitesse moyenne est de 30 km/h.

Zone d'influence :
Variante nordisante de l'*Autan*, associé au ***Vent blanc*** (***Levant-Eissero***), ce courant d'air instable et lisse n'est qu'une brise marine légère, sans conséquence sur la climatique très tempérée de la Provence. Son cours, principalement maritime, n'a que peu d'influence sur le continent.

Marin Grec

(Rose des vents du Languedoc – page 43)
Air tropical continental.

Source :
La zone « Lion » en Méditerranée.

Déclenchement et mécanisme :
Hautes pressions sur la mer Tyrrhénienne, et basses pressions sur le Massif central. Vent léger et chaud de secteur est-sud-est. Sa vitesse moyenne est de 30 km/h.

Zone d'influence :
Variante de l'***Autan blanc*** et associé du ***Marin***, comme le ***Marin blanc*** dont il est le défluent, ce courant d'air instable et lisse n'est qu'une brise marine légère, sans conséquence sur la climatique très tempérée du Languedoc. Son cours, principalement maritime, n'a que peu d'influence sur le continent.

Marin Miéjour

(Rose des vents du Moulin de Fontvieille – page 22)
Air tropical continental.

Source :
La zone « Sardaigne » en Méditerranée.

Déclenchement et mécanisme :
Hautes pressions sur le Bassin algéro-provençal en Méditerranée, et basses pressions sur l'Europe du Nord. Vent chaud, de secteur sud, soufflant sur les Alpilles, sa vitesse moyenne est de 40 km/h, avec des pointes en rafales pouvant atteindre plus de 120 km/h.

Zone d'influence :
Le littoral provençal, depuis Les Saintes-Maries-de-la-Mer jusqu'à Port-de-Bouc. Il traverse les Bouches-du-

Rhône, le Gard, puis le Vaucluse, et monte parfois jusque dans la Drôme lorsqu'il se déchaîne. Son cours fait 50 km de large pour 110 km de long.

Histoires et Singularités :

Il est très sec l'été et très humide l'hiver, avec des tempêtes aux équinoxes, qui sont, depuis une dizaine d'années, de plus en plus fréquentes et de plus en plus meurtrières. On a relevé des pointes à plus de 150 km/h au mont Ventoux (1909 m).

Matinal – Matinat

(Rose des vents de Rhône-Alpes & Savoie – page 157)
Air polaire continental.

Source :
Le Piémont occidental.

Déclenchement et mécanisme :
Hautes pressions sur l'Italie, et basses pressions sur la Normandie et la Manche. Vent léger et chaud, de secteur est-sud-est. Sa vitesse moyenne est de 30 km/h.

Zone d'influence :
Il traverse les Hautes-Alpes, la Savoie, l'Isère, le Rhône et l'Ain méridional. Vent de pluie et de redoux en hiver, il disparaît entre les Dombes et le Beaujolais. Son cours fait 110 km de large pour 240 km de long.

Histoires et Singularités :

Il fait partie, avec la ***Bise blanche*** et le ***Möhlin-Jet***, de ces quelques vents très rares en France, soufflant de secteur est-nord-est à est-sud-est dans les régions éloignées de la mer, dont la vitesse est insignifiante, les cours aléatoires, et l'influence négligeable.

Matinal Soulèche

ou *Souléioudou (Leu)*

(Vent de soleil levant, en idiome auvergnat*)*

(Rose des vents d'Auvergne – page 241)
Air polaire continental.

Source :
Les monts du Lyonnais.

Déclenchement et mécanisme :
Hautes pressions sur l'Italie du Nord, et basses pressions sur le golfe de Gascogne. Vent léger, de secteur est. Sa vitesse est insignifiante.

Zone d'influence :
Il traverse la Loire, la Haute-Loire septentrionale, le Puy-de-Dôme et le Cantal, ainsi que l'Allier méridional et disparaît sur le plateau de Millevaches. Son cours fait 70 km de large pour 210 km de long.

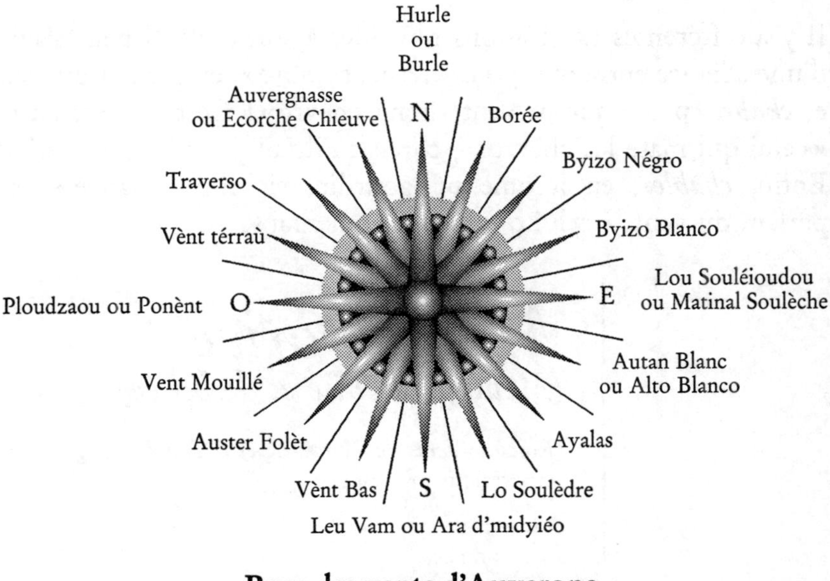

Rose des vents d'Auvergne

Matochabro

(Rose des vents du Périgord – page 367)
Air arctique maritime.

Source :
La Saintonge orientale.

Déclenchement et mécanisme :
Hautes pressions sur la zone « Ouest-Bretagne » en Atlantique, et basses pressions sur le Languedoc-Roussillon. Vent de terre, de secteur nord-ouest. Sa vitesse moyenne est de 40 km/h, avec des rafales aux solstices à plus de 100 km/h.

Zone d'influence :
Il traverse la Charente, la Dordogne, et disparaît dans le haut Quercy. Sont cours fait 70 km de large pour 190 km de long.

Histoires et Singularités :

Il y a différentes explications possibles à son nom. Il peut s'agir d'une alliance entre *mat* pour « terne, sombre », en parlant du ciel, et *chabre,* parce que ce vent « rend chèvre » ! Ce peut être aussi « celui qui mate les chèvres », parce qu'il fait plier les plus rétifs. Enfin, *chabler*, en idiome périgourdin, signifie « abattre », en parlant du vent : « celui qui mate et qui abat ».

Mélamboriée
(Mélange de bise et de borée)

(Rose des vents de Rhône-Alpes & Savoie – page 157)
Air arctique maritime.

Source :
Le Lyonnais.

Déclenchement et mécanisme :
Hautes pressions sur l'Europe septentrionale, et basses pressions sur la Méditerranée. ***Bise du nord*** empruntant la vallée orientale du Rhône, il souffle en principe l'hiver, laissant la belle saison à l'***Etésien***, plus occidental quant à sa direction. Sa vitesse moyenne est de 50 km/h.

Zone d'influence :
Affluent de la ***Tramontane*** provençale, il traverse les départements du Rhône et de l'Isère, la Savoie, la Haute-Savoie, et les Hautes-Alpes. Il disparaît sur le versant nord du Ventoux après avoir ébouriffé la Drôme. Son cours fait 130 km de large pour 190 km de long.

Mendebala

(*Vent de la mer,* en basque)

(Rose des vents du Pays basque – page 195)

Source :
Le golfe de Gascogne.

Déclenchement et mécanisme :
Hautes pressions sur la zone « Cap-Finisterre » septentrionale en Atlantique, et basses pressions sur le Pays catalan et le golfe du Lion. Vent dominant de secteur ouest-nord-ouest. Sa vitesse moyenne est de 50 km/h.

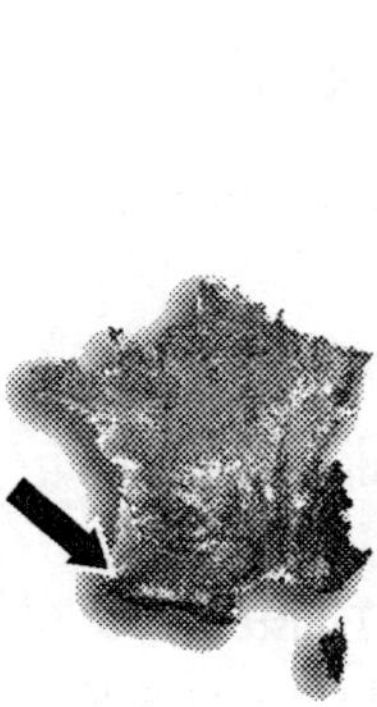

Zone d'influence :
Il traverse les Pyrénées-Atlantiques sur un axe Bayonne – St-Jean-Pied-de-Port, en remontant la Nive à contre courant. Son cours fait 30 km de large pour 60 km de long.

Mergevred

ou *Su c'hevred*
(*Vent de sud-sud-est,* en breton)

(Rod en Aveliou *des Côtes-d'Armor – page 89)*
Air tropical continental.

Source :
Le Pays de Pontivy.

Déclenchement et mécanisme :
Hautes pressions sur les Pyrénées, et basses pressions sur la mer Celtique. Vent de terre, chaud et sec, de secteur sud-sud-est. Sa vitesse moyenne est de 20 km/h.

Zone d'influence :
Il traverse les Côtes-d'Armor et le Finistère septentrional et disparaît en Manche-Ouest. Son cours fait 90 km de large pour 140 km de long.

Méruéant

(*Vent de sud-ouest,* en breton)

(Les 32 vents de la Boussole bretonne des marins de l'île de Groix – page 203)
Air tropical maritime.

Source :
La zone « Nord-Gascogne » en Atlantique.

Déclenchement et mécanisme :
Hautes pressions sur la zone « Cap-Finisterre » et les Açores, et basses pressions sur la zone « Tamise » en mer du Nord. Vent dominant de secteur sud-ouest. Sa vitesse est de 60 km/h.

Zone d'influence :
Il entre sur le continent par un axe perpendiculaire aux côtes bretonnes et frappe la Côte Sauvage,

le littoral du Morbihan et la Cornouaille de plein fouet, avant de disparaître dans la Bretagne profonde, du côté de Fougères. Son cours fait 130 km de large pour 200 km de long.

Histoires et Singularités :

Depuis les années 90, ***Méruéant***, et autres ***Mervent***, ont forci et font craindre d'épouvantables tempêtes durant le solstice d'hiver. Les anémomètres ont relevé des vitesses supérieures à 190 km/h!

Méruéant quart kornog

(Vent de sud-ouest dans l'axe quart pointe ouest)

(Les 32 vents de la Boussole bretonne des marins de l'île de Groix – page 203)

Air tropical maritime.

Source :

La zone « Nord-Gascogne » en Atlantique.

Déclenchement et mécanisme :

Hautes pressions sur la zone « Cap-Finisterre » et les Açores, et basses pressions sur la zone « Tamise » en mer du Nord. Vent dominant, défluent du ***Méruéant***, de secteur ouest-sud-quart-ouest. Sa vitesse est de 40 km/h.

Zone d'influence :

Il entre sur le continent par un axe perpendiculaire aux côtes bretonnes et frappe la Côte Sauvage, le littoral du Morbihan et la Cornouaille avec beaucoup moins de force que son affluent. Comme lui, il disparaît dans la Bretagne profonde, du côté de la forêt de Paimpont, site probable de la légendaire forêt de Brocéliande. Son cours fait 90 km de large pour 140 km de long.

Méruéant quart su

(Vent de sud-ouest quart sud)

(Les 32 vents de la Boussole bretonne des marins de l'île de Groix – page 203)
Air tropical maritime.

Source :
La zone « Nord-Gascogne » en Atlantique.

Déclenchement et mécanisme :
Hautes pressions sur la zone « Cap-Finisterre » et les Açores, et basses pressions sur la zone « Tamise » en mer du Nord. Défluent du ***Méruéant***, avec une direction plus marquée au sud, de secteur sud-quart-sud-ouest. Sa vitesse est de 30 km/h.

Zone d'influence :
Il pénètre le continent par la Côte Sauvage, sur le littoral du Morbihan puis la Cornouaille, et disparaît au pied de la Montagne noire. Son cours fait 80 km de large pour 120 km de long.

Mervent

(Vent de sud-ouest)

(Rod en Aveliou *des Côtes-d'Armor – page 89)*
Air tropical maritime.

Source :
La mer d'Iroise.

Déclenchement et mécanisme :
Hautes pressions sur la zone « Sole » en Atlantique, et basses pressions sur « Manche-Est ». Vent de secteur sud-ouest soufflant avec vigueur sur la Bretagne septentrionale. Sa vitesse moyenne est de 60 km/h.

Zone d'influence :
Jumeau du ***Méruéant*** de Groix, ce vent n'est autre que le ***Suroît*** de la Bretagne éternelle. Il traverse le Finistère, les Côtes-d'Armor, puis s'étale dans le golfe de Saint-Malo pour atteindre les îles de Jersey et Guernesey. Son cours fait 100 km de large pour 200 km de long.

Mervent-Gornaoueg

(Vent de sud-ouest pointe à l'ouest)

(Rod en Aveliou *des Côtes-d'Armor – page 89)*
Air tropical maritime.

Source :
Le Parc régional d'Armorique et l'île d'Ouessant.

Déclenchement et mécanisme :
Hautes pressions sur la zone « Sole » en Atlantique, et basses pressions sur les Pays-Bas. Vent dominant de secteur ouest-sud-ouest. Sa vitesse moyenne est de 50 km/h.

Zone d'influence :
Défluent du ***Mervent***, il traverse le Finistère, les Côtes-d'Armor, puis s'étale dans le golfe de Saint-Malo pour atteindre Jersey et les îles Chausey.
Son cours fait 90 km de large pour 200 km de long.

Histoires et Singularités :

Son gigantisme fait peur aux Bretons depuis toujours. Mais il est aussi l'un des facteurs déterminants qui ont fait choisir l'implantation d'éoliennes au cap Cizun, en lieu et place d'une centrale nucléaire à la pointe du Raz.

Mervent izel
(Vent de sud-ouest du bas)

(Rod en Aveliou *des Côtes-d'Armor – page 89)*
Air tropical maritime.

Source :
La mer d'Iroise.

Déclenchement et mécanisme :
Hautes pressions sur la zone « Sole » en Atlantique, et basses pressions sur « Manche-Est ». Vent chaud, de secteur sud-quart-sud-ouest. Sa vitesse moyenne est de 40 km/h.

Zone d'influence :
Défluent direct du ***Mervent***, en moins violent, il traverse le Finistère, les Côtes-d'Armor, puis se perd dans le golfe de Saint-Malo. Son cours fait 70 km de large pour 170 km de long.

Mervent uhel
(Vent de sud-ouest du haut)

(Rod en Aveliou *des Côtes-d'Armor – page 89)*
Air tropical maritime.

Source :
La mer d'Iroise.

Déclenchement et mécanisme :
Hautes pressions sur la zone « Sole » en Atlantique, et basses pressions sur « Manche-Est ». Vent chaud, de secteur ouest-sud-quart-ouest. Sa vitesse moyenne est de 40 km/h.

Zone d'influence :
Défluent direct mais nordisant du ***Mervent***, tout aussi violent, il traverse le Finistère, les Côtes-d'Armor, puis se perd dans le golfe de Saint-Malo. Son cours fait 80 km de large pour 100 km de long.

Mezzo-Giorno

(*Moitié du jour ou Midi,* en corse ou en italien)

(*Rose des vents corses – page 342*)
Air tropical continental.

Source:
La Sardaigne.

Déclenchement et mécanisme:
Hautes pressions sur la Tunisie, et basses pressions sur la Provence. Vent chaud et sec, de secteur sud. Sa vitesse est de 40 km/h.

Zone d'influence:
Il traverse la Corse, depuis les bouches de Bonifacio jusqu'au cap Corse. Il est tout aussi connu en Sardaigne sous cette même appellation. Affluent du ***Mièjour*** de Provence et du ***Miégjornaù*** des Pescadous varois. Son cours (français) fait 90 km de large pour 200 km de long.

Histoires et Singularités:

Bien entendu, « Midi » doit toujours être pris dans le sens de « Sud ».

Miégjornaù

(*Moitié du jour ou Midi,* en idiome provençal)

(*Rose des vents des Pescadous varois – page 349*)
Air tropical continental.

Source:
La zone « Sardaigne » en Méditerranée.

Déclenchement et mécanisme :
Hautes pressions sur le Bassin algéro-provençal en Méditerranée, et basses pressions sur l'Europe du Nord. Vent chaud, de secteur sud. Sa vitesse moyenne est de 40 km/h, avec des pointes en rafales pouvant atteindre plus de 130 km/h.

Zone d'influence :
Le littoral maritime provençal, depuis la Camargue jusqu'à Saint-Raphaël. Il pénètre sur le continent et traverse parfois le Var et des Bouches-du-Rhône. Son cours, essentiellement maritime, fait 180 km de large pour 200 km de long.

Histoires et Singularités :

Il est très sec l'été et très humide l'hiver, avec des tempêtes au moment du solstice d'hiver qui sont, depuis une dizaine d'années, de plus en plus fréquentes et de plus en plus meurtrières. En 1999 et 2000, on a relevé des pointes à plus de 170 km/h au mont Ventoux. Ce vent de mer active la houle, générant des creux de plus de deux mètres, des vagues cassantes à l'approche du littoral.

Miégjornaù Labech
(Vent du Midi tendant à l'ouest)

(Rose des vents des Pescadous varois – page 349)
Air tropical continental.

Source :
Le large, à l'ouest de l'île des Embiez.

Déclenchement et mécanisme :
Hautes pressions sur la zone « Sardaigne » en Méditerranée, et basses pressions sur les Alpes-de-Haute-Provence. Vent de secteur sud-sud-ouest. Sa vitesse moyenne est de 30 km/h, avec des pointes en automne et au printemps à plus de 100 km/h.

Zone d'influence :
Comme son aîné provençal, le ***Miéjour-Labé*** ou ***Fouis***, c'est un vent de mer, parfois violent, qui gonfle les vagues. Essentiellement maritime, son cours n'a d'autre limite que l'audace des « Pescadous » qui l'accompagnent.

Miégjornaù-Siroc
(Vent du Midi tendant au Sirocco)

(Rose des vents des Pescadous varois – page 349)
Air tropical continental.

Source :
Le large des îles d'Hyères et du cap d'Arme.

Déclenchement et mécanisme :
Hautes pressions sur la Corse, et basses pressions sur le Lubéron. Vent chaud et sec de secteur sud-sud-est. Sa vitesse moyenne est de 20 km/h.

Zone d'influence :
C'est le frère jumeau du ***Miéjour-Eissero*** ou ***Vènt de Souléu*** de Provence. Il s'étale sur les côtes varoises, du cap Camarat au cap Sicié (358 m). Un souffle si léger qu'il ne soulève aucun embrun. Comme le précédent, son envergure, toute maritime, ne se mesure qu'à l'aune des marins-pêcheurs du Var.

Miéjour
Voir *Marin*

Miéjour Eissero
ou *Vènt de souléu*
(Vent du Midi tendant au Sirocco)

*(*Léi vènt que boufon en Prouvenço – *page 169)*
Air tropical continental.

Source :
Le cap Corse.

Déclenchement et mécanisme :
Hautes pressions sur La Sardaigne, et basses pressions sur le Bassin parisien. Vent chaud, de secteur sud-sud-est. Sa vitesse moyenne est de 30 km/h.

Zone d'influence :
Il entre sur le continent par le Var et les Bouches-du-Rhône, puis grimpe sur les Alpes-de-Haute-Provence, saute la montagne du Lubéron et le mont Ventoux, traverse le Vaucluse et disparaît en Drôme méridionale, dans la région des Baronnies et l'enclave de Valréas. Son cours fait 150 km de large pour 250 km de long.

Miéjour Labé
ou *Fouis*
Voir *Fouis*

Miéjournal
ou *Vent du Midi*

(Rose des vents du Languedoc – page 43)
Air tropical continental.

Source :
La zone « Lion » en Méditerranée.

Déclenchement et mécanisme :
Hautes pressions sur les Baléares, et basses pressions sur le Massif central. Vent rare, sec et chaud, de secteur sud. Sa vitesse moyenne est de 20 km/h.

Zone d'influence :
Frère jumeau du ***Vent du Midi*** de l'Aubrac, il entre sur le continent entre Frontignan et Port-la-Nouvelle et disparaît sur les premiers contreforts des Cévennes. Son cours fait 70 km de large pour 120 km de long.

Miéjour Nari

Voir *Austral*

C'est le Prince des vents, l'enfant terrible de la Provence, celui par qui le feu se répand à la vitesse de l'éclair dans les garrigues et les maquis desséchés, mais qui évite à la Camargue de devenir un marais tropical. Certains Provençaux disent qu'on peut presque le voir quand il rugit et l'entendre une bonne heure avant qu'il n'arrive. Fils aîné d'Eole et filleul du Rhône, trublion turbulent et rieur, il transporte avec lui les senteurs muscades des garrigues miellées de lavandins, et l'accent chantant, orchestré par le refrain des cigales, des Méridionaux qu'il ébouriffe.
Il fut sûrement le bon génie éthéré des poètes du midi, parmi lesquels le grand félibre de Maillane qui portait fièrement son nom.

Mistral

ou *Mistraù* ou *Vènt terraù*

(Roses des vents du Moulin de Fontvieille et des Cévennes – pages 22, 32
Air polaire maritime.

Source :
La vallée du Rhône, après Vienne, où il prend sa force, mais plus vraisemblablement le Massif central.

Déclenchement et mécanisme:
Très hautes pressions sur l'Atlantique nord et sur l'Europe septentrionale, et basses pressions sur l'extrême sud-est de la France, la Méditerranée et le Golfe de Gênes. Classé parmi les vents d'hiver (*lis aurasso*), renforcé par la ***Bise du Nord***, on le nomme ***Mistral*** depuis les monts du Devèz (Haute-Loire), le massif du Pilat (Loire) et celui de la Chartreuse (Isère), entre Livradois et Dauphiné. Contrairement à l'idée communément admise qui lui confère un axe Nord-Sud, le ***Mistral*** vient de l'Atlantique. C'est un vent froid et sec, de secteur nord-ouest qui souffle vers le sud-est, puis vers l'est-sud-est.
Sa force et sa vitesse varient selon que les « marais » (zones isobares stables) du Lyonnais et de la région des Grands Causses l'étranglent plus ou moins dans la vallée du Rhône. Il est souvent mêlé à la ***Tramontane***, qui vient grossir ses bourrasques, aussi violentes qu'irrégulières. Sa vitesse moyenne est de 60 à 90 km/h. Son record de France a été enregistré au mont Ventoux (« Venteux », en langue d'oc) le 19 novembre 1967 : 320 km/h ! Ce n'est pas un vent d'altitude, il ne souffle jamais au delà de 3000 mètres et subit donc la rugosité des reliefs. On a pu vérifier que ses périodes d'activité correspondent à une constance cyclique, parfois liée au passage du ***Jet-Stream*** sur la France. Il peut ne durer qu'une nuit s'il se lève le soir, et souffler durant trois jours s'il se lève le matin. Passé ce cap il persistera six, voire neuf jours. Ce phénomène météorologique n'a aucune explication rationnelle.

Zone d'influence:
Sans obstacle, il court par les pays rhodaniens jusqu'à la Méditerranée. Il violente le littoral jusqu'en mer de Ligure, entre le cap Corse et le comté de Nice, où il s'étiole. Son lit fait environs 160 km de large pour 450 km de long.
Le ***Mistral*** traverse le Rhône méridional, l'Isère occidentale, la Drôme, l'Ardèche, le Vaucluse et le Gard, puis les Bouches-du-Rhône, le Var

et les Alpes-de-Haute-Provence jusqu'aux Alpes-Maritimes. A l'ouest, descendant par les versants orientaux du Massif central, il poursuit sa route par la région des Grands Causses et des Cévennes jusque sur la Côte Vermeille en Roussillon à travers l'Aude et l'Hérault, et parfois jusqu'aux îles Baléares !

Histoires et Singularités :

Son nom vient de *Mistraù*, qui signifie « maître » en Provençal. Ainsi, la situation est on ne peut plus claire. Dans la plaine de la Crau, il est aussi appelé « Jan d'Arles ».

Il chasse les nuages sur toutes les régions qu'il traverse et assainit l'air en le refroidissant considérablement. Son axe imprécis et sa force variable ont pour conséquence de déclencher d'innombrables courants d'air latéraux. Quelques-uns de ses défluents se nomment ***Mistralet – Mistralon – Mistraou aùt – Mistraou dré – Mistraou indre – Mistraou larg...***

Les constructions provençales traditionnelles (mas et masets) sont basses et souvent aveugles du côté où il souffle. Les toitures larges, en pentes douces jusqu'au ras du sol, veillent à n'offrir aucune prise à ses violents coups de boutoir. Des haies de cyprès ou de roseaux, qui résistent parfaitement à ses bourrasques, protègent les cultures. Autrefois, on avait d'ailleurs coutume de planter un cyprès à côté de l'habitation, au moment de sa construction, en prévoyance du remplacement de la poutre faîtière ; car un arbre qui résiste au ***Mistral*** peut soutenir un toit sans problème.

Le ***Mistral***, qui fut l'adjoint capricieux des meuniers, et le grand capitaine de la navigation méditerranéenne, poussant au gré des bordées galions et goélettes, mais aussi tartanes et méjeannes des marins-pêcheurs ou des cabotages marchands provençaux, a su se reconvertir et se rendre utile à des activités plus modernes.

Ainsi, de nombreux observatoires astronomiques, dont celui du mont Boron à Nice, de l'Aiguille à la Foux-d'Allos, de Caussoles à Grasse et St-Michel-l'Observatoire près de Forcalquier (CNRS) se sont installés dans la région, car la pureté du ciel provençal, due à son activité, est sans égale. Et n'oublions pas que, à la fin des années cinquante, la fameuse compagnie ferroviaire « PLM » (Paris-Lyon-Méditerranée) baptisa de son nom le plus prestigieux et le plus rapide de ses trains. On allait de Paris à Marseille en « Mistral » !

Bien sûr, il fut également maintes fois le héros de la littérature provençale. A tout seigneur…

« … Diéu duerb la man; e lou Maïstre,
Emé lou Tron, emé l'Auristre,
De sa man, coume d'aiglo, an parti toùti tres ;
De la mar founso, e de si vabre,
E de si toumple, van, alabre …

… Veici que tout-d'un-cop s'acampo
E la chavano e la cisampo…
Aï ! un cop de mistrau escoubeto l'eirou… »

« … Dieu ouvre la main et le Maître *(Mistral)*,
Avec la foudre et l'ouragan,
De sa main, comme des aigles, sont partis tous trois;
De la mer profonde et de ses ravins,
Et de ses abîmes, ils sont avides…

… Voici que tout-à-coup accourent
Et l'orage et la bise glacée…
Aïe ! Un coup de Mistral balaie l'airée… »
Frédéric Mistral (*Miréio*. Chant VIIIème)

« En 1905, le peintre Othon Friesz avait installé son chevalet dans les calanques de l'Estaque, près de Marseille, un jour de grand Mistral. Il entamait ce jour-là une de ses œuvres les plus prestigieuses, dans ce décor formidable, fait de roches blanches escarpées, de pins parasols aux troncs tourmentés et aux tignasses verdoyantes,

de sarothamnes à balais jaunes jaillissant des failles sur fond de mer turquoise. Une palette de merveilles pour le maître, grand initiateur du fauvisme. Au large sur son »pointu», Bouffartigue tirait ses palangres. Tout à coup, une rafale souleva un carré de chiffon dans lequel Othon Friesz essuyait ses pinceaux, et l'emporta vers la barcasse du »pescadou de la martiale». Ayant eu vent de la renommée de l'artiste, Bouffartigue récupéra dans l'eau le bout de chiffe barbouillée de peinture. Par la suite, il le fit encadrer, et visiter comme une œuvre de musée, toute sa vie durant. Quand on lui demandait :

– C'est lui qui vous l'a donné ?

– Non! C'est le grand Mistral !...

Ainsi, il faisait d'une pierre deux coups. Chacun pensait que l'impénitent galéjeur de l'Estaque était dans la confidence des grands artistes de ce monde. Alors, on écoutait Bouffartigue, intarissable, inventer le plus sérieusement du monde vaillances, farces et ripailles faites en la compagnie du grand poète et du maître « peinturleur » !...

En 1967, une bourrasque du Mistral écroula la cabane de pêche, emporta la toiture et la « toile » du maître. On ne la retrouva jamais. »

(Conte de la mémoire orale)

Mistral de Lyon

(Rose des vents de Rhône-Alpes & Savoie – page 157)

Air polaire maritime.

Source :

Les monts du Beaujolais.

Déclenchement et mécanisme :

Hautes pressions sur l'Atlantique nord, et basses pressions sur la Provence et la Méditerranée.

Sa vitesse moyenne est de 50 km/h.

Zone d'influence :
La vallée de l'Azergues, entre les monts du Beaujolais et ceux du Lyonnais, la ville de Lyon, puis la route des Alpes. Il s'essouffle autour de Bourgoin-Jallieu. Son cours fait 30 km de large pour 80 km de long.

Histoires et Singularités :

Variante nordiste du *Mistral* provençal, celui-ci ne soufflerait que dans la capitale des Gaules !

Mistralet

(Petit Mistral, dans le Var*)*

« Queue de Mistral » Un petit vent principalement levé de nuit qui souffle par le même couloir que le *Mistral*, mais qui ne tiendra pas. Terme familier utilisé par les autochtones dans les Bouches-du-Rhône et le Var, entre Martigues et Saint-Raphaël.

Mistralon – Mistralou

(Mistral long, dans le Var*)*

Mistral qui s'allonge, souffle sans à-coup et sans violence. Ce terme familier est surtout employé entre le cap Couronne et le cap d'Arme.

Mistraou aùt

(Mistral du haut, en idiome argotique varois*)*

(Rose des vents d'Yves Michel de la presqu'île de Giens – page 134)
Air polaire maritime.

Source :
Entre le mont Coudon et le mont Faron, au-dessus de la rade de Toulon.

Déclenchement et mécanisme :
Défluent direct du ***Mistral***, il s'est ouvert un chemin plus large aux pieds des Alpes, empruntant les couloirs du Diois oriental après Valence, de la Durance après Sisteron, pour venir en bourrasque, par Manosque entre le Lubéron et le plateau de Valensole, hurler sur la montagne Sainte-Victoire (1011 m) et le massif de la Sainte-Baume (1147 m). Ici, son appellation terrestre est « ***Vènt d'aùt*** » et s'arrête sur le front graniteux du mont Faron. Sur l'eau, quelque 542 mètres de pentes abruptes plus bas, les pêcheurs l'ont baptisé ***Mistraou aùt.*** Sa vitesse varie entre 30 et 140 km/h.

Zone d'influence :
Au sortir de la rade de Toulon, le golfe et la presqu'île de Giens, et l'île de Porquerolles. Son cours fait 15 km de large pour 30 km de long

Histoires et Singularités :

C'est un *Mistral* d'envergure exceptionnelle, tant latéralement qu'en altitude. Il se reconnaît à ses hurlements de louve quand il se frotte aux masses d'air plus stables, qui le contraignent. Vent froid et sec, ne soufflant pratiquement que l'hiver, il rend difficile l'entrée en rade de Toulon aux petites embarcations.

Mistraou dré
(Mistral droit)

(Les Maîtres du ciel – page 219)
Air polaire maritime.

Source :
La région du Tricastin.

Déclenchement et mécanisme :
Bise marine mal irriguée à cause des petites pressions sur le massif alpin, venant de secteur nord-ouest dans le couloir rhodanien. Elle n'est pas très violente et prend des forces au gré de ses affluents qui circulent entre les reliefs. Elle s'éparpille selon le schéma des vallées. Sans véritable personnalité, on peut la considérer comme un défluent aérien du ***Mistral*** quand celui-ci musarde.

Mistraou indrè
(Mistral dedans)

(Les Maîtres du ciel – page 219)
Air polaire maritime.

Source :
Le Diois.

Déclenchement et mécanisme :
Bise pénétrante et glacée, soufflant de nord-nord-ouest vers le sud-sud-est, tenace et régulière. Elle est pratiquement dans l'axe initial du ***Mistral***, dont elle est le défluent aérien direct. Sa vitesse moyenne est de 40 km/h. Elle ne sévit qu'au-dessus des plaines, au cœur de la Provence

Mistraou lar
(Mistral large)

(Les Maîtres du ciel – page 219)
Air polaire maritime.

Source:
Le pied sud du mont Ventoux.

Déclenchement et mécanisme:
Bise marine recevant la ***Tramontane*** sur son flanc droit en Méditerranée. Mal contenu par les petites pressions méditerranéennes, son cours s'étale plus largement sur la mer, ce qui réduit sa force et sa vitesse. Il est aussi appelé ***Vént larg*** en Provence continentale. Défluent aérien du ***Mistral***, il souffle surtout en hiver et se tient à quelques mètres au-dessus des sols gelés mais s'affale en mer. Cette dynamique s'explique par les différences de température entre la terre et l'eau. Sa vitesse est aléatoire, mais jamais très violente.

Mistraù
Voir *Mistral*

Mistraù

(Rose des vents d'Yves Michel de la presqu'île de Giens – page 134)
Air polaire maritime.

Source:
Le nord du massif de la Sainte-Baume (1147 m).

Déclenchement et mécanisme:
Défluent direct du ***Mistral***, avec un axe tombant à l'ouest. Les pêcheurs de Giens le redoutent,

car il les repousse vers le large. Sa vitesse varie entre 30 et 140 km/h.

Zone d'influence :
Au sortir de la rade de Toulon, le golfe et la presqu'île de Giens, et l'île de Porquerolles. Son cours fait 15 km de large pour 30 km de long

Histoires et Singularités :

Il n'effleure que la crête des vagues, mais génère des embruns qui éclaboussent les « Pescadous » de Giens lorsqu'ils rentrent au port.

Mitgjorn

(Vent du Midi, en catalan*)*

(Rose des vents des Catalans – page 180)
Air tropical continental.

Source :
Catalogne orientale (Espagne).

Déclenchement et mécanisme :
Hautes pressions sur l'Espagne orientale, et basses pressions sur le Massif central. Vent chaud et sec, de secteur sud. Sa vitesse moyenne est de 30 km/h.

Zone d'influence :
Brise catalane coulant entre Cerbère et le col du Perthus, à la frontière franco-espagnole. Il traverse les Pyrénées-Orientales et les Corbières, et disparaît sur le canal du Midi, entre Narbonne et Carcassonne. Son cours fait 40 km de large pour 70 km de long.

Mobyè
ou *Vent de Montbéliard* ou *Montbéliarde*

(Rose des vents de Franche-Comté & Lorraine – page 111)
Air arctique continental.

Source :
Montbéliard.

Déclenchement et mécanisme :
Hautes pressions sur l'Allemagne occidentale, et basses pressions sur le Massif central. Vent de secteur nord-est soufflant sur la Franche-Comté méridionale. Sa vitesse est de 40 km/h.

Zone d'influence :
Il traverse le Doubs et le Jura, et disparaît dans l'Ain, en région des Dombes. Son cours fait 70 km de large pour 190 km de long.

Möhlin-Jet

(Rose des vents d'Alsace – page 265)
Air polaire continental.

Source :
L'Allemagne méridionale et la Bavière.

Déclenchement et mécanisme :
Hautes pressions sur La Pologne, et basses pressions sur le golfe de Gascogne. Vent de secteur nord-est. Sa vitesse moyenne est de 30 km/h.

Zone d'influence :
L'air étant très stable sur l'ensemble du Bassin rhénan, l'Alsace est l'une des régions françaises les moins soumises aux perturbations aérologiques. Le ***Möhlin-Jet***, comme le ***Balerswind***, ne traverse

le fossé rhénan que très rarement et fait son nid dans la région. Inconnu en dehors de l'Alsace méridionale, il disparaît aux pieds orientaux des Ballons. Son cours fait 60 km de large pour 60 km de long.

Histoires et Singularités :

Entre le latin *molinum* et l'allemand *Mühle*, son nom est lié au moulin. Comme il arrive à ce courant d'air de n'exister que l'espace d'une rafale tourbillonnante, il est probable qu'il « jaillit en moulinant » !

Monsieur de Port-l'Ecluse

(Rose des vents de Rhône-Alpes & Savoie – page 157)
Air tropical continental.

Source :
La Tarentaise et la haute vallée de l'Isère.

Déclenchement et mécanisme :
Hautes pressions sur la Provence et la Méditerranée, et basses pressions sur le lac Léman. Sa vitesse moyenne est de 40 km/h. Aux équinoxes il peut atteindre des pointes à plus de 100 km/h.

Zone d'influence :
Le Beaufortin et les Bauges en Savoie septentrionale. Il traverse la Haute-Savoie et le lac Léman, et meurt entre Lausanne et la vallée de Joux, au pied du mont Rizoux en Suisse. Son cours fait 75 km de large pour 130 km de long.

Histoires et Singularités :

Violent à l'arrivée de l'automne et du printemps, il est synonyme de redoux en hiver, avec des risques d'avalanches en montagne.

Chaud et humide en été, il conditionne des effets de ***Foehn*** sur les versants à l'ubac.
Son nom, qui ressemble à un pseudonyme de roman, est probablement dû à son origine et à sa fonction. C'est quelqu'un (*Monsieur*) qui arrive par un col (*Port*), et qui transvase (*Ecluse*) vers l'ubac des masses d'air ascendantes arrivées par les versants situés à l'adret. Autrement dit, un siphon !

« Monsieur est de sortie, Madame fait la coquette. »
(Lorsque ce vent de sud monte sur les reliefs savoyards, son souffle chaud ferait se déshabiller les femmes !)

Montagnier
Voir *Lombard*

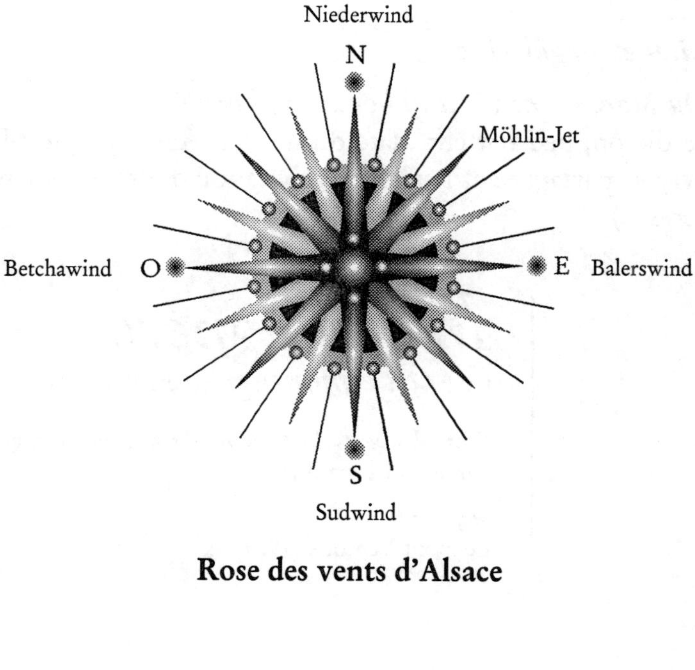

Rose des vents d'Alsace

Morvandeau
ou *Galerne du Morvan*

(Rose des vents de Bourgogne-Berry et Morvan – page 318)
Air arctique maritime.

Source :
Les collines du Nivernais.

Déclenchement et mécanisme :
Hautes pressions sur l'Angleterre, et basses pressions sur les Alpes méridionales et l'Italie. Vent de secteur nord-ouest. Sa vitesse moyenne est de 50 km/h.

Zone d'influence :
Défluent de la ***Galerne***, l'un des vents les plus célèbres du quart nord-ouest de la France, et du ***Noroît*** breton, le ***Morvandeau*** est surtout connu en Saône-et-Loire. Il disparaît en Bresse. Son cours fait 60 km de large pour 150 km de long.

Histoires et Singularités :

« Du Morvan, ne vient ni bon air ni bonnes gens. »
(Ce dicton, peu flatteur, date du Moyen Âge, lorsque Morvan et Berry se partageaient la sinistre réputation d'être des « Pays des sorcières ».)

Mountagnéro
(Vent de montagne, en occitan*)*

(Rose des vents du Moulin de Fontvieille – page 22)
Air arctique maritime.

Source :
Le mont Ventoux (1909 m).

Déclenchement et mécanisme :
Hautes pressions sur les Alpes, et basses pressions sur le golfe du Lion. Vent de secteur nord-nord-est soufflant sur les Alpilles. Sa vitesse moyenne est de 30 km/h.

Zone d'influence :
Il traverse le Vaucluse et les Bouches-du-Rhône, et disparaît dans les bouches du grand Rhône autour de Port-St-Louis. Son cours fait 40 km de large pour 100 km de long.

Mountagnéro

(Rose des vents d'Yves Michel de la presqu'île de Giens – page 134)
Air arctique continental.

Source :
Le massif des Maures.

Déclenchement et mécanisme :
Hautes pressions sur l'Italie septentrionale, et basses pressions sur la zone « Provence » en Méditerranée. Vent frais, de secteur nord-est. Sa vitesse est insignifiante.

Zone d'influence :
Cousin de l'***Aguiéloun*** et du ***Grégaù*** de Provence, ou encore du ***Mountagnièro***, il descend des Alpes en restant au milieu du ciel, et fond sur le Var méridional et le littoral des Maures en cascade. Trop rare et manquant de puissance, il se perd au milieu des tourmentes de vents plus caractériels que lui. Il parvient cependant jusqu'à la mer certains automnes frileux, où il s'annonce aux marins-pêcheurs de Giens par des senteurs de mousses humides. Le ciel devient blanc, et la mer se fige. Son cours essentiellement maritime, fait 10 km de large pour 10 km de long.

Histoires et Singularités :

Il ne faut pas confondre le ***Mountagnéro*** de Daudet, qui naît au sommet du légendaire Ventoux, avec celui d'Yves Michel, qui appelle « montagne » le massif des Maures !

Mountagnièro

ou *Trémountano-Grèco*

(Léi vènt que boufon en Prouvenço – *page 169)*
Air arctique continental.

Source :
Le Piémont (Italie).

Déclenchement et mécanisme :
Hautes pressions sur l'Europe centrale, et basses pressions sur le golfe du Lion et l'Espagne. Vent lisse, de secteur nord-nord-est. Sa vitesse moyenne est de 30 km/h.

Zone d'influence :
Il traverse la Drôme méridionale, les Alpes-de-Haute-Provence, le Vaucluse, le Var, et les Bouches-du-Rhône. Son cours fait 140 km de large pour 200 km de long.

Histoires et Singularités :

Peu fréquent, il annonce généralement l'hiver par quelques bourrasques de plein jour. Il conseille aux bergers encore en estive sur les alpages de redescendre dans la plaine.

Mountagnièro

(Les Maîtres du ciel – page 219)
Air arctique continental.

Source :
Le Piémont (Italie).

Déclenchement et mécanisme :
Hautes pressions sur l'Europe centrale, et basses pressions sur le golfe du Lion et l'Espagne. Vent lisse, de secteur nord-nord-est. Sa vitesse moyenne est de 30 km/h.

Zone d'influence :
Il traverse les Hautes-Alpes, les Alpes-de-Haute-Provence, la Drôme, le Vaucluse, les Bouches-du-Rhône et le Var. Son cours fait 150 km de large pour 220 km de long.

Histoires et Singularités :

Peu fréquent, il annonce généralement l'hiver par de lancinants geignements en plein milieu du ciel. Essentiellement aérien il se frotte en altitude aux entrées maritimes qui provoquent ces sinistres plaintes.

N

Narbonès

(Rose des vents des Catalans – page 180)
Air arctique maritime.

Source :
Narbonne.

Déclenchement et mécanisme :
Hautes pressions sur le Massif central, et basses pressions sur la zone « Minorque » en Méditerranée. Vent de secteur nord, défluent de l'***Aouro*** cévenol, qui a pour nom ***Vent de Sagarra*** ou ***Jean de France***, selon les régions. Sa vitesse moyenne est de 40 km/h.

Zone d'influence :
Actif depuis les Corbières jusqu'à Cerbère, il est parfois confondu avec la ***Tramontane***. Il s'agit ici

d'une **Bise** puissante (l'***Euraquilon***), canalisée par le Rhône, qui traverse l'Europe depuis le cercle polaire pour se perdre autour des îles Baléares. Son cours fait 40 km de large pour 90 km de long.

Narbounès

ou *Pounent*

(Léi vènt que boufon en Prouvenço *et Rose des vents du Moulin de Fontvieille – pages 22, 169)*
Air tropical maritime.

Source :
Narbonne.

Déclenchement et mécanisme :
Hautes pressions sur le Bassin Aquitain et le golfe du Lion, et basses pressions sur l'Italie du Nord. Vent rasant, de secteur ouest, souvent chaud. Sa vitesse moyenne est de 30 km/h.

Zone d'influence :
Classé parmi les vents de printemps (*lis aureto*) de Provence et du Languedoc, il traverse le golfe du Lion et les départements de l'Hérault, du Gard, du Vaucluse, des Bouches-du-Rhône, des Alpes-de-Haute-Provence et du Var. Son cours fait 120 km de large et 300 km de long.

Histoires et Singularités :

« Lo narbounès léva la ploja o la mès. »
« Le Narbonnais chasse la pluie ou l'apporte. »

Nautèn

(Rose des vents du Poitou – page 369)
Air tropical continental.

Source :
L'Angoumois occidental.

Déclenchement et mécanisme :
Hautes pressions sur le Bassin toulousain, et basses pressions sur le Nord-Pas-de-Calais. Vent de secteur sud et sud-sud-quart-est. Sa vitesse moyenne est de 30 km/h, avec de rares rafales aux équinoxes et en automne à plus de 100 km/h.

Zone d'influence :
Il traverse le département de la Vienne, et se perd dans le Loudunois. Son cours fait 60 km de large pour 110 km de long.

Histoires et Singularités :

Défluent septentrional de l'***Austral*** périgourdin et du ***Chouillère*** limousin, avec un axe un peu plus marqué au sud-sud-est, il amène généralement la pluie sur le Poitou et la Touraine. Quand il s'éteint, les brumes s'installent sur les bocages et le crachin peut tenir plusieurs jours.
Son nom vient peut-être du grec *nautès*, « matelot » ou de *nau*, la « nef », en idiomes limousin et poitevin, et *tèn*, le « temps ». C'est le « vent qui vient toutes voiles dehors », comme un bateau, ou plus prosaïquement un « vent marin ».

Niederwind

(*Vent du bas,* en alsacien)

(Rose des vents d'Alsace – page 265)
Air arctique continental.

Source :
La région de Sarrebruck.

Déclenchement et mécanisme :
Hautes pressions sur l'Europe septentrionale, et basses pressions sur la Méditerranée. Vent dominant de secteur nord. Sa vitesse moyenne est de 40 km/h.

Zone d'influence:
Il traverse la Moselle orientale, le Bas-Rhin, la Meurthe-et-Moselle orientale et les Vosges orientales, puis le Haut-Rhin et le Territoire de Belfort. Il disparaît en Haute-Saône, entre les monts Faucilles et le lac de Bienne en Suisse. Son cours fait 100 km de large pour 250 km de long.

Histoires et Singularités:

Paradoxalement ici, le « vent du bas », qui qualifie généralement un vent de secteur sud, vient du nord. Peut-être l'explication tient-elle au fait qu'il arrive de la plaine de la Sarre pour escalader les reliefs alsaciens.

Nordée

(Vent de nord-est)

(Roses des vents de Vendée et du Poitou – pages 305, 369)
Air polaire maritime.

Source:
La région de la Petite Beauce, vers Vendôme.

Déclenchement et mécanisme:
Hautes pressions sur le Bassin parisien, et basses pressions sur le golfe de Gascogne. Vent dominant de secteur nord-est. Sa vitesse moyenne est de 40 km/h.

Zone d'influence:
Il traverse l'Indre-et-Loire, la Vienne, les Deux-Sèvres, et la Vendée autour de l'île de Ré, entre le pertuis d'Antioche et le pertuis breton. Son cours fait 90 km de large pour 280 km de long.

Nordêt
(Vent de nord-est)

(Rose des vents des pêcheurs normands – page 98)
Air arctique continental.

Source :
Entre Flandre et Artois.

Déclenchement et mécanisme :
Hautes pressions sur les zones « German » et « Tamise » en mer du Nord, et basses pressions sur la zone « Ouest-Bretagne » en Atlantique. Vent froid, de secteur nord-est. Sa vitesse moyenne est de 40 km/h.

Zone d'influence :
Il entre en Normandie en suivant le Côte d'Albâtre, puis traverse la baie de Seine et se rue sur la Côte de Nacre pour mourir dans le « Passage de la Déroute », entre Granville et La Hague. Son cours fait 80 km de large pour 220 km de long.

Nordet St-Martin

(Rose des vents de Paris – page 274)
Air arctique continental.

Source :
La Porte de Pantin.

Déclenchement et mécanisme :
Hautes pressions sur les Ardennes, et basses pressions sur la Vendée. Vent rare, de secteur nord-est, soufflant sans force sur la capitale, principalement durant l'hiver. Sa vitesse est insignifiante.

Zone d'influence :
Il franchit la porte St-Martin, rejoint la Seine au Châtelet et coule depuis le quai Branly jusqu'à Boulogne-Billancourt.

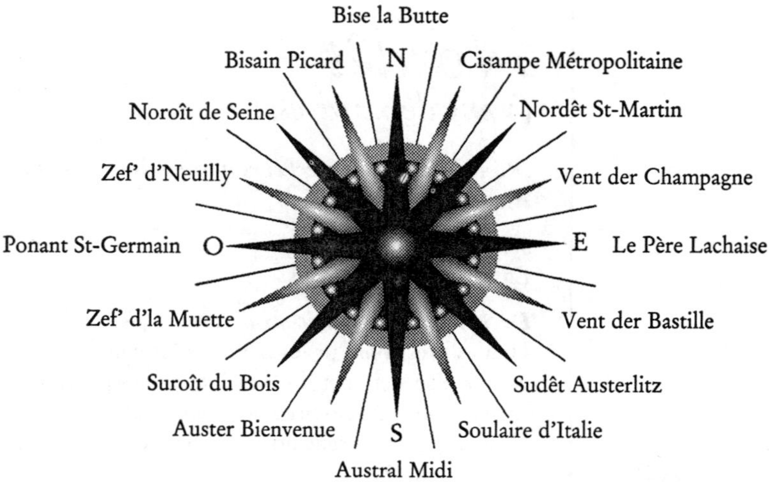

Rose des vents de Paris
Rose des vents imaginée par l'auteur

Noroît
(Vent de nord-ouest)

(Rose des vents du Pays nantais-Pays de Loire-Bretagne – page 77)
Air polaire maritime.

Sources :
Le Vannetais et les Landes de Lanvaux, pour Nantes.
La Forêt de Guerche, pour Angers.
Les Vaux du Loir, pour Tours.
La Beauce, pour Orléans.

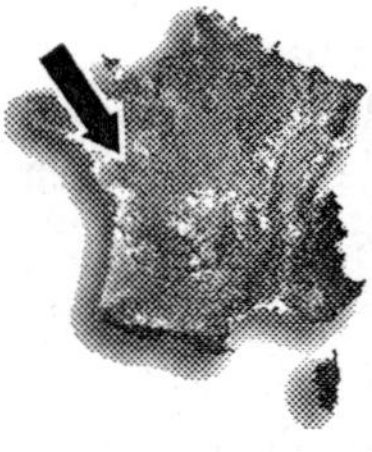

Déclenchement et mécanisme :
Hautes pressions sur la zone « Manche-Ouest », et basses pressions sur le Massif central et les Alpes. Vent dominant de secteur nord-ouest. Sa vitesse moyenne est de 50 km/h.

Zone d'influence :
C'est l'un des plus célèbres vents de France. On le connaît sous ce nom dans de très nombreuses régions de la France septentrionale, et surtout dans les Pays de la Loire, de Nantes à Angers, Tours, et même Orléans. Il traverse la Normandie sous le nom de ***Norouêt***, tandis qu'en Vendée, il devient ***Noroué***. Son cours est d'environ 310 km de large pour 310 km de long.

Histoires et Singularités :

Frère jumeau de la ***Galerne***, ayant le même axe et couvrant les mêmes régions, il est difficile de leur attribuer un cours fixe. On peut dire ***Noroît*** ou ***Galerne*** dans deux villages du même canton, sans les apparenter pour autant, chacun affirmant qu'il s'agit de vents différents !

« On dit du ***Noroît*** qu'il se voit ! »

Noroît de Seine

(Rose des vents de Paris – page 274)
Air polaire maritime.

Source :
Levallois-Perret.

Déclenchement et mécanisme :
Hautes pressions sur la zone « Manche-Ouest », et basses pressions sur les Alpes. Vent de secteur nord-ouest. Sa vitesse moyenne est de 40 km/h.

Zone d'influence :
Moins virulent sur la capitale que ses aînés du nord-ouest, il entre dans Paris par la Porte de Champerret, puis s'étale et remonte la Seine depuis l'Ile-St-Louis jusqu'à la Porte de Bercy. Bottes, imperméables, parapluies, et moufles bien chaudes seront le lot des Parisiens pendant ses périodes de colère.

Noroué

(Rose des vents de Vendée – page 305)
Air polaire maritime.

Source :
Le Pays de Retz.

Déclenchement et mécanisme :
Hautes pressions sur la zone « Manche-Ouest », et basses pressions sur la région des Grands Causses et les Cévennes. Vent de secteur nord-ouest dominant. Sa vitesse moyenne est de 50 km/h, avec des pointes en rafales à plus de 150 km/h.

Zone d'influence :
Petit frère jumeau du ***Noroît*** et du ***Norouêt***, mais aussi de la ***Galerne***, il souffle sur le Marais poitevin, entre Vendée et Charente-Maritime. Son cours fait 80 km de large pour 130 km de long.

Norouêt

(Rose des vents des pêcheurs normands – page 98)
Air polaire maritime.

Source :
Les Cornouailles (Grande-Bretagne).

Déclenchement et mécanisme :
Hautes pressions sur la mer Celtique, et basses pressions sur le Massif central. Vent de secteur nord-ouest. Sa vitesse moyenne est de 50 km/h.

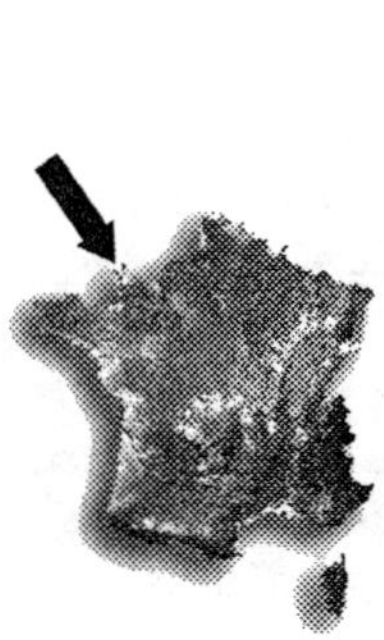

Zone d'influence :
Vent dominant de Normandie, avec le ***Surouêt***, il traverse les départements de la Manche, du Calvados, de l'Orne, puis la Seine-Maritime et l'Eure. Son cours fait 140 km de large pour 280 km de long.

Nort de Groix

(Les 32 vents de la Boussole bretonne des marins de l'île de Groix – page 203)
Air arctique maritime.

Source :
Les Montagnes noires septentrionales et la région de Carhaix-Plouguer.

Déclenchement et mécanisme :
Hautes pressions sur les îles Féroé (Danemark), et basses pressions sur l'Espagne. Vent dominant glacé de secteur nord. Sa vitesse moyenne est de 50 km/h.

Zone d'influence :
Le ***Nort** de Groix* est le ***Norzh de Plestin***, qui ébouriffe la Bretagne, en compagnie du ***Sterenn***. Puissant, glacial et humide, son cours fait 60 km de large pour 150 km de long, selon les marins de l'île de Groix.

Nort quart Biz
(Vent de nord quart dans l'axe de la Bise)

(Les 32 vents de la Boussole bretonne des marins de l'île de Groix – page 203)
Air arctique maritime.

Source :
Le Pays de Pontivy.

Déclenchement et mécanisme :
Hautes pressions sur la Grande-Bretagne, et basses pressions sur le golfe de Gascogne occidental. Courant de secteur nord-nord-quart-est, c'est un vent nettement moins violent que les ***Bises du nord*** en général. Sa vitesse moyenne est de 40 km/h.

Zone d'influence :
Défluent de son frère breton ***Norzh-Kard-Biz,*** il descend par la vallée du Blavet sur Port-Louis et arrive par Port-Tudy sur l'île de Groix. Son cours fait 30 km de large pour 150 km de long.

Nort quart Goulern
(Vent de nord quart dans l'axe de la Galerne)

(Les 32 vents de la Boussole bretonne des marins de l'île de Groix – page 203)
Air arctique maritime.

Source :
Les Montagnes noires.

Déclenchement et mécanisme :
Hautes pressions sur la mer d'Irlande, et basses pressions sur le golfe de Gascogne. Vent de secteur nord-nord-quart-ouest. Sa vitesse moyenne est de 40 km/h.

Zone d'influence :
La région de Quimperlé et Lorient, ainsi que l'île de Groix. Défluent du ***Norzh-Kard-Gwalarn,*** il va descendre la Côte Sauvage depuis la pointe des Poulains jusqu'à la pointe de l'Echelle, sur Belle-Ile, où il se perd. Son cours fait 30 km de large pour 110 km de long.

Norzh

(Rod en Aveliou *des Côtes-d'Armor – page 89)*
Air arctique maritime.

Source :
Les Cornouailles (Grande-Bretagne).

Déclenchement et mécanisme :
Hautes pressions sur les îles Féroé (Danemark), et basses pressions sur l'Espagne. Vent glacé dominant de secteur nord. Sa vitesse moyenne est de 50 km/h.

Zone d'influence :
Moitié marin, moitié terrestre, il traverse la zone « Manche-Ouest » et s'étale sur l'ensemble du Bassin armoricain, depuis la baie du Mont-St-Michel jusqu'à l'extrême pointe occidentale du Finistère, en passant les Côtes-d'Armor, l'Ille-et-Vilaine, le Morbihan et la Loire-Atlantique occidentale. Son cours fait 210 km de large pour 280 km de long.

Norzh kard Biz
(Vent de nord quart dans l'axe de la Bise)

(Rod en Aveliou *des Côtes-d'Armor – page 89)*
Air arctique maritime.

Source :
Lyme Bay (Grande-Bretagne).

Déclenchement et mécanisme :
Hautes pressions sur la Grande-Bretagne, et basses pressions sur le golfe de Gascogne occidental. C'est un vent nettement moins violent que les ***Bises du nord*** en général. Courant de secteur nord-nord-quart-est. Sa vitesse moyenne est de 40 km/h.

Zone d'influence :
Il traverse la zone « Manche-Ouest », vient s'écorcher sur le Sillon de Talbert, et pénètre la Bretagne entre Paimpol et Perros-Guirec. Sa course s'arrête dans le Trégorrois. Son lit, essentiellement maritime, fait 40 km de large pour 130 km de long.

Norzh kard Gwalarn

(Vent de nord quart dans l'axe de la Galerne)

*(*Rod en Aveliou *des Côtes-d'Armor – page 89)*
Air arctique maritime.

Source :
Les Cornouailles et la région de Plymouth.

Déclenchement et mécanisme :
Hautes pressions sur la mer d'Irlande, et basses pressions sur le golfe de Gascogne. Vent de secteur nord-nord-quart-ouest. Sa vitesse moyenne est de 50 km/h.

Zone d'influence :
Cette bise redoutable et glacée traverse la zone « Manche-Ouest » en Atlantique et vient heurter de plein fouet la Côte de Granit Rose et le Trégorrois. Son cours fait 50 km de large pour 150 km de long. Essentiellement maritime, elle disparaît aux pieds des monts d'Arrée, à l'ouest, et dans les plaines humides autour de Loudéac, à l'est.

Notos

(Rose de la Tour des vents d'Andronicos – page 411)
Le ***Notos***, qui tient son nom d'un des rois des vents de la mer, souffle du sud vers le nord en Méditerranée, en compagnie de l'***Auster***. C'est lui qui ramenait en mer Egée les audacieux navigateurs grecs qui s'étaient aventurés jusque sur les côtes africaines.

Nou

ou *Soulédran*
(Petit vent d'est,
en idiome languedocien*)*

(Rose des vents de Toulouse-Pyrénées – page 285)
Air polaire continental.

Source :
Le Biterrois et le golfe du Lion.

Déclenchement et mécanisme :
Hautes pressions sur la zone « Provence » en Méditerranée, et basses pressions sur l'Aquitaine. Vent de secteur est et est-est-quart-sud, il génère souvent des pluies abondantes. Sa vitesse moyenne est de 20 km/h.

Zone d'influence :
Défluent mineur de l'***Autan noir***, souvent confondu avec le ***Marin*** ou le ***Grec***, ce petit vent est dévié par les reliefs du massif de l'Espinousse et les monts de Lacaune. Il traverse l'Hérault, l'Aude, le Tarn méridional, l'Ariège septentrionale et la Haute-Garonne. Son cours fait 70 km de large pour 200 km de long.

O

Orsuro

(Les Maîtres du ciel – page 219)
Air arctique continental.

Source :
Le mont Blanc (4808 m).

Déclenchement et mécanisme :
Vent rare et buissonnier, c'est un bâtard aérien du ***Moutagnièro*** qui aurait les manies du ***Grégaù.*** Imprévisible et inattendu, vif et cinglant il fait hurler

les cimes. Depuis les neiges éternelles des Alpes, sans origine que l'aérologie puisse rationnellement expliquer, il coule au-dessus des vallons à l'ubac par la vallée de la Durance, jusqu'au cœur de la Provence, qu'il poignarde de ses piques glacées, aiguisées sur les moraines. Ses bourrasques sont aussi violentes que courtes. Sa vitesse est irrégulière.

Zone d'influence :
Toutes les régions que traverse la Durance, depuis le col de Montgenèvre, où elle voit le jour, jusqu'à Avignon, où elle se jette dans le Rhône. Ensuite, l'***Orsuro*** poursuit sa cavalcade glaciale en solitaire jusqu'en Camargue. Son cours fait 10 km de large pour 300 km de long, sur un axe aléatoire.

Histoires et Singularités :

On pourrait le surnommer « *Orsuro incognito* », car il est le vent le moins connu de France et ne possède pas d'explication étymologique fiable. Vent essentiellement d'altitude, on peut l'entendre, les soirs d'hiver, aboyer en l'air comme un garou blessé. Alors que, sur la terre, les courants semblent monter au nord-est, lui, échevèle quelques cirrus en tirant au sud-ouest !

P

Palangiaù

(Rose des Treize vents de Born à Aubrac – page 55)
Air tropical maritime.

Source :
La forêt des Palanges.

Déclenchement et mécanisme :
Hautes pressions sur le Pays toulousain, et basses pressions sur le Massif central. Vent de pluie, de secteur sud-ouest. Sa vitesse moyenne est de 30 km/h.

Zone d'influence :
Il traverse les vallées de l'Aveyron et du Lot, puis monte sur l'Aubrac par la route des transhumances. L'hiver il couvre de neige les stations de Laguiole et de Brameloup. Vent local, il n'est connu que des aveyronnais du haut Rouergue. Son cours fait 30 km de large pour 30 km de long.

Histoires et Singularités :

Il tient son nom de l'endroit où il prend sa source, une forêt aveyronnaise de 4700 ha, entre Rodez et Séverac-le-Chateau. Les *palangas*, en occitan, ce sont les rouleaux de bois utilisés autrefois pour déplacer de lourds fardeaux. Le nom vient du grec *phalagx*, qui signifait « gros bâton » et qui est à la fois à l'origine de « phalange » et de « bois dont on tirait les planches ».

Péleskaos

(Rose des vents de Toulouse-Pyrénées – page 285)
Air tropical maritime.

Source :
Le pic d'Anie (2504 m).

Déclenchement et mécanisme :
Hautes pressions sur l'Espagne, et basses pressions sur le Massif central. Vent chaud, de secteur sud-ouest. Sa vitesse moyenne est de 30 km/h.

Zone d'influence :
Il traverse les Pyrénées-Atlantiques orientales et les Hautes-Pyrénées occidentales. Son cours fait 40 km de large pour 70 km de long.

Histoires et Singularités :

On a donné ce nom au vent qui venait de la vallée d'Aspe, et qui exhalait le « pelage » de l'ours, dont il partageait le territoire !

A Tarbes et dans la région, on dit que le ***Péleskaos*** se reconnaît à l'odeur !

Le « vent de l'ours » est né de la crainte des bergers pyrénéens face à cet animal effrayant, qui était autrefois un véritable fléau pour les troupeaux en pâture dans les montagnes. Dès leur plus jeune âge, on apprenait aux enfants à se protéger du fauve. Au fil du temps, les anciens avaient accumulé une foule de détails qui étaient autant d'indicateurs annonçant sa proximité. Outre les traces de pattes, les excréments, et les branches brisées des framboisiers ou cassissiers, il pouvait se dénoncer par ses grognements. Mais ces remarques ne valaient que pour une attaque imminente. Il fallait apprendre à évaluer les risques un peu plus tôt.

Peu à peu, on découvrit que la sortie de l'hibernation et la période du rut étaient les périodes les plus dangereuses. Les montagnards observèrent aussi que l'ours tentait des intrusions jusque dans les bergeries lorsque le vent de sud-ouest soufflait mollement, amenant de lourds nuages au ras des herbages. Protégé par la brume, l'animal était invisible. Certains bergers, qui avaient l'odorat presque aussi développé que celui de leurs chiens, prétendaient pouvoir sentir d'assez loin le suint de sa fourrure humide ! Alors, ces jours-là, dans les fermes, on occultait portes et fenêtres et on attendait la ***Tramontane*** pour chasser à la fois la brume et la bête. Puis, les hommes se sont armés et l'ours a disparu. Depuis quelques années, il a été réintroduit avec précaution dans les Pyrénées, comme le loup dans les Alpes et, des deux côtés, les vieilles peurs ont ressurgi, attisant les polémiques sur cette autre « cohabitation ». Mais nul n'a encore pu dire s'il était capable de repérer l'odeur de ces nouveaux voisins, simplement en humant le vent.

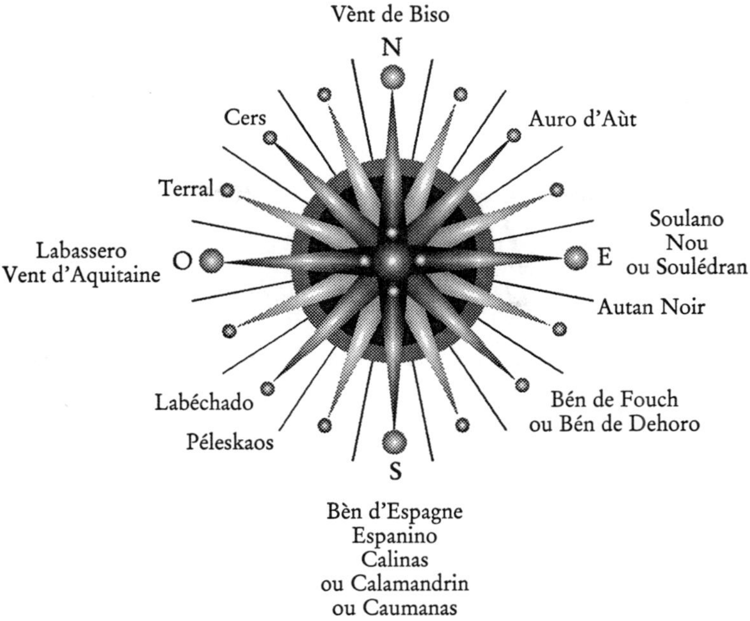

Rose des vents de Toulouse et Pyrénées

Père Barnard

(Rose des vents du Pays nantais- Pays de Loire-Bretagne – page 77)
Air polaire maritime.

Source :
Le Vannetais septentrional et la forêt de Paimpont.

Déclenchement et mécanisme :
Hautes pressions sur la zone « Sole » en Atlantique, et basses pressions sur l'Orléanais. Vent de secteur ouest. Sà vitesse moyenne est de 40 km/h.

Zone d'influence :
Il traverse l'Ille-et-Vilaine, la Loire-Atlantique, le Maine-et-Loire, la Sarthe, l'Indre-et-Loire et le Loiret. Il disparaît entre la Touraine et la Sologne. Son cours fait 130 km de large pour 320 km de long.

Histoires et Singularités :

Père Barnard est le nom d'un ermite, un peu paysan, un peu bûcheron, qui aurait vécu en forêt de Brocéliande et qui, dit-on, commandait au vent…

Pétit su

(Petit vent de sud)

(Rose des vents des pêcheurs normands – page 98)
Air tropical continental.

Source :
Le golfe de Saint-Malo.

Déclenchement et mécanisme :
Hautes pressions sur le golfe de Gascogne, et basses pressions sur l'Angleterre. Vent chaud et léger, de secteur sud-sud-quart-ouest. Sa vitesse moyenne est de 20 km/h.

Zone d'influence :
Petite brise côtière rare, elle remonte le littoral de la Manche par le passage de la Déroute et s'étale sur le département tout entier, surtout en été. Elle se perd au large de Cherbourg. Son cours fait 80 km de large pour 140 km de long.

Histoires et Singularités :

On le voit quelquefois s'enrouler, autour de quelque vent contraire en baie de Seine. On dit alors que « le Pétit Su robe (tourne) ».

Pierre Loti

(Rose des vents de Vendée – page 305)
Air polaire maritime.

Source :
Le passage entre Belle-Ile et la presqu'île de Quiberon.

Déclenchement et mécanisme :
Hautes pressions sur la mer d'Iroise, et basses pressions sur les Charentes. Vent rare, de secteur ouest-nord-ouest, soufflant sur la baie de Bourgneuf et l'île d'Yeu.

Zone d'influence :
Il ne caresse guère que l'île de Noirmoutier..

Histoires et Singularités :

Les soirs où le couchant rougeoie, au plein été, quand la mer est étale, on dit de ce vent qu'il ne touche pas l'océan, car il n'est qu'un zéphyr frais et aérien, obéissant à Eole pour ne pas se mélanger aux eaux. Sa vitesse est celle des elfes parfumés d'iode. Il fait chanter les drisses et s'enfler rondement focs et perroquets. C'est probablement parce qu'il est situé dans l'axe des courants descendant d'Islande que quelques sauniers noirmoutrins ont baptisé ce courant d'air ***Pierre Loti.***

Plongel – Plungel

(Vent dans l'eau, en idiome champenois*)*

Vent de la pluie, dans l'Aube, venant généralement par les secteurs est-nord-est à est-sud-est.

Ploudzaou

ou *Ponènt*
(Vent pluvieux, en idiome du Cantal*)*

(Rose des vents d'Auvergne – page 241)
Air polaire maritime.

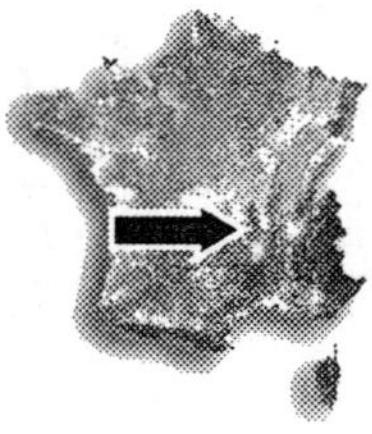

Source :
Le Périgord noir.

Déclenchement et mécanisme :
Hautes pressions sur le golfe de Gascogne, et basses pressions sur l'Italie du Nord. Vent humide, de secteur ouest, soufflant sur la chaîne des volcans d'Auvergne. Sa vitesse moyenne est de 30 km/h.

Zone d'influence :
Il traverse l'extrême nord du Lot, puis le Cantal, et effleure l'Aveyron septentrional, avant de disparaître dans les monts du Devèz (1421 m). Son cours fait 50 km de large pour 200 km de long.

Histoires et Singularités :

Comme son nom l'indique, il amène la pluie. Avec l'***Auster folèt***, c'est encore un vent qui justifie que la bonne ville d'Aurillac soit la capitale du parapluie.

Ponant

Air polaire maritime.

« Couchant », par opposition au « levant ». C'est le nom générique, mâtiné de nombreux dérivés, de tous les vents d'ouest, dans la moitié sud de la France. Le mot vient du latin populaire, *sol ponens*, « soleil couchant ». Il a été utilisé dans ce sens par Philippe de Novare en 1240, avec l'orthographe « ponent ».

Ponanté

(Rose des vents corses – page 342)
Air polaire maritime.

Source :
La zone « Corse » en Méditerranée.

Déclenchement et mécanisme :
Hautes pressions sur le sud de la zone « Provence » et le nord de la zone « Sardaigne » en Méditerranée, et basses pressions sur l'Adriatique. Vent doux, de secteur ouest. Sa vitesse moyenne est de 50 km/h.

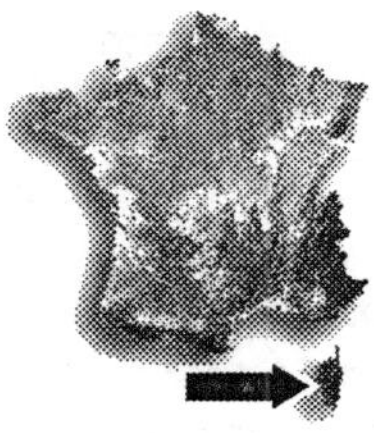

Zone d'influence :
Il traverse le département insulaire d'ouest en est et se perd dans le canal di Corsica. Son cours fait 180 km de large pour 120 km de long.

Ponant St-Germain

(Rose des vents de Paris – page 274)
Air polaire maritime.

Source :
St-Germain-en-Laye.

Déclenchement et mécanisme :
Hautes pressions sur la Normandie, et basses pressions sur l'Alsace. Vent dominant de secteur ouest. Sa vitesse moyenne est de 40 km/h.

Zone d'influence :
Il entre dans Paris par la Porte d'Auteuil et ressort Porte de Vincennes.

Ponènt

Voir *Ploudzaou*

Ponent Labech

(Rose des vents des Pescadous varois – page 349)
Air tropical maritime.

Source :
Le large, à l'ouest du cap Sicié (358 m).

Déclenchement et mécanisme :
Hautes pressions sur la zone « Minorque » en Méditerranée, et basses pressions sur le Mercantour. Vent de secteur ouest-sud-ouest. Sa vitesse moyenne est de 40 km/h.

Zone d'influence :
C'est l'un des vents de mer dominants et puissants du littoral varois. Défluent du ***Pounènt-Labé*** ou ***Pounèntaù*** de Provence, il ébouriffe surtout les alentours de l'île des Embiez et le golfe de Giens. Son cours varie en fonction du tempérament des « Pescadous » varois face à ses bourrasques qui les ramènent inexorablement vers la côte.

Ponent Magistraù

(Rose des vents des Pescadous varois – page 349)
Air polaire maritime.

Source :
Marseille.

Déclenchement et mécanisme :
Hautes pressions sur le haut Languedoc, et basses pressions sur le cap Corse. Vent rasant de secteur ouest-nord-ouest, défluent du ***Mistral***, appelé familièrement ***Magistraù*** par les « Pescadous », ou encore ***Mistralet*** (petit ***Mistral***) à La Seyne-sur-Mer. Sa vitesse est insignifiante.

Zone d'influence :
Il flâne dans les calanques de Cassis, ventile les villes côtières de son doux courant, contenu sur le littoral par le massif de la Sainte-Baume (1147 m) et coule entre la forêt de Janas, en haut du cap Sicié (358 m), et le Mont-Faron (542 m), dans la rade de Toulon.

Ponent Narbounès

(Rose des vents des Pescadous varois – page 349)
Air polaire maritime.

Source :
Le grand large, du Bec de l'Aigle à la Ciotat.

Déclenchement et mécanisme :
Hautes pressions sur la zone « Lion » septentrionale en Méditerranée, et basses pressions sur la zone « Ligure ». Vent de secteur ouest soufflant sur les caps varois. Sa vitesse moyenne est de 40 km/h.

Zone d'influence :
Il passe le cap Sicié et soulève la mer en de petites vagues cassantes. Lorsqu'il s'allonge avant midi, les plaisanciers rentrent au port. Bien moins redoutable que le ***Mistral***, il va dans le sens des courants marins. Son cours est de la longueur des côtes varoises et de la largeur du littoral terrestre. Il ne déborde jamais le massif des Maures (sommet de la Sauvette 779 m), et disparaît au large de cap Camarat (St-Tropez).

Poulin – Poulintaù

(Rose des vents d'Yves Michel de la presqu'île de Giens – page 134)
Air tropical maritime.

Source :
Le large, à l'ouest du cap Sicié (358 m).

Déclenchement et mécanisme :
Hautes pressions sur la zone « Minorque » en Méditerranée, et basses pressions sur le Mercantour. Vent de secteur ouest-quart-sud-ouest aléatoire, pouvant descendre à l'ouest-sud-ouest. Sa vitesse moyenne est de 40 km/h.

Zone d'influence :
Il est dans l'axe de la passe entre le phare du Grand Ribaud et l'île de Porquerolles. Il disparaît au pied du fort de Brégançon et du cap Bénat.

Histoires et Singularités :

Son nom est une variante varoise de ***Ponant***, qui lui adjoint une fonction de « tourbillon ».

Poulin-t-à-Labé

(Rose des vents d'Yves Michel de la presqu'île de Giens – page 134)
Air tropical maritime.

Source :
Au large du cap Sicié, la zone « Provence » en Méditerranée.

Déclenchement et mécanisme :
Hautes pressions sur la zone « Minorque » en Méditerranée, et basses pressions sur le Piémont (Italie). Vent de secteur sud-ouest. Sa vitesse moyenne est de 40 km/h.

Zone d'influence :
Vent dominant, puissant et instable, il défie les rivages des îles d'Hyères et du golfe de Giens. Bâtard du ***Labé*** ou ***Garbin*** provençal, il ne dispose ici, pour exprimer ses colères, que d'un territoire maritime de 400 km².

Pounent

Voir *Narbounès*

Pounentada

(Vent du ponant avec un axe approximatif)

(Rose des vents des « Nissarts » – page 229)
Air polaire maritime.

Source :
Le col du Pilon, dans les Alpes-Maritimes (786 m).

Déclenchement et mécanisme :
Hautes pressions sur le haut Languedoc, et basses pressions sur la Toscane (Italie). Vent de secteur ouest. Sa vitesse est de 30 km/h.

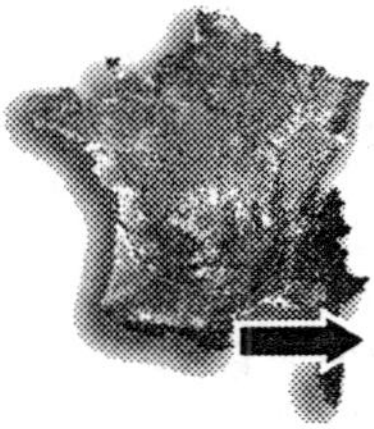

Zone d'influence :
Vent de terre, il se charge des parfums de Grasse, et arrive sur la baie des Anges par Cagnes-sur-Mer. Il quitte le continent par St-Jean-Cap-Ferrat. Son cours fait 20 km de large pour 45 km de long.

Pounentada Libech

(Vent du ponant approximatif tendant vers Labé)

(Rose des vents des « Nissarts » – page 229)
Air tropical maritime.

Source :
La forêt de Pennafort (Alpes-Maritimes).

Déclenchement et mécanisme :
Hautes pressions sur le golfe du Lion, et basses pressions sur la mer Adriatique septentrionale. Vent de secteur ouest-sud-ouest. Sa vitesse moyenne est de 30 km/h.

Zone d'influence :
Vent de terre ne trouvant l'accès à la mer qu'après

avoir contourné le massif de l'Esterel par le nord, il entre à Nice en suivant la Nationale 7 ! Son cours fait 15 km de large pour 50 km de long.

Pounentaù ou *Pounent-Labé*
(Petit vent de ponant)

*(*Léi vènt que boufon en Prouvenço *et Rose des vents du Moulin de Fontvieille – pages 22, 169)*
Air tropical maritime.

Source :
Le golfe de Beauduc (Camargue).

Déclenchement et mécanisme :
Hautes pressions sur l'Espagne, et basses pressions sur le Piémont (Italie). Vent de secteur ouest-sud-ouest. Sa vitesse moyenne est de 40 km/h.

Zone d'influence :
Il traverse la Camargue et la plaine de la Crau, passe le Lubéron et le Mouret-Nègre (1129 m), le mont Ventoux (1909 m), puis la montagne de Lure (1826 m au Signal de Lure), et s'étale dans les Alpes-de-Haute-Provence en ignorant les sommets les plus hauts. Vent d'envergure, il se donne à plein dans les Bouches-du-Rhône et le Var. Il disparaît entre la montagne du Parpaillon au pied du Pouzenc (2903 m), et le Mercantour au mont Ténibre (3031 m). Son cours fait 150 km de large pour 220 km de long.

Pounent-Lase
(Vent de ponant latéral, en idiome provençal*)*

(Les Maîtres du ciel – page 219)

Air tropical maritime.

Source :
La plaine de la Crau.

Déclenchement et mécanisme :
Hautes pressions sur l'Espagne, et basses pressions sur le massif des Ecrins. Vent de secteur ouest-sud-ouest. Sa vitesse moyenne est de 40 km/h.

Zone d'influence :
Grand vent des alpages, dominant et puissant, défluent du ***Pounèntaù***, il siffle en l'air. Son cours s'écorche sur les cimes. Il fait 120 km de large pour 190 km de long.

Pounent Maestraù

Voir *Maistralas*

Pounènt Mistraù

Voir *Mango-Fango*

Pus qu'nord

(Vent plus que du nord, en idiome normand, c'est-à-dire *très froid)*

(Rose des vents des pêcheurs normands – page 98)
Air arctique maritime.

Source :
Le littoral du Royaume-Uni, entre Brighton et Portsmouth.

Déclenchement et mécanisme :
Hautes pressions sur l'Angleterre, et basses pressions sur la zone « Nord-Gascogne » en Atlantique. Vent

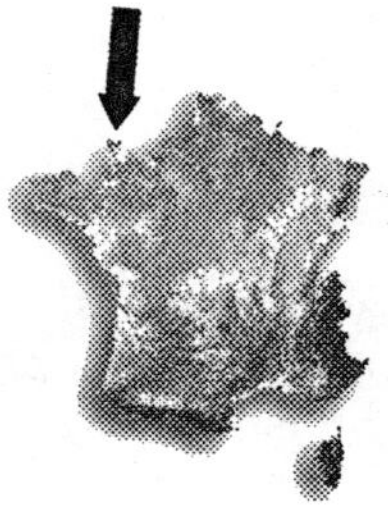

de secteur nord-quart-nord-est. Sa vitesse moyenne est de 40 km/h.

Zone d'influence :
Il traverse le Channel et entre en baie de Seine en débordant sur la Côte d'Albâtre et le Cotentin. Il arrose la Seine-Maritime, le Calvados, la Manche, puis la Mayenne, l'Orne, l'Eure, l'Eure-et-Loir, et parfois la Sarthe. Son cours fait 200 km de large pour 300 km de long.

R

Rafégas

(Remuer, en langue d'oc*)*
Tourbillons en rafales des vents nissarts.

Rafori

(Rose des vents des pêcheurs normands – page 98)
Air tropical continental.

Source :
La région du Pays d'Ouche.

Déclenchement et mécanisme :
Hautes pressions sur la Bourgogne, et basses pressions sur les Cornouailles. Vent de terre de secteur sud-sud-est, il souffle sur la baie de Seine et le Cotentin. Sa vitesse moyenne est insignifiante.

Zone d'influence :
Il traverse l'Orne, le Calvados, la Manche et va se perdre sur les zones « Manche-Ouest » et « Manche-Est » en mer. Son cours fait 120 km de large pour 190 km de long.

Histoires et Singularités :
Son nom est probablement un mariage entre le saxon *raff*, « rafale », et le latin *oriri*, « surgir, se lever », dont le gérondif *oriens* a donné « orient ».

Régaloti

(Rose des vents d'Yves Michel de la presqu'île de Giens – page 134)
Air arctique continental.

Source :
La presqu'île de Saint-Tropez.

Déclenchement et mécanisme :
Hautes pressions sur la mer Ligurienne, et basses pressions sur la zone « Minorque » septentrionale en Méditerranée. Sa vitesse moyenne est de 20 km/h.

Zone d'influence :
Vent côtier, il effleure les caps Camarat, Cartaya et Lardier à Ramatuelle, Nègre à Cavalière, Bénat à Bormes-les-Mimosas, puis gifle les îles d'Hyères et sa rade, traverse l'isthme de Giens et disparaît au pied du cap Sicié (358 m). Son cours fait 20 km de large pour 70 km de long.

Histoires et Singularités :

Son nom est une variante varoise de *Gregal*, « Grec ». *Gregaloti*, c'est « le petit Grec » !

Relimi

C'est le nom que l'on donne en Saintonge à un coup de vent soudain et bref, surgi de nulle part, suivi d'une accalmie de quatre ou cinq minutes, puis d'une nouvelle poussée, tout aussi courte, qui peut se produire dans un axe différent. Et tout redevient calme.

Remoulinaïré

Le nom provençal de ce vent est très explicite : il s'agit d'un souffle tourbillonnant, local et inopiné, qui sévit dans le Var, le Vaucluse et les Bouches-du-Rhône. Il est dû à diverses perturbations : la rugosité du sol, les différences de température entre l'eau et la terre, et les courants d'air locaux qui empruntent des couloirs différents. Il peut déclencher de mini-typhons sans grande puissance, furtifs et inoffensifs, qui se déplacent sans itinéraire précis.

Remoulis

C'est encore un vent qui tourbillonne comme un moulin, dans la Drôme et les Cévennes orientales, cette fois.

Reter c'hevred

(Vent d'est sud-est, en breton*)*

(Rod en Aveliou *des Côtes-d'Armor – page 89)*
Air tropical continental.

Source :
Les landes du Menez.

Déclenchement et mécanisme :
Hautes pressions sur la Touraine et l'Anjou, et basses pressions sur la zone « Sud-Irlande » en mer Celtique. Vent de secteur est-sud-est. Sa vitesse moyenne est de 20 km/h.

Zone d'influence :
Contenu à l'ouest par les monts d'Arrée, il s'ouvre sur la baie de Lannion entre l'île de Batz et les Sept-Iles. Son cours fait 50 km de large pour 140 km de long.

Reter de Groix – Reter de Plestin

(Les 32 vents de la Boussole bretonne des marins de l'île de Groix – page 203)
Air polaire continental.

Source :
Du golfe de Saint-Malo et la baie du Mont-Saint-Michel, au golfe du Morbihan et les marais de Brière.

Déclenchement et mécanisme :
Hautes pressions sur l'est de la France et le Jura, et basses pressions sur la zone « Sole » en Atlantique. Vent de secteur est. Sa vitesse moyenne est de 30 km/h.

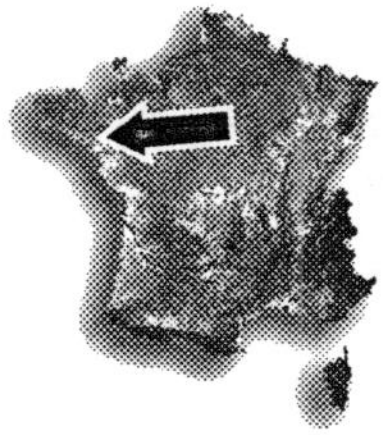

Zone d'influence :
Il est connu dans tout le Bassin armoricain, de Saint-Malo à Saint-Nazaire, et en mer jusque sur la zone « Sole » en Atlantique. Son cours fait 200 km de large pour 320 km de long.

Histoires et Singularités :

Vent de terre, il est sec et froid l'hiver, et humide et frais l'été. C'est le messager des marins bretons, leur apportant en mer, sur son aile, les senteurs des foins coupés, des pommes mûres et du suint des vaches. Autrefois, certains affirmaient avoir entendu à bord de leur navire le chant des bigoudens, qui attendaient leurs hommes en crochetant une nouvelle haute-coiffe de dentelle blanche.

Reter gevred
(Vent d'est sud-est)

(Les 32 vents de la Boussole bretonne des marins de l'île de Groix – page 203)
Air tropical continental.

Source :
La région de Guérande.

Déclenchement et mécanisme :
Hautes pressions sur le Massif central, et basses pressions sur la zone « Sud-Irlande » en mer Celtique. Vent de secteur est-sud-est. Sa vitesse moyenne est de 20 km/h.

Zone d'influence :
Il souffle entre les côtes du Morbihan et Belle-Ile jusqu'à la baie de Concarneau. Son cours fait 60 km de large pour 130 km de long.

Reter izel
(Vent d'est du bas)

*(*Rod en Aveliou *des Côtes-d'Armor – page 89)*
Air polaire continental.

Source :
La région du Penthièvre.

Déclenchement et mécanisme :
Hautes pressions sur le Centre-France, et basses pressions sur la zone « Sud-Irlande » en Atlantique. Vent de secteur est-quart-sud-est. Sa vitesse moyenne est insignifiante.

Zone d'influence :
Il souffle en mer sur la zone « Manche-Ouest », et traverse les Côtes-d'Armor en suivant un axe Saint-Brieuc – St-Pol-de-Léon. Son cours fait 60 km de large pour 140 km de long.

Reter quart Biz

(Vent d'est quart nord dans l'axe de la Bise)

(Les 32 vents de la Boussole bretonne des marins de l'île de Groix – page 203)
Air polaire continental.

Source :
Les landes de Lanvaux (Morbihan).

Déclenchement et mécanisme :
Hautes pressions sur le Bassin parisien, et basses pressions sur la zone « Sole » méridionale et « Cap Finisterre » septentrional en Atlantique. Vent de terre de secteur est-nord-quart-est. Sa vitesse moyenne est de 10 km/h.

Zone d'influence :
Il souffle de la presqu'île de Quiberon aux îles de Glénan. C'est une brise terrestre sans grande envergure qui fait 40 km de large pour 100 km de long.

Reter quart gevred

(Vent d'est quart sud-est)

(Les 32 vents de la Boussole bretonne des marins de l'île de Groix – page 203)
Air polaire continental.

Source :
La baie de Quiberon.

Déclenchement et mécanisme :
Hautes pressions sur les Pays de Loire et la Touraine, et basses pressions sur la zone « Ouest-Bretagne » en Atlantique. Vent côtier de secteur est-quart-sud-est. Sa vitesse moyenne est de 20 km/h.

Zone d'influence :
Il souffle sur l'île de Groix, suit les côtes depuis la pointe de Conguel, les îles de Glénan, la baie de Concarneau et la côte de Cornouaille jusqu'à la pointe de Penmarc'h. Son cours fait 30 km de large pour 100 km de long.

Reter uhel
(Vent d'est du haut)

(Rod en Aveliou *des Côtes-d'Armor – page 89)*
Air polaire continental.

Source :
Le golfe de Saint-Malo et la Côte de Goëlo.

Déclenchement et mécanisme :
Hautes pressions sur la Belgique et les Pays-Bas, et basses pressions sur la zone « Sole » en Atlantique. Vent rare et léger de secteur est-nord-quart-est. Sa vitesse moyenne est insignifiante.

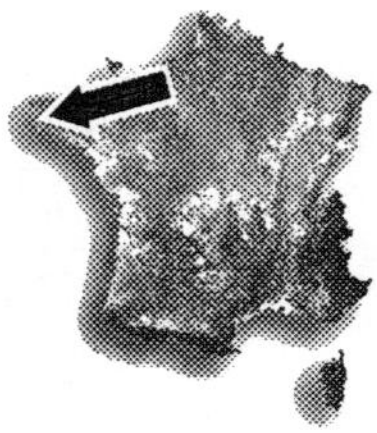

Zone d'influence :
Le Trégorrois et le Pays de Léon. Il disparaît au large de la Côte des Légendes et de l'île d'Ouessant. Son cours fait 100 km de large sur 200 km de long.

Revolin

Vent détourné par un obstacle, qui peut être une montagne pour les grands vents, ou plus simplement une colline ou un immeuble pour les petits vents rampants. Il s'agit d'un terme de marine qui signifie « tournoiement du vent ». Il vient de *revolin*, utilisé dans le sud de l'Europe pour désigner un tourbillon, dérivé du latin *volvere*, « tourner ».

Risàie

Vent provoquant de longues et grosses vagues en mer. C'est une orthographe vendéenne de la risée, petite brise subite et passagère, bien connue des amateurs de voile, qui la guettent avec impatience lorsqu'ils sont immobilisés dans une zone de calme.

Rousal

ou *Vent du Rhône – Vènt do Rose*

(Rose des vents de Rhône Alpes & Savoie – page 157)
Air tropical maritime.

Source :
La vallée du Rhône, depuis Valence.

Déclenchement et mécanisme :
Hautes pressions sur les Cévennes, et basses pressions sur la Suisse septentrionale. Vent souvent violent, de secteur sud-ouest. Sa vitesse moyenne est de 50 km/h.

Zone d'influence :
Il traverse la Drôme septentrionale, l'Isère, le Rhône, l'Ain, la Haute-Savoie et la Savoie. Son cours fait 150 km de large pour 240 km de long.

Histoires et Singularités :

Le *Rose*, c'est le Rhône en langue d'oc.

Rousaù

(Léi vènt que boufon en Prouvenço *et Rose des vents du moulin de Fontvieille – pages 22, 169)*
Air tropical maritime.

Source :
La vallée du Rhône, de Montélimar à la Camargue.

Déclenchement et mécanisme :
Hautes pressions sur les Pyrénées et le Languedoc-Roussillon, et basses pressions sur le Piémont (Italie). Vent de secteur ouest-quart-sud-ouest. Sa vitesse moyenne est de 40 km/h.

Zone d'influence :
Il traverse la Drôme provençale, le Vaucluse, les Bouches-du-Rhône, les Alpes-de-Haute-Provence et le Var. Il est aussi connu dans les Hautes-Alpes méridionales. Il disparaît entre la montagne du Parpaillon et la montagne du Cheval Blanc. Son cours fait 140 km de large pour 200 km de long.

Rouvergasso

(Rose des vents des Cévennes – page 32)
Air arctique continental.

Source :
Le plateau du Coiron et la montagne de Berg.

Déclenchement et mécanisme :
Hautes pressions sur la Suisse et la Savoie, et basses pressions sur le Roussillon. Vent de secteur nord-est. Sa vitesse moyenne est de 10 km/h.

Zone d'influence :
Il traverse le Gard septentrional et la Lozère méridionale. Son cours fait 60 km de large pour 150 km de long.

Histoires et Singularités :

C'est « celui qui revient, qui gronde et qui secoue », en idiome cévenol.

S

Salaï

(Rose des vents de Vendée – page 305)
Air polaire maritime.

Source :
La zone « Nord-Gascogne » en Atlantique.

Déclenchement et mécanisme :
Hautes pressions sur la zone « Sole » en Atlantique, et basses pressions sur le Centre-France. Vent de secteur ouest. Sa vitesse moyenne est de 50 km/h.

Zone d'influence :
Le ***Salaï*** entre en Vendée entre l'île d'Yeu et l'île de Ré. Il traverse la Vendée, la Charente septentrionale, les Deux-Sèvres et la Vienne, où il disparaît. Son cours fait 80 km de large pour 180 km de long.

Histoires et Singularités :

C'est le « vent salé », puisqu'il vient de la mer.

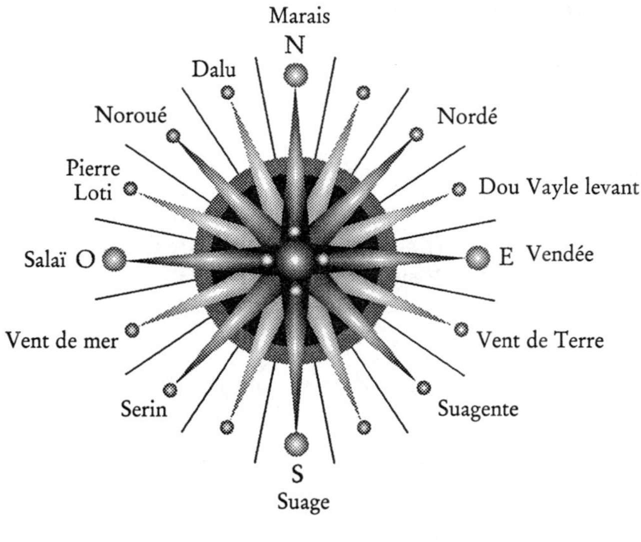

Rose des vents de Vendée

Salouré
ou *Soulouré*

(Rose des vents de Rhône-Alpes & Savoie – page 157)
Air tropical continental.

Source :
Le Dévoluy (Hautes-Alpes).

Déclenchement et mécanisme :
Hautes pressions sur la zone « Provence » en Méditerranée, et basses pressions sur la Belgique et le Luxembourg. Vent de secteur sud à sud-sud-est soufflant sur le Dauphiné. Sa vitesse moyenne est de 40 km/h.

Zone d'influence :
Il traverse le département de l'Isère et la Savoie occidentale, puis disparaît dans le lac du Bourget. Son cours fait 60 km de large pour 130 km de long.

Histoires et Singularités :

Son nom vient de *soulaire*, « soleil » en idiome dauphinois.

Sciron

(Rose de la Tour des vents d'Andronicos – page 411)
Vent de nord-ouest.

Secouàie

Coup de vent, en Saintonge.

Sec-Soulèlh

(Rose des vents du Quercy-Rouergue – page 357)
Air polaire continental.

Source :
Le Causse Noir.

Déclenchement et mécanisme :
Hautes pressions sur la Provence, et basses pressions sur la Vendée. Vent de secteur est-quart-sud-est à est-sud-est variable. Sa vitesse moyenne est de 30 km/h.

Zone d'influence :
Il traverse l'Aveyron et disparaît sur le Causse de Gramat. Son cours fait 50 km de large pour 150 km de long.

Histoires et Singularités :

Ici, le mot ***Sec*** est un diminutif de ***Séguent***, qui signifie « irriguer » en idiome rouergat. Son nom vient peut-être de l'arabe *seguia* ou *seghia*, qui désigne une rigole d'irrigation dans les oasis sahariennes. C'est un « vent qui coule du soleil ». Souvent confondu avec le ***Marin*** ou l'***Autan Blanc***, il a cette particularité de ne point amener la pluie, au contraire de ses aînés.

Séguent du Languedoc

Voir *Magalouno*

Séguent du Rouergue

(Rose des vents du Quercy-Rouergue – page 357)
Air polaire maritime.

Source :
La vallée occidentale du Lot.

Déclenchement et mécanisme :
Hautes pressions sur le golfe de Gascogne, et basses pressions sur les Alpes du Sud. Vent de secteur ouest. Sa vitesse moyenne est de 30 km/h.

Zone d'influence :
Il traverse le Lot, le Tarn-et-Garonne, et disparaît en Aveyron occidental. Son cours fait 70 km de large pour 140 km de long.

Histoires et Singularités :

Bien que venant d'une autre direction, il s'agit là aussi d'un « vent qui coule du soleil ».

Séguent du Périgord

(Rose des vents du Périgord – page 367)
Air polaire maritime.

Source :
La Saintonge.

Déclenchement et mécanisme :
Hautes pressions sur le golfe de Gascogne, et basses pressions sur les Alpes du Sud. Vent de secteur ouest. Sa vitesse moyenne est de 30 km/h.

Zone d'influence :
Affluent du ***Séguent*** du Rouergue, il souffle

sur le Périgord blanc et noir, et poursuit sa route vers les pays caussenards. Son cours périgourdin fait 90 km de large pour 140 km de long.

Séguent-soulèlh

(Vent qui coule du soleil, en idiome périgourdin*)*

(Rose des vents du Périgord – page 367)
Air tropical continental.

Source :
Le haut Quercy.

Déclenchement et mécanisme :
Hautes pressions sur le Roussillon, et basses pressions sur la Vendée. Vent de secteur sud-est soufflant sur le Périgord. Sa vitesse moyenne est de 30 km/h.

Zone d'influence :
Il traverse le département de la Dordogne et se perd dans la Champagne charentaise. Son cours fait 80 km de large pour 150 km de long.

Sélin

Voir *La Saline*

Serain

ou *Serein* ou *Serin*

(Rose des vents de Vendée – page 305)
Air tropical maritime.

Source :
Les plages des Sables-d'Olonne et les côtes vendéennes.

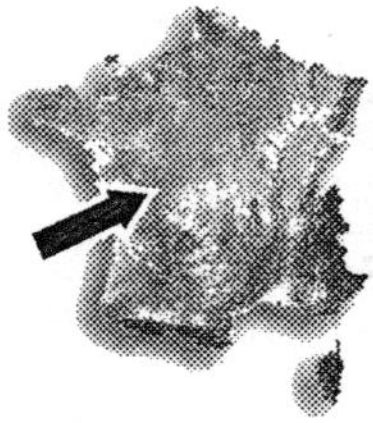

Déclenchement et mécanisme :
Hautes pressions sur la zone « Cap-Finisterre » en Atlantique, et basses pressions sur le Bassin parisien. Vent de secteur sud-ouest. Sa vitesse moyenne est de 20 km/h.

Zone d'influence :
Brise légère de printemps, humide et chaude, qui souffle sur la Vendée, elle file au ras des marais et des bocages. Défluent sudiste du ***Suroît***, mais en beaucoup moins vigoureux, son cours n'est que terrestre. Il fait 60 km de large pour 90 km de long.

Histoires et Singularités :

Au contraire des vents de sud-ouest dominants, le ***Serin*** n'est qu'un ***Zéphyr*** inoffensif qu'on appelle aussi ***Vent de Serin***. Son nom vient de *seir*, forme ancienne de « soir », issue du latin *seranus*. C'est une brise marine légère, qui ne souffle qu'en fin d'après-midi, et animait jadis les nombreux moulins côtiers de Vendée. Pendant la Révolution française, les quatre frères Cottereau, dits les « frères Chouans », avaient transformé les ailes de ces moulins en sémaphores, au moyen desquels les insurgés royalistes communiquaient entre eux, au nez et à la barbe des « Bleus ».
Aujourd'hui quelques moulins à vent de Vendée sont ouverts aux visiteurs : Châteauneuf – St-Michel-Mont-Mercure – Sallertaine – Pouzauges – Niel-sur-l'Autize – Le Poiré-sur-Vie.

Sérioun (Lou)

Coup de vent en rafales, puissant et tourbillonnant, en pays nissart.

Siroc

(Rose des vents des Pescadous varois – page 349)
Air tropical continental.

Source :
L'Afrique du Nord en général, la Sicile et le cap Corse.

Déclenchement et mécanisme :
Hautes pressions sur le Sahara méridional, et basses pressions sur le Midi. Vent de secteur sud-est. Sa vitesse moyenne est de 40 km/h.

Zone d'influence :
Son cours dans le Var est essentiellement maritime et s'éteint dans les massifs des Maures et de l'Esterel. Il fait 80 km de large pour 30 km de long.

Sirocco

C'est l'une des « stars » de l'aérologie, sans conteste la plus exotique, qui souffle du Sahara africain vers le Midi méditerranéen. Vent sec et chaud, il se reconnaît à sa couleur jaune ocre, et son passage désespère les agriculteurs. Le lendemain de ses bourrasques, les feuilles des arbres, les toits des maisons, les voitures et le linge qui séchait au grand air sont maculés du sable du désert, qui a traversé la mer comme un voyageur trop pressé. Certains courants exceptionnels sont même venus le déposer jusque dans les rues de Paris.
Son nom est italien, mais il vient bien sûr de l'arabe : *suruq*, « lever du soleil » et *se sarq*, « l'est ».
C'est le ***Sirocco*** des Cévenols et des Corses, le ***Sirocou*** des Nissarts, mais aussi l'***Eissero, Eisselo*** ou ***Essero*** des Provençaux.

Sirocco cévenol

(Rose des vents des Cévennes – page 32)

Source :
La plaine de la Crau.

Déclenchement et mécanisme :
Hautes pressions sur le Sahara méridional, et basses pressions sur le Midi. Vent de secteur sud-ouest. Sa vitesse moyenne est de 40 km/h.

Zone d'influence :
Il traverse la Camargue septentrionale et le département du Gard, tourmente le mont Aigoual, peu habitué aux vents secs, et se perd au pied du mont Lozère (1699 m). Son cours fait 70 km de large pour 150 km de long.

Sirocco corse

(Rose des vents corses – page 342)
Air tropical continental.

Source :
L'Afrique du Nord en général, et la Sicile, où il est tout aussi connu.

Déclenchement et mécanisme :
Hautes pressions sur le Sahara méridional, et basses pressions sur le Midi. Vent de secteur sud-ouest. Sa vitesse moyenne est de 40 km/h. S'il peut être confondu avec le ***Sirocco*** cévenol quant à sa direction, sa puissance, son chargement en sable et sa fréquence ne sont pas comparables.

Zone d'influence :
Il envahit l'Ile de Beauté après avoir traversé la mer Tyrrhénienne, et disparaît sous cette appellation en zone « Provence » en Méditerranée. Son cours en Corse fait 80 km de large pour 150 km de long.

Sirocou

(*Petit Sirocco,* en idiome nissart)

(Rose des vents nissarts – page 229)
Air tropical continental.

Source :
L'Afrique du Nord en général, et le sud de l'Italie, où il est tout aussi connu.

Déclenchement et mécanisme :
Hautes pressions sur le Sahara méridional, et basses pressions sur le Midi. Vent de secteur sud-ouest. Plus petit que le ***Sirocco*** corse, et beaucoup moins fréquent, le ***Sirocou*** n'est qu'une queue modeste du vent d'Afrique. Sa vitesse moyenne est de 40 km/h.

Zone d'influence :
Il traverse la mer Ligurienne, souffle sur le Pays niçois, et disparaît dans la montagne du Cheiron. Son cours fait 30 km de large pour 45 km de long.

Siulo

(*Sifflement,* en idiome dauphinois)

Voir *Bise grise*

Solèr – Sùlèr

(*Vent du soleil,* en idiomes franc-comtois et lorrain)

(Rose des vents de Franche Comté & Lorraine – page 111)
Air polaire continental.

Source :
Le Territoire de Belfort.

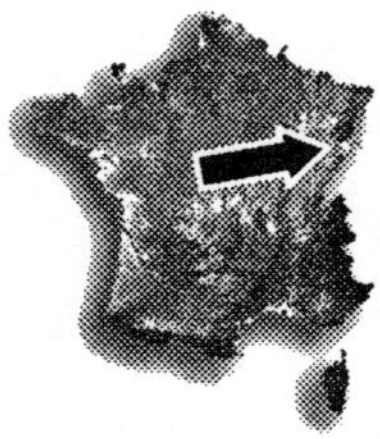

Déclenchement et mécanisme :
Hautes pressions sur l'Allemagne méridionale, et basses pressions sur le Bassin parisien. Vent de secteur ouest. Sa vitesse moyenne est de 20 km/h.

Zone d'influence :
Il traverse la Haute-Saône et disparaît en Haute-Marne, sur le plateau de Langres. Son cours fait 60 km de large pour 120 km de long.

Histoires et Singularités :

« Solèr, lè pyoèj à l'èr, lo drè và lè ràpà. »
« Solèr, la pluie en l'air, le droit-vent la répand. »

Solère

ou *Soulerne*
(*Vent du soleil,* en idiome ardennais)

(Rose des vents de Champagne & Ardennes – page 145)
Air tropical continental.

Source :
Le plateau de Langres.

Déclenchement et mécanisme :
Hautes pressions sur la Suisse, et basses pressions sur la Picardie et la Manche. Vent de secteur sud-est. Sa vitesse moyenne est de 20 km/h.

Zone d'influence :
Vent rare, sec et chaud. Il traverse le département de l'Aube et disparaît dans la vallée de la Seine, entre Nogent et Romilly. Son cours fait 90 km de large pour 160 km de long.

Soulaire

Nom générique de tous les « vents du soleil », source de nombreuses variantes régionales. Tous ces vents arrivent généralement avec le jour, quelle que soit leur direction.

Soulaire champenois

Voir *A de Pargues*

Soulaire de Bourgogne

(Vent du soleil)

(Rose des vents de Bourgogne-Berry et Morvan – page 318)

Air tropical continental.

Source :
Les monts du Beaujolais.

Déclenchement et mécanisme :
Hautes pressions sur le golfe du Lion et la Camargue, et basses pressions sur les Ardennes et la Belgique. Vent de secteur sud. Sa vitesse moyenne est de 30 km/h.

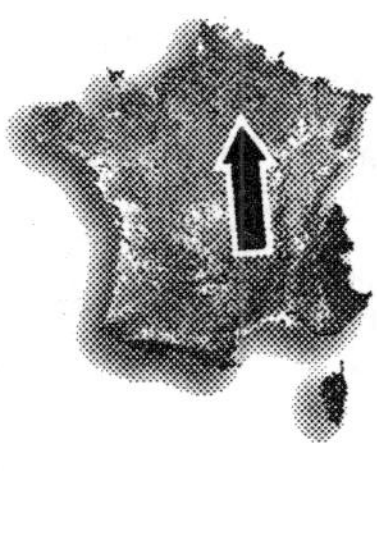

Zone d'influence :
Il traverse la Saône-et-Loire, la Nièvre et la Côte-d'Or. Il disparaît dans le Duesmois et le plateau de Langres. Son cours fait 80 km de large pour 180 km de long.

Histoires et Singularités :

C'est un vent chahuté par l'opposition de deux couloirs, des vallées dont la climatique ne subit forcément pas les mêmes pressions. Couloirs montagneux (jusqu'à 1012 m d'altitude au mont St-Rigaud), entre un fleuve, la Loire, qui coule vers le nord, et l'une des plus grandes rivières de France, la Saône, qui s'en va vers le sud. Le ***Soulaire*** cherche sa voie sur les monts du Beaujolais, comme un serpent d'air chaud, avant de s'affaler sur le vignoble bourguignon et les terres morvandelles.

Soulaire de Nantes et Pays de Loire

(Rose des vents du Pays nantais-Pays de Loire-Bretagne – page 77)
Air tropical continental.

Source :
Les collines vendéennes et le Pays de Retz.

Déclenchement et mécanisme :
Hautes pressions sur l'Espagne et le golfe de Gascogne oriental, et basses pressions sur les Pays-Bas. Vent de secteur sud. Sa vitesse moyenne est de 30 km/h.

Zone d'influence :
Il traverse la Loire-Atlantique et le Maine-et-Loire, puis disparaît entre la forêt de Teillay et la forêt de la Guerche.

Soulaire d'Italie

(Rose des vents de Paris – page 274)
Air tropical continental.

Source :
La Porte d'Italie.

Déclenchement et mécanisme :
Hautes pressions sur le Massif central, et basses pressions sur la Picardie. Vent de secteur sud-sud-est, chaud et sec. Sa vitesse moyenne est insignifiante.

Zone d'influence :
Il entre dans la capitale par la Porte d'Italie, et ressort par la Porte de Clichy.

Soulaire du Berry – Soularié

(Rose des vents de Bourgogne-Berry et Morvan – page 318)
Air tropical continental.

Source :
Les Combrailles.

Déclenchement et mécanisme :
Hautes pressions sur l'Espagne orientale, et basses pressions sur l'Ile-de-France. Vent de secteur sud. Sa vitesse moyenne est de 20 km/h.

Zone d'influence :
La Champagne berrichonne. Il traverse l'Indre, le Cher, puis le Loir-et-Cher oriental, et disparaît au bord de la Loire dans l'Orléanais. Son cours fait 130 km de large pour 210 km de long.

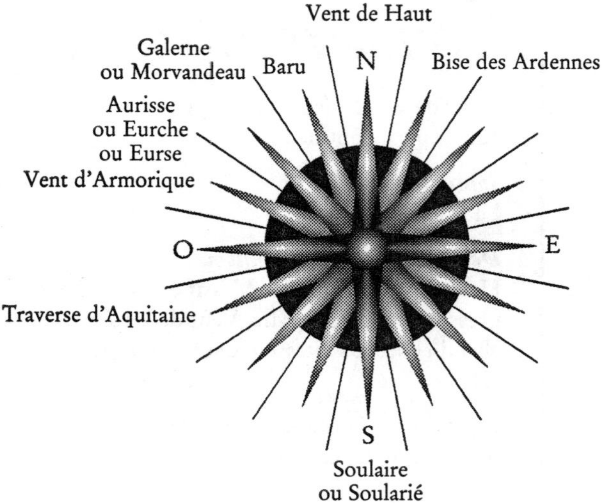

Rose des vents de Bourgogne, Berry et Morvan

Soulano

(Rose des vents de Toulouse-Pyrénées – page 285)
Air polaire continental.

Source :
Le massif de l'Arize (Ariège).

Déclenchement et mécanisme :
Hautes pressions sur le golfe du Lion, et basses pressions sur le Pays basque et le golfe de Gascogne. Vent de secteur est, défluent de l'***Autan noir*** et du ***Marin***, jumeau du ***Soulédran*** et du ***Nou*** toulousain. Sa vitesse moyenne est de 30 km/h.

Zone d'influence :
Il n'est connu que des habitants des montagnes des Pyrénées, entre le val d'Aran (Espagne) et la vallée d'Aspe. Son cours fait 60 km de large pour 150 km de long.

Histoires et Singularités :

Son nom vient du béarnais *soulaa*, qui désigne sa provenance : l'adret, versant d'une vallée exposée au soleil.

Soulédrado

(Vent du soleil levant, avec un axe approximatif, en idiome périgourdin*)*

(Rose des vents du Périgord – page 367)
Air polaire continental.

Source :
La chaîne des volcans d'Auvergne.

Déclenchement et mécanisme :
Hautes pressions sur les Alpes, et basses pressions sur le golfe de Gascogne et la Côte d'Argent. Vent de secteur est. Sa vitesse moyenne est de 20 km/h.

Zone d'influence :
Le Périgord. Il traverse la Corrèze méridionale et la Dordogne, et disparaît dans la région de Double. Son cours fait 90 km de large pour 170 km de long.

Soulédran

(Vent du petit soleil levant, en idiome toulousain*)*

Voir *Nou*

Soulèdre

Comme le ***Soulaire*** et tous ses dérivés, c'est un « vent du soleil », qui vient avec le jour, de secteur est à ouest selon les régions. C'est le même vent

qui monte des garrigues gardoises et de la Camargue sur les Cévennes et le Massif central.
Cependant, il possède la particularité, selon les populations soumises à ses caprices, de changer d'axe, et de pivoter avec le soleil. Ces variations de directions sont différentes selon les régions, et selon les saisons. On peut dire que le ***Soulèdre*** est un peu comme le delta du Rhône : c'est le Rhône partout, mais ce n'est pas tout à fait le Rhône non plus. Il n'a donc pas vraiment une envergure de 200 km de large pour 300 km de long, mais une multitude de petits canaux qui s'adaptent aux reliefs de chacune des régions traversées.

Soulèdre d'Aubrac

(Rose des Treize vents de Born à Aubrac – page 55)
Air tropical continental.

Source :
Le Causse de Sauveterre.

Déclenchement et mécanisme :
Hautes pressions sur la mer Ligurienne, et basses pressions sur le Massif central et le Limousin. Brise marine, défluent sec et chaud du ***Soulèdre*** cévenol et de l'***Autan blanc***, c'est un vent rampant qui se faufile dans les corridors du relief. Sa direction est aléatoire et sa vitesse sans conséquence.

Zone d'influence :
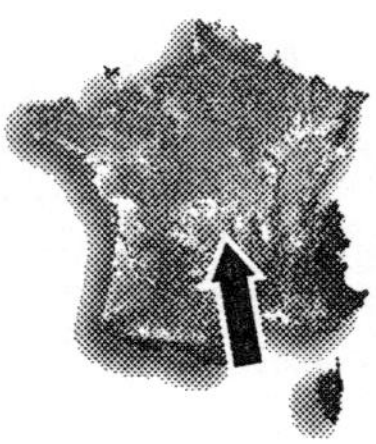
Il traverse la Lozère occidentale, l'Aveyron septentrional et meurt dans les gorges de la Truyère. Généralement, c'est un vent de secteur sud-sud-est soufflant vers nord-nord-ouest. Cependant, il est fréquent que son axe ne soit pas aussi précis. Fragile, il est sujet aux moindres variations des marais isobares qui l'entourent. Son cours fait 30 km de large sur 50 km de long.

Histoires et Singularités :

On dit que le ***Soulèdre*** est un vent tournesol : au sud-est le matin, au sud-ouest le soir !

Soulèdre d'Auvergne

(Rose des vents d'Auvergne – page 241)
Air tropical continental.

Source :
Le mont Lozère (1699 m).

Déclenchement et mécanisme :
Hautes pressions sur la mer Ligurienne, et basses pressions sur le Centre-France. Défluent sec et chaud du ***Soulèdre*** cévenol et de l'***Autan blanc***. Sa vitesse est sans conséquence.

Zone d'influence :
Il traverse la Lozère, la Haute-Loire, le Puy-de-Dôme et le Cantal. Il disparaît dans la Creuse, aux alentours des sources du Cher. Son cours fait 90 km de large sur 190 km de long.

Soulèdre des Cévennes

(Rose des vents des Cévennes – page 32)
Air tropical continental.

Source :
La Camargue.

Déclenchement et mécanisme :
Hautes pressions sur la zone « Provence »

en Méditerranée, et basses pressions sur le Centre-France. Défluent sec et chaud de l'***Autan blanc.***
Sa vitesse est sans conséquence.

Zone d'influence:
Il traverse le Gard et la Lozère. Affluent du ***Soulèdre*** du Massif central, son cours, dans les Cévennes, fait 70 km de large sur 140 km de long.

Soulèdre du Rouergue

(Rose des vents du Quercy-Rouergue – page 357)
Air tropical continental.

Source:
La région des Grands Causses.

Déclenchement et mécanisme:
Hautes pressions sur la mer Ligurienne, et basses pressions sur le Centre-France. C'est un défluent sec et chaud du ***Soulèdre*** cévenol et de l'***Autan blanc.***
Sa vitesse est sans conséquence.

Zone d'influence:
Avec un axe plus marqué au sud, il traverse la Lozère occidentale, l'Aveyron et le Lot septentrional. Il disparaît dans le Périgord Noir. Son cours fait 70 km de large sur 190 km de long.

Soulédro

Voir *Castilhou*

Souleioudou (Leu)

Voir *Matinal-Soulèche*

Soulère

(Rose des vents de Champagne & Ardennes – page 145)
Air tropical maritime.

Source :
Les collines de l'Auxerrois.

Déclenchement et mécanisme :
Hautes pressions sur les Charentes et le golfe de Gascogne, et basses pressions sur l'Allemagne. Vent de secteur sud-ouest. Sa vitesse moyenne est de 30 km/h.

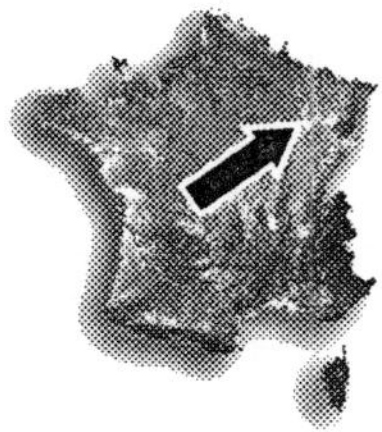

Zone d'influence :
Région qui ne connaît que des vents de secteur nord, l'Aube accueille le ***Soulère*** avec bonheur. Brise douce caressant les arbres de la forêt d'Orient, il s'évapore au dessus du lac du Der. Son cours fait 90 km de large pour 140 km de long.

Soulerne

(Coup de vent de soleil, solitaire et soudain)

Voir *Solère*

Le ***Soulerne*** coule par la vallée de la Seine, depuis sa source sur le plateau de Langres jusqu'à son confluent avec l'Aube à Marcilly. Ici, l'air et l'eau ne font qu'un. Loin sur les rives, on entend le fleuve, et le vent qui ronfle et roule avec lui.
Si le ***Solère***, son jumeau, prend le département de l'Aube tout entier, le ***Soulerne*** ne s'écarte pas des berges. Tant et si bien que, pour être aéré, il faut chausser des cuissardes ou se poster sur un pont. Quelqu'un a dit, de façon un peu péremptoire : « Il n'y a pas de vent poissonnier. » Avec quelques

confrères, le ***Soulerne*** fait exception. Sur les berges de la haute Seine, quand le fleuve n'a pas encore perdu sa simplicité campagnarde, un déjeuner au bord de l'eau, en compagnie des elfes et des nymphes, c'est un pique-nique sur les rives du vent.

Soulièro
Voir *Chouillère*

Soulouré
Voir *Salouré*

Sterenn
Voir *Norzh*

Su de Groix – Su de Plestin
(Vent de sud)

(Rod en Aveliou *des Côtes-d'Armor et Les 32 vents de la Boussole bretonne des marins de l'île de Groix – pages 89, 203)*
Air tropical continental.

Source:
Le golfe de Gascogne.

Déclenchement et mécanisme:
Hautes pressions sur l'Espagne, et basses pressions sur le Royaume-Uni. Vent de secteur sud. Sa vitesse moyenne est de 20 km/h, avec des pointes au large des côtes à plus de 100 km/h.

Zone d'influence :
L'ensemble du Bassin armoricain. Il traverse la Loire-Atlantique occidentale, le Morbihan, le Finistère, les Côtes-d'Armor et l'Ille-et-Vilaine. Il disparaît dans l'Océan Atlantique et le golfe de Saint-Malo. Son cours fait 280 km de large pour 220 km de long.

Histoires et Singularités :

Son nom vient de *suth*, employé par Wace, poète anglo-normand, dans « *Les aventures du Roi Arthur* » (1160). On trouve *sud* écrit pour la première fois en 1190 dans « *Le Livre des Rois* » en langue bretonne.

Suage

(Vent de sud approximatif)

(Rose des vents de Vendée – page 305)
Air tropical continental.

Source :
La Côte d'Argent.

Déclenchement et mécanisme :
Hautes pressions sur l'Espagne, et basses pressions sur la Grande-Bretagne. Vent de secteur sud, affluent du ***Su*** breton. Sa vitesse est de 30 km/h.

Zone d'influence :
Il traverse la Vendée, depuis le pertuis d'Antioche, et disparaît entre la Côte d'Amour et le Pays de Retz. Son cours fait 100 km de large pour 130 km de long.

Suagente

(Vent de tendance sud avec une direction aléatoire)

(Rose des vents de Vendée – page 305)
Air tropical continental.

Source :
L'Angoumois.

Déclenchement et mécanisme :
Hautes pressions sur les Pyrénées, et basses pressions sur la Bretagne. Vent de secteur sud-est. Sa vitesse est insignifiante.

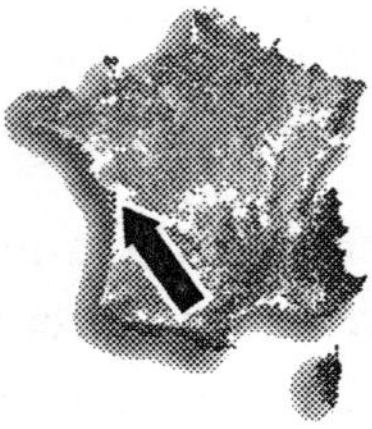

Zone d'influence :
Cette brise de terre traverse le sud des Deux-Sèvres, le Marais poitevin et la Vendée. Elle disparaît dans le Pays nantais méridional. Son cours fait 70 km de large pour 170 km de long.

Su c'hevred

Voir *Mergevred*

Sudet

(Vent de sud-est, en breton familier*)*

(Rose des vents du Pays nantais-Pays de Loire-Bretagne – page 77)
Air tropical continental.

Source :
Les Deux-Sèvres.

Déclenchement et mécanisme :
Hautes pressions sur le Languedoc-Roussillon, et basses pressions sur la Manche. Vent de secteur sud-est. Sa vitesse est insignifiante.

Zone d'influence :
Il traverse le nord des Deux-Sèvres, la Haute-Loire et le Maine-et-Loire occidental. Il disparaît dans la région de Chateaubriant. Son cours fait 90 km de large pour 130 km de long.

Sudet Austerlitz

(Rose des vents de Paris – page 274)
Air tropical continental.

Source :
Charenton.

Déclenchement et mécanisme :
Hautes pressions sur les Alpes, et basses pressions sur la Manche. Vent de secteur sud-est, chaud et souvent humide l'hiver, sec l'été.

Zone d'influence :
Il coule avec la Seine depuis Charenton et Austerlitz sur les quais de Bercy, et ressort par la Porte Champerret, après avoir décoiffé les touristes assis sur le pont des bateaux-mouches.

Sudwind
(*Vent de sud,* en alsacien)

(Rose des vents d'Alsace – page 265)
Air tropical continental.

Source :
La Franche-Montagne (Suisse).

Déclenchement et mécanisme :
Hautes pressions sur la Méditerranée, et basses pressions sur le Danemark. Vent de secteur sud. Sa vitesse est nulle.

Zone d'influence :
Plus proche du courant d'air que d'un vent véritable, cette petite brise n'a aucune influence sur le climat alsacien, région épargnée par les vents, qui ne connaît que la ***Bise du nord.***

Suêt

(Vent de sud-est, en idiome normand*)*

(Rose des vents des pêcheurs normands – page 98)
Air tropical continental.

Source :
La région du Mans et Chartres.

Déclenchement et mécanisme :
Hautes pressions sur le Massif central, et basses pressions sur l'Angleterre. Vent de secteur sud-est. Sa vitesse moyenne est de 20 km/h.

Zone d'influence :
Il traverse la Mayenne septentrionale, l'Orne, l'Eure, puis la Seine-Maritime, le Calvados et la Manche. Il disparaît au large de la baie de Seine et de la Côte d'Albâtre. Son cours fait 150 km de large pour 240 km de long.

Suéti

(Petit vent de sud-est, en idiome normand*)*

(Rose des vents des pêcheurs normands – page 98)
Air polaire continental.

Source :
Le Bassin parisien.

Déclenchement et mécanisme :
Hautes pressions sur les Vosges, et basses pressions sur la mer Celtique méridionale. Vent de secteur est-quart-sud-est. Sa vitesse moyenne est de 20 km/h.

Zone d'influence :
Défluent de l'***Estieus***, ce courant d'air frais terrestre emprunte la vallée de la Seine et se glisse dans la baie de Seine par la Côte Fleurie. Il traverse l'Eure,

le Calvados, l'Orne septentrionale et la Manche. Vent de terre rasant et léger, il porte loin en mer les odeurs d'herbe des bocages normands. Son cours fait 140 km de large pour 360 km de long.

Suétin

(Petit vent léger de sud-est avec un axe aléatoire, en idiome normand*)*

(Rose des vents des pêcheurs normands – page 98)
Air polaire continental.

Source :
Le Pays d'Ouche.

Déclenchement et mécanisme :
Hautes pressions sur les Alpes, et basses pressions sur l'Irlande. Vent de secteur est-sud-quart-est. Sa vitesse moyenne est de 20 km/h.

Zone d'influence :
Il traverse l'Eure, l'Orne, le Calvados, puis la Manche. Défluent de l'***Estieus***, avec un axe plus marqué au sud. Son cours fait 120 km de large pour 240 km de long.

Su gevred

(Vent de sud-sud-est, en breton*)*

(Les 32 vents de la Boussole bretonne des marins de l'île de Groix – page 203)
Air tropical continental.

Source :
L'île d'Yeu.

Déclenchement et mécanisme :
Hautes pressions sur les Pyrénées et le Bassin aquitain, et basses pressions sur la mer Celtique et l'Irlande. Vent de secteur sud-sud-est. Sa vitesse moyenne est de 20 km/h.

Zone d'influence :
Le large des Côtes de Jade et d'Amour, Belle-Ile et la Côte Sauvage. Il disparaît entre les îles de Glénan et la pointe de Trévignon. Son cours fait 70 km de large pour 180 km de long.

Su kard gevred
(Vent de sud-quart-sud-est)

(Rod en Aveliou *des Côtes-d'Armor – page 89)*
Air tropical continental.

Source :
Le Chaos de Toul-Goulic.

Déclenchement et mécanisme :
Hautes pressions sur l'Espagne, et basses pressions sur la mer d'Irlande. Vent de secteur sud-sud-quart-est, essentiellement terrestre, ce courant chaud et sec, défluent oriental du ***Su***, n'est pas très véloce.

Zone d'influence :
La Bretagne septentrionale. Il serpente sur terre par Belle-Isle-en-Terre pour se perdre au Lieu-de-Grève dans la Baie de Lannion. Vent rasant, n'ayant aucune envergure caractéristique. Son cours fait 50 km de large pour 60 km de long.

Histoires et Singularités :

C'est un véritable vent buissonnier qui erre dans la campagne, puis s'étale en mer, exhalant des parfums de bruyères et d'ajoncs en fleurs, des senteurs d'herbes mouillées et de lichens.

Su kard mervent
(Vent de sud quart-sud-ouest)

(Rod en Aveliou *des Côtes d'Armor – page 89)*
Air tropical continental.

Source :
Les monts d'Arrée.

Déclenchement et mécanisme :
Hautes pressions sur le golfe de Gascogne, et basses pressions sur l'Angleterre. Vent de secteur sud-sud-quart-ouest. Sa vitesse est insignifiante.

Zone d'influence :
La Bretagne septentrionale. Il traverse l'Armorique entre le Pays de Léon et le Trégorrois. Tout aussi buissonnier que le ***Su kard gevred,*** avec des antécédents maritimes en Sud-Bretagne, il reçoit son plein d'air chaud du ***Su quart mérùéant*** de l'île de Groix. Il disparaît au large de la Côte de Granit Rose. Son cours fait 40 km de large pour 50 km de long.

Sùlèr

Voir *Solèr*

Su quart gevred

(Les 32 vents de la Boussole bretonne des marins de l'île de Groix – page 203)
Air tropical continental.

Source :
La zone « Sud-Bretagne » en Atlantique.

Déclenchement et mécanisme :
Hautes pressions sur l'Espagne, et basses pressions sur la mer d'Irlande. Vent de secteur sud-sud-quart-est, ce courant chaud et sec, défluent oriental du ***Su,*** n'est pas très véloce.

Zone d'influence :
La Bretagne méridionale. Son cours est essentiellement maritime, mais il monte sur terre en Morbihan, évite par le nord-est les Montagnes noires,

et alimente en Bretagne septentrionale, le ***Su kard gevred*** de Plestin. Son cours fait 50 km de large pour 80 km de long

Su quart mérùéant
(Vent de sud quart-sud-ouest)

(Les 32 vents de la Boussole bretonne des marins de l'île de Groix – page 203)
Air tropical continental.

Source :
La zone « Sud-Bretagne » en Atlantique.

Déclenchement et mécanisme :
Hautes pressions sur le golfe de Gascogne, et basses pressions sur l'Angleterre. Vent chaud de secteur sud-sud-quart-ouest. Sa vitesse est insignifiante.

Zone d'influence :
La Bretagne méridionale. Essentiellement maritime, il nourrit cependant son défluent de Plestin, le ***Su kard mervent***, au-dessus de Montagnes noires. Son cours fait 60 km de large pour 80 km de long.

Surêt
(Vent de sud-est approximatif, en idiome normand*)*

(Rose des vents des pêcheurs normands – page 98)
Air tropical continental.

Source :
La région du mont des Avaloirs, dans les Alpes mancelles, autour d'Alençon.

Déclenchement et mécanisme :
Hautes pressions sur le Massif central, et basses pressions sur les Cornouailles. Vent léger, de secteur

sud-quart-sud-est. Sa vitesse moyenne est de 20 km/h.

Zone d'influence :
La Basse-Normandie. Vent de terre sec et chaud, il n'a que très peu d'influence sur la climatologie normande. Il traverse sans violence l'Orne, l'Eure méridionale, le Calvados et la Manche. Son cours fait 100 km de large pour 180 km de long.

Histoires et singularités :

Jadis, un trouvère d'Allonnes, en Sarthe, disait du *Suret* :

« J'ai couru avec lui, du pays Saosnois au mont des Avaloirs : il y vola des papillons. Sur la forêt d'Ecouves, il emporta une oie grise et deux sarcelles. Il se coula sans bruit dans la vallée de l'Orne, et y coucha quelques roseaux, puis il traversa la Suisse (Normandie), un pays montagneux où, d'en haut du mont Pinçon culminant à 365 m, il hurlait comme une grièche qu'on assassine. Quand je fus fatigué, il s'est couché près de moi, en baie de Vire, sur la grève où les rouleaux de l'océan l'ont quelque peu perturbé. Cest air-là, fut ma foi, un bien agréable compagnon. »

Suri

(*Vent de sud-ouest*, en idiome normand)

(Rose des vents des pêcheurs normands – page 98)
Air tropical maritime.

Source :
Les îles de Jersey et Guernesey.

Déclenchement et mécanisme :
Hautes pressions sur la zone « Sud-Bretagne » en Atlantique, et basses pressions sur le détroit du Pas de Calais et la mer du Nord. Défluent du ***Surouêt,*** dans l'axe du Gulf Stream, c'est un vent aléatoire, navigant sur un axe sud-ouest vers nord-est.

Zone d'influence :
Il entre en Cotentin par le passage de la Déroute, et traverse les départements de la Manche, du Calvados septentrional, la Seine-Maritime en Pays de Caux essentiellement, et le large de la Côte d'Albâtre.
Son cours fait 140 km de large pour 240 km de long.

Suroît
(Vent de sud-ouest)

(Rose des vents du Pays nantais-Pays de Loire-Bretagne – page 77)
Air polaire maritime.

Source :
Le carrefour des zones « Cap-Finisterre », « Sole », « Nord-Gascogne » et « Sud-Gascogne » en Atlantique.

Déclenchement et mécanisme :
Hautes pressions sur les Açores, et basses pressions sur la Belgique et les Pays-Bas. Vent dominant de secteur sud-ouest. Sa vitesse moyenne est de 60 km/h, avec des pointes en rafales pouvant atteindre 130 km/h.

Zone d'influence :
Il entre par la Bretagne méridionale et occidentale, traverse le Morbihan et l'Ille-et-Vilaine à l'ouest, la Loire-Atlantique et le Maine-et-Loire à l'est.
Il lui arrive aussi d'ébouriffer la Sarthe et la Mayenne.
Son cours fait 180 km de large sur 250 km de long.

Histoires et Singularités :

Il existe plusieurs variantes de ce « vent de sud-ouest ». Les deux plus connues sont bien entendu le ***suroît*** breton et le ***surouêt*** normand.
Synonyme d'entrées maritimes, il emporte loin à l'intérieur des

terres des embruns chargés de sel qui se déposent sur les herbages, préservant l'équilibre alimentaire des bovins, et donnant à la gastronomie française ses incomparables agneaux prés-salés. Chaud et humide, empruntant l'axe du Gulf Stream, il génère des microclimats subtropicaux dans sa zone d'influence. Deuxième vent, par ordre de force, dans le secteur breton, il est à prendre en compte pour les sorties en mer et les plans de campagnes de pêche, car c'est un vent « poissonneux ».

C'est le vent rêvé de tous les navigateurs, mais il entre aussi en compte dans le schéma des études et des investissements pour le développement des énergies éoliennes.

Suroît du Bois

(Rose des vents de Paris – page 274)

Air tropical maritime.

Source :
La Porte d'Auteuil.

Déclenchement et mécanisme :
Hautes pressions sur la Vendée et la zone « Sud-Gascogne » en Atlantique, et basses pressions sur les Ardennes et la Belgique orientale. Vent de secteur sud-ouest. Sa vitesse moyenne est de 40 km/h.

Zone d'influence :
Vent dominant par lequel est arrivée la tempête de décembre 1999, il entre dans Paris en remontant le cours de la Seine après sa boucle autour de Billancourt. Il sort de la capitale par la Porte de la Villette. Il aura fait vibrer plus d'une fois le dernier étage de la Tour Eiffel, qui se trouve exactement dans l'axe du lit fluvial sur lequel il s'allonge.

Surouêt

(Vent de sud-ouest)

(Rose des vents des pêcheurs normands – page 98)
Air tropical maritime.

Source :
La zone « Ouest-Bretagne » en Atlantique.

Déclenchement et mécanisme :
Hautes pressions sur les Açores, et basses pressions sur la Belgique et les Pays-Bas. Vent dominant de secteur sud-ouest. Sa vitesse moyenne est de 60 km/h, avec des pointes en rafales pouvant atteindre 130 km/h.

Zone d'influence :
Essentiellement maritime, souvent violent, il traverse le Cotentin, la baie de Seine et écorche le Pays de Caux jusqu'au Tréport où il alimente le ***Ch'vint d'avo*** de Picardie et le ***Chv'vint d'soroé*** d'Artois. Son cours fait 90 km de large pour 270 km de long.

Surouêti

(Rose des vents des pêcheurs normands – page 98)
Air tropical maritime.

Source :
La zone « Sole » en Atlantique.

Déclenchement et mécanisme :
Hautes pressions sur les Açores, et basses pressions sur la Belgique et les Pays-Bas. Vent dominant de secteur ouest-sud-quart-ouest, sa vitesse moyenne est de 50 km/h avec des pointes en rafales pouvant atteindre plus 120 km/h.

Zone d'influence :
La Normandie septentrionale. Essentiellement maritime, souvent violent, il traverse le Cotentin,

la baie de Seine, et écorche le Pays de Caux pour disparaître en Pays de Bray. Son cours est plus occidental que le ***Surouêt***, dont il est le défluent, et fait 80 km de large pour 230 km de long.

Su verdéant
(Vent de sud-sud-ouest)

(Les 32 vents de la Boussole bretonne des marins de l'île de Groix – page 203)
Air tropical maritime.

Source :
La zone « Sud-Bretagne » en Atlantique.

Déclenchement et mécanisme :
Hautes pressions sur le Portugal, et basses pressions sur la Manche. Vent de secteur sud-sud-ouest soufflant sur la Bretagne méridionale. Sa vitesse moyenne est de 40 km/h.

Zone d'influence :
Essentiellement maritime, il ripe sur la Côte Sauvage à Belle-Ile et passe sur l'île de Groix et le Morbihan méridional. Il disparaît dans les Landes de Lanvaur. Son cours fait 60 km de large pour 80 km de long.

Su vervent
(Vent de sud-sud-ouest)

(Rod en Aveliou *des Côtes-d'Armor – page 89)*
Air tropical maritime.

Source :
La baie de Concarneau.

Déclenchement et mécanisme :
Hautes pressions sur le Portugal, et basses pressions sur la Manche. Vent de secteur sud-sud-ouest. Sa vitesse moyenne est de 40 km/h.

Zone d'influence :
La Bretagne septentrionale. Il bouscule les massifs d'Armorique des Montagnes Noires et des monts d'Arrée et s'affale sur le Trégorrois pour disparaître au large de la Côte de Granit Rose. Son cours fait 70 km de large pour 160 km de long.

T

Tampounet

(Rose des vents du Languedoc – page 43)
Air tropical maritime.

Source :
Le Pays de Foix.

Déclenchement et mécanisme :
Hautes pressions sur le nord de l'Aragon, et basses pressions sur les Cévennes. Vent léger de secteur sud-ouest, très local. Sa vitesse moyenne est de 20 km/h.

Zone d'influence :
Inoffensif, il traverse l'Aude dans l'axe Mirepoix – les monts de l'Espinousse. Il n'est connu que dans certaines localités autour de Carcassonne. Son cours fait 25 km de large pour 80 km de long.

Histoires et Singularités :

Son nom est une contraction de « temps » et de « ponant », en idiome languedocien.

Tèms Dré

(Lei vènt que boufon en provènço *et Rose des vents du moulin de Fontvieille – pages 22, 169)*
Air arctique continental.

Source :
Le Champsaur et le Vercors.

Déclenchement et mécanisme:
Hautes pressions sur le nord des Alpes suisses, et basses pressions sur le golfe du Lion. ***Bise*** d'est qui emprunte un couloir serré entre les marais isobares du Vercors occidental et le pied des Alpes françaises, ainsi que les couloirs entre les reliefs. Il souffle de façon régulière vers la Méditerranée en gardant un axe rectiligne. Le mont Ventoux et la vallée du Rhône, par la droite, et la montagne de Lure, par la gauche, ainsi que celle du Cheval blanc canalisent son flux soutenu. Vent d'altitude, sa vitesse moyenne est de 30 km/h, et peut très souvent atteindre 70 km/h.

Zone d'influence:
Son cours fait 125 km de large pour 200 km de long. Il traverse les Alpes-de-Haute-Provence, la Drôme provençale, le Vaucluse, le Var et les Bouches-du-Rhône, ainsi que l'extrême pointe orientale du Gard en Camargue.

Histoires et Singularités:

Son nom signifie « Temps droit », dans le sens de « vent droit ». Bise glacée soufflant surtout au cœur de l'hiver, on dit qu'il vient avec les dernières grives. Sûrement l'un des vents les plus froids des régions méridionales avec le ***Mountagnéro***.

Terral

(Rose des vents de Toulouse-Pyrénées – page 285)
Air polaire maritime.

Source:
La Lomagne.

Déclenchement et mécanisme:
Hautes pressions sur la Bretagne et la zone « Nord-Gascogne » en Atlantique, et basses pressions sur le golfe du Lion. Vent de terre rare et parfois humide,

de secteur ouest-nord-ouest. Sa vitesse moyenne est de 20 km/h.

Zone d'influence :
Le Bassin toulousain. Il traverse la Haute-Garonne et disparaît dans le Lauragais. Son cours fait 40 km de large pour 100 km de long.

Histoires et Singularités :

Les bergeronnettes qui tombent dans les sillons fraîchement retournés arrivent à la volée, sur un flot d'air du « vent de terre » qui les éparpille comme un semeur. C'est la dernière brise tiède de l'automne, qui fait dire « *que sillons ouverts, font l'hiver* ».

Trache à Êti

(Rose des vents des pêcheurs normands – page 98)
Air arctique continental.

Source :
La Somme, entre Abbeville et Amiens.

Déclenchement et mécanisme :
Hautes pressions sur la Belgique et le Luxembourg, et basses pressions sur les zones « Sole » et « Ouest-Bretagne » en Atlantique. Il souffle de secteur nord-est-quart-est vers l'océan. Sa vitesse moyenne est de 30 km/h.

Zone d'influence :
Vent terrestre froid et sec en hiver, frais et humide en été, il est synonyme de beau temps en mer. Il entre en Normandie par le Pays de Bray, entre Dieppe et Neuchâtel, traverse la Seine-Maritime, l'Eure, l'Orne septentrionale, le Calvados, la Manche, et la baie du Mont-St-Michel. Son cours fait 100 km de large et 300 km de long.

Histoires et Singularités :

Son nom est un dérivé de « tranchée » en idiome normand. C'est le « couloir du petit vent d'est ».

Trache à Horzié

(Rose des vents des pêcheurs normands – page 98)
Air polaire maritime.

Source :
La Manche et l'Angleterre, depuis Lyme Bay.

Déclenchement et mécanisme :
Hautes pressions sur la mer d'Irlande, et basses pressions sur la Touraine et l'Anjou. Sa vitesse moyenne est de 40 km/h, bien que ce soit un vent capricieux et sournois qui souffle presque toujours en rafales.

Zone d'influence :
L'ensemble du Cotentin, la baie de Seine et le Pays de Caux, jusqu'au Tréport. Il traverse le Channel, les îles de Jersey et Guernesey, puis les départements de la Manche, du Calvados, de l'Eure et de la Seine-Maritime. Son cours fait 150 km de large pour 250 km de long.

Histoires et Singularités :

C'est le « couloir du vent de dehors » c'est-à-dire nordisant. (Voir ***Horzié***, ***Horzain***). Vent de mer, il est froid et humide, et provoque des entrées maritimes loin à l'intérieur des terres.

Tramontana corse

(Rose des vents corses – page 342)
Air arctique continental.

Source :
Les montagnes corses.

Déclenchement et mécanisme :
Hautes pressions sur le nord de l'Europe, et basses pressions sur la Tunisie. Vent de secteur nord, soufflant des montagnes sur les plaines de la Corse méridionale. Sa vitesse moyenne est de 50 km/h.

Zone d'influence :
Il traverse la Corse depuis le Nebbio jusqu'aux Bouches de Bonifacio. Il est également connu en Sardaigne. Son cours fait 90 km de large pour 180 km de long.

Histoires et Singularités :

En italien, *tra* signifie « entre ». C'est le « vent qui vient d'entre les montagnes ».

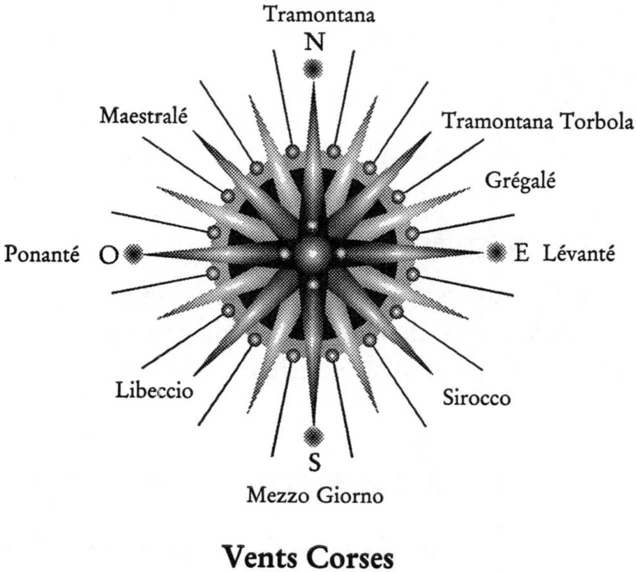

Vents Corses

Tramontana varoise

(Rose des vents des Pescadous varois – page 349)
Air arctique maritime.

Source :
La première marche du Piémont varois.

Déclenchement et mécanisme :
Hautes pressions sur le nord de l'Europe, et basses pressions sur la Méditerranée. Vent de secteur nord, soufflant sur la Méditerranée, connu depuis Bandol jusqu'à Saint-Tropez. Sa vitesse moyenne est de 60 km/h.

Zone d'influence :
Il semble couler en cataracte des sommets de la Sainte-Baume et du massif des Maures oriental sur le littoral. Essentiellement maritime, son cours est plus large que long. 90 km de large pour 70 km de long.

Histoires et Singularités :

« La Tramontana es ni bona ni sana. »
« La Tramontane n'est ni bonne ni saine. »
« Tramontana à la cabana, Magistraù à l'ostaù. »
« Tramontane à la cabane, Mistral à la maison. »

Tramontana-Gréca
(Tramontane et vent grec)

(Rose des vents des Pescadous varois – page 349)
Air arctique continental.

Source :
La première marche du Piémont varois oriental.

Déclenchement et mécanisme :
Hautes pressions sur la Suisse et l'Italie du Nord, et basses pressions sur la zone « Provence » en Méditerranée. Vent de secteur nord-nord-est, froid et sec, défluent abâtardi à l'orient de la ***Tramontana.*** Sa vitesse moyenne est de 30 km/h.

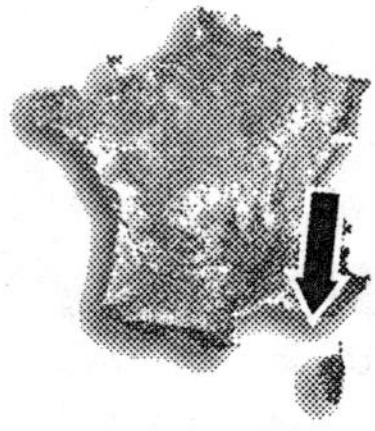

Zone d'influence :
Il souffle le plus souvent de la fin de l'automne au début du printemps, traverse les vignobles du Var et coule sans force en mer où il ne dépasse guère quelques encablures après les phares des jetées. Son cours fait 90 km de large pour 60 km de long.

Histoires et Singularités :

Vent de terre régulier et lisse, il cingle, givre et glace tout ce qui est liquide.

Tramontana Magistrala
(Tramontane et Mistral)

(Rose des vents des Pescadous varois – page 349)
Air arctique continental.

Source :
La première marche du Piémont varois occidental.

Déclenchement et mécanisme :
Hautes pressions sur les Alpes, et basses pressions sur la zone « Provence » en Méditerranée. Vent de secteur nord-nord-ouest, froid et sec, défluent de la ***Tramontana,*** avec une trajectoire plus marquée à l'ouest. Sa vitesse moyenne est de 30 km/h.

Zone d'influence :
Il souffle le plus souvent de la fin de l'automne

au début du printemps, traverse les collines du Var en bordure des côtes et vient violenter le bord de mer. Il s'allonge sur la Méditerranée avec beaucoup moins de violence que le ***Mistral*** à qui, neuf fois sur dix, il ouvre la porte. Son cours fait 90 km de large pour 60 km de long.

Tramontana Torbola
(Tramontane et tourbillon)

(Rose des vents corses – page 342)
Air polaire continental.

Source :
La Toscane (Italie).

Déclenchement et mécanisme :
Hautes pressions sur l'Autriche, et basses pressions sur la zone « Annaba » en Méditerranée. Vent de secteur nord-est. Sa vitesse moyenne est de 40 km/h.

Zone d'influence :
C'est l'un des rares vents de nord-est en France à être aussi impétueux. Aléatoire quant à sa direction, il arrive sur l'Ile de Beauté par le cap Corse et le Nebbio, traverse la Castagniccia et le Niolo, virevoltant en plaine et tourbillonnant autour des sommets des montagnes, avec des geignements lancinants. Il disparaît au large des golfes de Galéria et de Sagone. Son cours fait 80 km de large pour 200 km de long.

Histoires et Singularités :

Le « tourbillon » nous vient du latin *turbellio*, devenu « torbeillon » chez Chrétien de Troyes en 1175 et *torbola* chez les Italiens.

Tramontane languedocienne

(Roses des vents des Cévennes et du Languedoc – pages 32, 43)
Air polaire maritime.

Source :
Le Massif central occidental et les Cévennes.

Déclenchement et mécanisme :
Hautes pressions sur l'Atlantique Nord, et basses pressions sur le Bassin algéro-provençal en Méditerranée et Adriatique. Vent de secteur nord-ouest à nord-nord-ouest, il contrarie l'***Autan*** et le ***Marin***. De même nature que le ***Mistral*** ou la ***Galerne***, il est sec, froid et impétueux, et souffle 200 jours par an, en alternance pour un tiers avec le ***Cers***. Sa vitesse moyenne est de 50 km/h, avec des pointes en rafales à plus de 130 km/h, et un record enregistré à Sète de 200 km/h.

Zone d'influence :
Connu depuis le Lauragais avec un axe plus nordisant, il descend des vieilles montagnes auvergnates et des Cévennes sur le littoral méditerranéen. Il traverse la Lozère méridionale et le Gard, puis l'Aveyron méridional, le Tarn, l'Aude et l'Hérault. Vent de terre sec et froid, il soulève des tempêtes dans le golfe du Lion. Allié du ***Mistral*** en Provence, il violente la Méditerranée septentrionale. Leurs colères conjuguées sont connues jusqu'aux Baléares.

Histoires et Singularités :

Une montagne des Baléares porte le nom de « cordillère de la Tramontane ». C'est là qu'elle s'arrête.

La « Tresmonteigne », c'était aussi le nom de l'étoile polaire, au Moyen Âge. « Perdre la Tramontane », c'est perdre le nord.

« Le ciel semblait s'être ouvert, déchiré par les roches de la montagne du Plantaurel, et l'air en furie coulait par cette brèche si férocement que des arbres étaient déracinés.

– C'est la Tramontane, c'est la Tramontane, la revêche ! criaient les gens. Elle ramènera un égaré.

Car il était fréquent que, durant ces jours de bourrasques, quelques bons garçons désoccupés, devenus contrebandiers, reviennent au village pour se réapprovisionner en victuailles. Bons faux-sauniers, mais guère futés, ces risquebilles se fiaient à l'axe de la Tramontane pour retrouver leur chemin. Un passeur, trop vieux pour courir la montagne, disait à son fils :

- Si tu perds la Tramontane, dieu sait où les vents coquins t'amèneront !

Ces jours-là, les chiens des gabelous perdaient leur flair dans la tourmente. Leurs maîtres, guère finauds, tentèrent de s'attirer les faveurs d'Eole pour piéger les trafiquants. Mais chacun sait que les vents sont libertaires et capricieux, et cette tentative d'alliance échoua.

On raconte qu'un novice, attrappé par le froid, s'était mis à l'abri des rafales de la « revêche », dans une vallée encaissée du massif de l'Arize et que, trop bien abrité, il en aurait perdu la Tramontane. Il y errerait toujours avec son bardot chargé de sel ! »

Tramoun

(Tramontane et amont, en idiome varois*)*

(Rose des vents d'Yves Michel de la presqu'île de Giens – page 134)

Air arctique maritime.

Source :
Le mont du Grand Cap (783 m).

Déclenchement et mécanisme :
Hautes pressions sur l'Europe du nord, et basses pressions sur la Méditerranée. Défluent de l'***Euraquilon***, ***Bise du nord*** vigoureuse et glacée, sa vitesse moyenne est de 60 km/h, avec des pointes qui peuvent atteindre en hiver plus de 130 km/h.

Zone d'influence :
Entre le cap Sicié et le cap d'Arme. Il descend entre le mont Faron et le mont Coudon sur la rade d'Hyères et celle de Toulon, et cingle le golfe de Giens et l'île de Porquerolles avant d'aller se perdre au large. Son cours fait 70 km de large pour 80 km de long.

Tramountana Gargaù

(Tramontane et vent grec)

(Rose des vents des « Nissarts » – page 229)
Air arctique continental.

Source :
Le col de Tende (1871 m).

Déclenchement et mécanisme :
Hautes pressions sur la Lombardie (Italie), et basses pressions sur la zone « Provence » en Méditerranée. Vent de secteur nord-nord-est, rare et frais, sec et glacé l'hiver, qui apporte la neige. Sa vitesse moyenne est de 20 km/h.

Zone d'influence :
Elle entre sur le comté de Nice par le col du Turini (160 m), bien connu des aficionados du Rallye de Monte-Carlo. Sœur jumelle de la ***Trémoutano-Gréco*** de Provence et du ***Ventouresco*** du Moulin de Fontvieille, elle descend par la vallée de la Vésubie et refroidit la Côte d'Azur, de St-Jean-Cap-Ferrat au cap d'Antibes. Son cours fait 40 km de large pour 60 km de long.

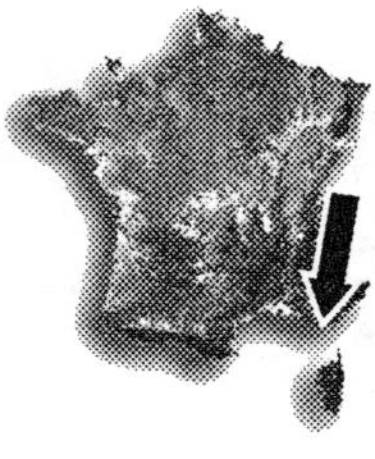

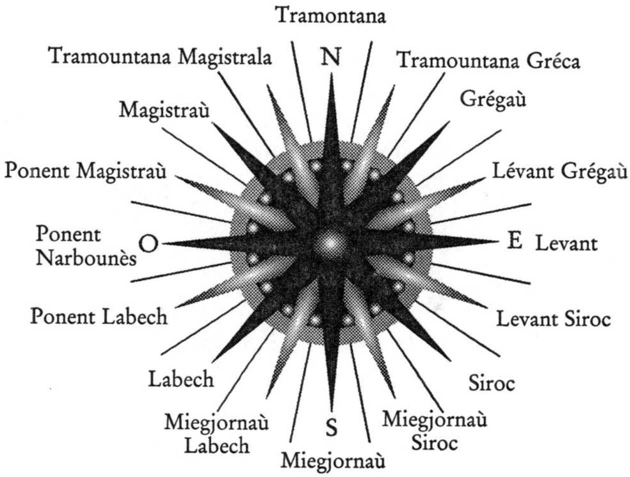

Pescadous Varois

Tramountano
ou *Trémountano* ou *Auro*

(Léi vènt que boufon en Prouvenço *et Rose des vents du moulin de Fontvieille – pages 22, 169)*
Air arctique maritime.

Source :
L'Isère septentrionale pour son axe, mais selon une ligne qui va du massif du Pilat à celui de la Chartreuse par la Maurienne.

Déclenchement et mécanisme :
Hautes pressions sur l'Europe du nord, et basses pressions sur la Méditerranée. Défluent de l'***Euraquilon, Bise du nord*** vigoureuse et glacée, sa vitesse moyenne est de 60 km/h, avec des pointes qui peuvent atteindre plus de 130 km/h en hiver.

Zone d'influence :
Vent d'envergure sec et froid, il traverse l'Ardèche, l'Isère, la Drôme, les Hautes-Alpes, les Alpes-de-Haute-Provence, le Gard, le Vaucluse, les Bouches-du-Rhône et le Var. Il disparaît dans la zone « Provence », loin en Méditerranée. Son cours fait 170 km de large pour 300 km de long.

Histoires et Singularités :

Avec le ***Mistral***, le ***Cers***, la ***Burle*** et l'***Autan***, il fait partie des vents les plus célèbres de la France méridionale.
Il faut noter que les ***Tramontanes*** et autres ***Tramuntana*** du Languedoc-Roussillon ont un axe nord-nord-ouest à ouest-nord-ouest vers sud-sud-est à est-sud-est, alors que les ***Trémountano*** et autres ***Tramountana*** de Provence ont un axe nord-sud.

Tramuntana

(Rose des vents des Catalans – page 180)
Air arctique maritime.

Source :
Les Corbières.

Déclenchement et mécanisme :
Hautes pressions sur la mer du Nord, et basses pressions sur la zone « Minorque » en Méditerranée. Vent de secteur nord à nord-ouest, soufflant dans le même axe que le grand ***Mistral*** de Provence, et le ***Maestral*** catalan, qui est son petit frère. Sa vitesse moyenne est de 50 km/h.

Zone d'influence :
Il traverse les vignobles du bas Languedoc et le Roussillon, passe les monts Albères et balaie l'île de Minorque, pour disparaître au pied de la « cordillère de la Tramuntana » sur l'île de Majorque. Vent froid et puissant d'envergure exceptionnelle. Son cours fait 180 km de large pour 360 km de long.

Histoires et Singularités :

« Al tramuntna xiuladora, tamb's pot dir'escombradera, de repent bufa. Alguns xiulets, tres cops d'escombra, e'ls cels son nets.

« La tramontane siffleuse, et l'on peut dire balayeuse, souffle tout à coup. Quelques sifflets, trois coups de balai, le ciel est net. »

Traverse

Nom générique donné aux vents de secteur nord-ouest à sud-ouest, selon les régions, et soufflant dans des zones où les perturbations venteuses sur ces axes sont mineures. Marais isobares protecteurs, reliefs providentiels, etc...

Traverse bourbonnaise

(Rose des vents de Rhône-Alpes & Savoie – page 157)

Air polaire maritime.

Source :

Le Bourbonnais.

Déclenchement et mécanisme :

Hautes pressions sur la Manche, et basses pressions sur l'Italie. Vent de secteur ouest-nord-ouest.

Sa vitesse moyenne est de 30 km/h.

Zone d'influence :

Elle traverse la Loire septentrionale, le Rhône, l'Isère septentrionale, la Savoie, et disparaît dans le massif des Ecrins. Son cours fait 60 km de large pour 300 km de long.

Traverse cévenole

(Rose des vents de Rhône-Alpes & Savoie – page 157)
Air polaire maritime.

Source :
Les Cévennes.

Déclenchement et mécanisme :
Hautes pressions sur l'Espagne, et basses pressions sur l'Allemagne. Vent de secteur ouest-sud-ouest. Sa vitesse moyenne est de 30 km/h.

Zone d'influence :
Elle traverse la Drôme septentrionale, l'Isère méridionale et la Savoie, ainsi que l'extrême nord des Hautes-Alpes, et disparaît dans le Briançonnais. Son cours fait 70 km de large pour 250 km de long.

Traverse d'Aquitaine

(Rose des vents de Bourgogne-Berry et Morvan – page 318)
Air tropical maritime.

Source :
La Basse Marche (Haute-Vienne).

Déclenchement et mécanisme :
Hautes pressions sur l'Espagne occidentale, et basses pressions sur le Berry et la Franche-Comté. Vent de secteur sud-ouest. Sa vitesse moyenne est de 40 km/h, avec des pointes en rafales aux équinoxes à plus de 120 km/h.

Zone d'influence :
La Champagne berrichonne. Elle traverse l'Indre et le Cher, et disparaît dans les collines de l'Auxerrois. Son cours fait 100 km de large pour 220 km de long.

Traverse de Lorraine

(Rose des vents de Franche-Comté & Lorraine – page 111)
Air polaire maritime.

Source :
Le plateau de Langres.

Déclenchement et mécanisme :
Hautes pressions sur la mer du Nord, et basses pressions sur la Suisse et les Alpes. Vent de secteur nord-ouest. Sa vitesse moyenne est de 40 km/h.

Zone d'influence :
Elle traverse la Haute-Saône méridionale, le Doubs et le Jura, pour disparaître dans le lac Léman. Son cours fait 120 km de large pour 180 km de long.

Traverso

(Les Maîtres du ciel – page 219)
Air polaire maritime.

Source :
Le mont Lozère.

Déclenchement et mécanisme :
Hautes pressions sur le Massif central, et basses pressions sur la Corse. Vent aérien de secteur ouest-nord-quart-ouest. Sa vitesse moyenne est de 20 km/h.

Zone d'influence :
Elle paraît suivre un chemin de ciel qui la conduit de sommet en sommet. Au nord, le mont Ventoux (1909 m), le Signal de Lure (1826 m), la montagne du Cheval Blanc (2305 m) et le mont Pelat (3007 m) ; au sud, les Alpilles, la Croix de Provence (1011 m), la Sauvette (780 m) et le mont Vinaigre (616 m). Son cours fait 90 km de large pour 260 km de long.

Histoires et Singularités :

La ***Traverso*** glisse sans bruit dans le ciel de Provence emportant en contrebande quelques petits strato-cumulus vers l'Italie.

Traverso alto

(Rose des Treize vents de Born à Aubrac – page 55)
Air polaire maritime.

Source :
Aurillac.

Déclenchement et mécanisme :
Bise d'hiver, défluent de l'***Aquilon***, elle fonctionne selon le même mécanisme que l'ensemble de ses consœurs. Sa vitesse moyenne est de 40 km/h.

Zone d'influence :
Le plateau de Viadène et l'Aubrac. Vent froid et humide, son cours fait à peine 40 km de large sur 70 km de long.

Traverso basso

(Rose des Treize vents de Born à Aubrac – page 55)
Air tropical maritime.

Source :
Le Ségala d'Aveyron.

Déclenchement et mécanisme :
Hautes pressions sur les Pyrénées-Orientales, et basses pressions sur les Alpes suisses et la Bavière (Allemagne). Vent de pluie de secteur ouest-sud-ouest. Sœur jumelle de l'***Auro Basso*** soufflant en Quercy et Rouergue. Sa vitesse moyenne est de 30 km/h.

Zone d'influence :
Elle monte sur l'Aubrac après avoir traversé le Lot dans les environs de St-Geniez-d'Olt, et disparaît au pied du Signal de Mailhebiau (1469 m). Son cours fait 20 km de large pour 50 km de long.

Traverso d'Auvergne

(Rose des vents d'Auvergne – page 241)
Air polaire maritime.

Source :
Les Combrailles et le plateau de Millevaches.

Déclenchement et mécanisme :
Hautes pressions sur la région parisienne, et basses pressions sur la Provence. Vent de secteur ouest-quart-nord-ouest à ouest. Sa vitesse moyenne est de 20 km/h.

Zone d'influence :
Brise légère, défluent du ***Vènt Terraù***, avec parfois un axe plus marqué au Sud, parfois nordisante. Elle traverse le Puy-de-Dôme et la Haute-Loire, ainsi que le Cantal septentrional, et disparaît sur les monts du Forez. Son cours, très aléatoire, fait 70 km de large pour 130 km de long.

Traverso dé Marsan

(Rose des vents du Périgord – page 367)
Air tropical maritime.

Source :
Mont-de-Marsan.

Déclenchement et mécanisme :
Hautes pressions sur l'Espagne occidentale, et basses

pressions sur le Berry et la Franche-Comté. Vent de secteur sud-ouest. Sa vitesse moyenne est de 40 km/h, avec des pointes en rafales aux équinoxes à plus de 130 km/h.

Zone d'influence:
Elle traverse les Landes septentrionales, le Lot-et-Garonne, le Tarn-et-Garonne, le Lot, la Dordogne, et disparaît en entrant dans le Limousin. Son cours fait 100 km de large pour 260 km de long.

Traverso du Rouergue

(Rose des vents du Quercy-Rouergue – page 357)
Air polaire maritime.

Source:
Le haut Quercy et le Causse de Gramat.

Déclenchement et mécanisme:
Hautes pressions sur La Bretagne, et basses pressions sur la haute Provence. Vent de secteur ouest-nord-ouest. Sa vitesse moyenne est de 20 km/h.

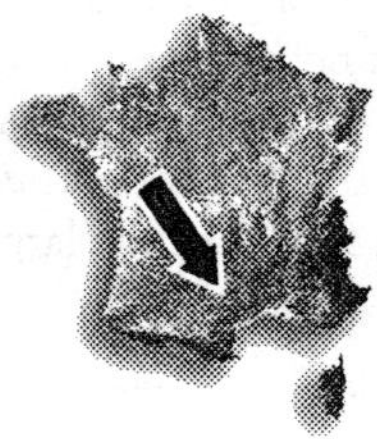

Zone d'influence:
Brise légère, défluent du ***Séguent***, avec un axe plus marqué au sud que sa jumelle auvergnate, elle traverse l'Aveyron et disparaît dans la région des Grands Causses. Son cours, très aléatoire, fait 40 km de large pour 130 km de long.

Travesso

(*Traverse*, en idiome provençal)

(Léi vènt que boufon en Prouvenço *et Rose des vents du moulin de Fontvieille – pages 22, 169)*
Air polaire maritime.

Source :
Les Garrigues.

Déclenchement et mécanisme :
Hautes pressions sur le Massif central méridional et basses pressions sur la mer Ligurienne. Vent de secteur ouest-nord-quart-ouest. Sa vitesse est insignifiante.

Zone d'influence :
Elle entre en Provence entre Bollène et Les Sainte-Maries-de-la-Mer. Elle court au pied du mont Ventoux, le long des Alpilles et sur la plaine de la Crau, puis par le Lubéron, entre la montagne de Lure et les calanques de Cassis. Elle ira mourir sur le plateau de Canjuers, dans le Var oriental. Son cours fait 90 km de large pour 190 km de long.

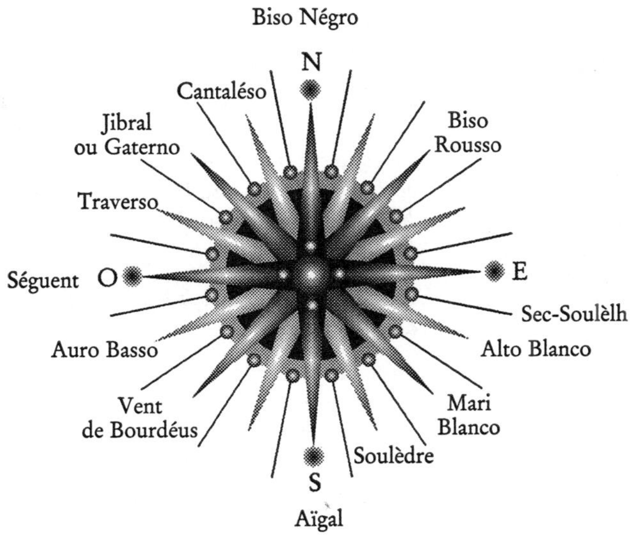

Rose des vents du Quercy-Rouergue

Trémountano
ou *Auro*
Voir *Tramountano*

Trémountano Grèco
Voir *Mountagniéro*

Trémountano Mistralo
Voir *Biso*

V

Vaudaire
(Vent de Vaud)

(Roses des vents de Rhône-Alpes & Savoie et de Franche-Comté & Lorraine – pages 111, 157)
Air tropical continental.

Source :
La vallée d'Aoste, pour les Français, mais il vient de la mer Egée.

Déclenchement et mécanisme :
Hautes pressions sur l'Italie du Sud et l'Adriatique, et basses pressions sur la Belgique et les Pays-Bas. Vent chaud et sec, de secteur sud-est, dominant en Suisse. Sa vitesse moyenne est de 30 km/h.

Zone d'influence :
Il traverse le canton du Valais, les Alpes, la Haute-Savoie, le lac Léman, le canton de Vaud, les monts du

Jura, le Doubs, la Haute-Saône méridionale, le Haut-Rhin méridional et le Territoire de Belfort. Il disparaît au pied du ballon d'Alsace. Son cours fait 130 km de large pour 210 km de long.

Vayle Levant (Dou)

(Où va le vent d'est)

(Rose des vents de Vendée – page 305)
Air polaire continental.

Source :
Les collines vendéennes.

Déclenchement et mécanisme :
Hautes pressions sur les Ardennes, et basses pressions sur la zone « Cap-Finisterre » en Atlantique. Vent de secteur est-nord-est. Sa vitesse est de 10 km/h.

Zone d'influence :
Il traverse le département de la Vendée. Son cours fait 110 km de large pour 120 km de long.

Vendée

(Vent d'est)

(Rose des vents de Vendée – page 305)
Air polaire continental.

Source :
La région des étangs de Brenne, en Berry.

Déclenchement et mécanisme :
Hautes pressions sur la Suisse, et basses pressions sur la zone « Nord-Gascogne » en Atlantique. Vent de terre de secteur est, défluent du ***Vendet*** du Poitou et de la Charente. Sa vitesse moyenne est de 20 km/h.

Zone d'influence :
Il traverse les Deux-Sèvres, la Vendée et la Charente-Maritime. Il se glisse sur le Marais poitevin, sans même friser les étangs, ni seulement courber les herbes aquatiques. Son cours fait 100 km de large pour 230 km de long.

Vendet
(Vent d'est)

(Roses des vents du Poitou et du Pays Nantais-Pays de Loire-Bretagne – pages 77, 369)
Air polaire continental.

Source :
La région des étangs de Brenne, en Berry.

Déclenchement et mécanisme :
Hautes pressions sur la Suisse, et basses pressions sur la zone « Nord-Gascogne » en Atlantique. Vent rare, de secteur est nordisant. Sa vitesse moyenne est de 20 km/h.

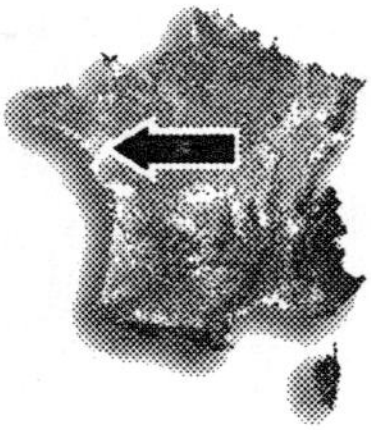

Zone d'influence :
Il traverse la Vienne, les Deux-Sèvres, le Maine-et-Loire, puis la Loire-Atlantique. Il disparaît en Brière et au large de la Côte d'Amour. Son cours fait 130 km de large pour 230 km de long.

Veine

(Rose des vents de Champagne & Ardennes – page 145)
Air polaire maritime.

Source :
La Brie.

Déclenchement et mécanisme :
Hautes pressions sur la Bretagne, et basses pressions

sur la Forêt-Noire (Allemagne). Vent de secteur ouest, courant nordisant du ***Dret vent.*** Sa vitesse moyenne est de 30 km/h.

Zone d'influence :
Il traverse la Marne méridionale, la Haute-Marne, et disparaît dans la vallée de la Moselle. Son cours fait 130 km de large pour 210 km de long.

Histoires et Singularités :

Son nom est une forme féminine du mot picard utilisé pour nommer le vent : veint.

Ventadin

(*Vent dedans,* en idiome varois)

(Rose des vents d'Yves Michel de la presqu'île de Giens – page 134)
Air arctique maritime.

Source :
Le mont Faron (540 m).

Déclenchement et mécanisme :
Hautes pressions sur la haute Provence occidentale, et basses pressions sur la Corse. Vent de secteur nord-nord-est. Sa vitesse moyenne est de 50 km/h.

Zone d'influence :
La rade de Toulon, le golfe de Giens, la rade d'Hyères, et l'île de Porquerolles. Son cours fait 30 km de large pour 30 km de long.

Ventarel
ou *Ventarinado*
(Vent léger et aléatoire)

(Rose des vents du Languedoc – page 43)
Air polaire continental.

Source :
Les garrigues gardoises depuis la vallée du Rhône occidentale.

Déclenchement et mécanisme :
Hautes pressions sur l'Italie du Nord, et basses pressions sur le golfe de Gascogne méridional. Vent rare et léger, de secteur est-nord-quart-est. Sa vitesse moyenne est de 10 km/h.

Zone d'influence :
Il traverse les départements du Gard et de l'Hérault, l'extrême pointe du Larzac méridional ainsi que les monts de Lacaune et ceux de l'Espinousse.
Son cours fait 80 km de large pour 200 km de long.

Vènt bàs d'Auvergne

(Rose des vents d'Auvergne – page 241)
Air tropical continental.

Source :
Le Rouergue.

Déclenchement et mécanisme :
Hautes pressions sur les Pyrénées, et basses pressions sur le nord-est de la France. Vent de secteur sud-sud-ouest soufflant vers le nord-nord-est. Sa vitesse est insignifiante.

Zone d'influence :
Il traverse le haut Rouergue, puis le Cantal, la Lozère septentrionale, la Haute-Loire et le Puy-de-Dôme, pour s'essouffler dans l'Allier méridional. Il n'atteint jamais Vichy. Son cours fait 75 km de large pour 200 km de long.

Vent blanc
ou *Va bya*

(Rose des vents de Franche-Comté & Lorraine – page 111)
Air tropical maritime.

Source :
La montagne de la Serre et la forêt de Chaux, dans la région de Dole.

Déclenchement et mécanisme :
Hautes pressions sur le Massif central, et basses pressions sur l'Allemagne. Vent de secteur sud-ouest. Sa vitesse moyenne est de 30 km/h.

Zone d'influence :
Il traverse le Doubs et la Haute-Saône, puis les Vosges et le Territoire de Belfort. Son cours fait 100 km de large pour 140 km de long.

Histoires et Singularités :

On dit que le ***Vent blanc*** ne souffle qu'au mois d'août, sans amener de pluie.

« Di mèti và byà pu lé djunà bè tà. »

« Le matin vent blanc, pour la journée beau temps. »

Vènt blanc

Voir *Levant Eissero*

Vènt caroubié

(Rose des vents des « Nissarts » – page 229)
Air polaire continental.

Source :
La baie de Villefranche-sur-Mer.

Déclenchement et mécanisme :
Hautes pressions sur le Golfe de Gênes, et basses pressions sur la Provence occidentale. Vent humide de secteur est, nordisant. Sa vitesse moyenne est de 30 km/h.

Zone d'influence :
Il souffle sur la région de Nice et Cagnes-sur-Mer. Son cours fait 10 km de large pour 20 km de long.

Histoires et Singularités :

Cinq siècles avant Jésus-Christ, les colonisateurs hellènes avaient planté de nombreux caroubiers à Villefranche-sur Mer.
« *Le vent caroubié n'est ni pour le mostellier ni pour le poutinier.* » (Le mostellier est un pêcheur de « mostelle », poisson blanc savoureux, bien connu des gourmets niçois pour sa chair fine et délicate. Le poutinier est un pêcheur de « poutine », alevin de sardine que seuls les pêcheurs de la baie des Anges ont le droit de capturer, dans une zone franche comprise entre le cap d'Antibes et Villefranche-sur-Mer, un mois par an.

Vent d'amont

(Rose des vents des pêcheurs normands – page 98)
Air arctique continental.

Nom générique de tous les vents de secteur nord et nord-est soufflant sur la Normandie : ***Horzain, Hale l'amont, Pus qu'nord, Haot Nordet*** et ***Nordet.*** Vents généralement froids et violents.

Vent d'Aquitaine

(Rose des vents de Toulouse-Pyrénées – page 285)
Air polaire maritime.

Source :
L'Aquitaine.

Déclenchement et mécanisme :
Hautes pressions sur le golfe de Gascogne, et basses pressions sur la golfe du Lion. Vent de secteur ouest. Sa vitesse moyenne est de 30 km/h, mais peut atteindre plus de 100 km/h en rafales, aux équinoxes et en automne.

Zone d'influence :
Toulouse et la Haute-Garonne septentrionale. Certaines régions du Gers oriental et du Tarn-et-Garonne connaissent aussi le ***Vent d'Aquitaine.*** Son cours fait 40 km de large pour 60 km de long.

Vent d'Armorique

(Rose des vents du Berry-Bourgogne et Morvan – page 318)
Air polaire maritime.

Source :
La Bretagne.

Déclenchement et mécanisme :
Hautes pressions sur la Bretagne, et basses pressions sur les Alpes françaises. Sa vitesse moyenne est de 30 km/h.

Zone d'influence :
Il traverse l'Indre, la Creuse septentrionale, l'Allier et disparaît en Limagne. Son cours fait 100 km de large pour 180 km de long.

Vènt d'aùt
(Vent du haut)

(Léi vènt que boufon en Prouvenço – *page 169)*
Air arctique maritime.

Source :
Le plateau des Coirons (Ardèche).

Déclenchement et mécanisme :
Hautes pressions sur le Centre-France, et basses pressions sur la Côte d'Azur. Vent de secteur nord-nord-quart-ouest, classé parmi les vents d'hiver (*lis aurasso*), parfois confondu avec le ***Vènt terraù*** ou le ***Mistral***, bien que plus nordisant. Sa vitesse moyenne est de 40 km/h.

Zone d'influence :
La Provence, qu'il ébouriffe et refroidit. Il traverse le Gard et la Drôme méridionale, le Vaucluse, les Bouches-du-Rhône, le Var et les Alpes-de-Haute-Provence. Il disparaît entre la montagne du Cheiron et, en mer, au large de la corniche de l'Esterel. Son cours fait 120 km de large pour 240 km de long.

Histoires et Singularités :

« Lo vènt d'aùt d'orbé la porto o Mistraù. »
« Le vent du haut ouvre les portes au Mistral. »

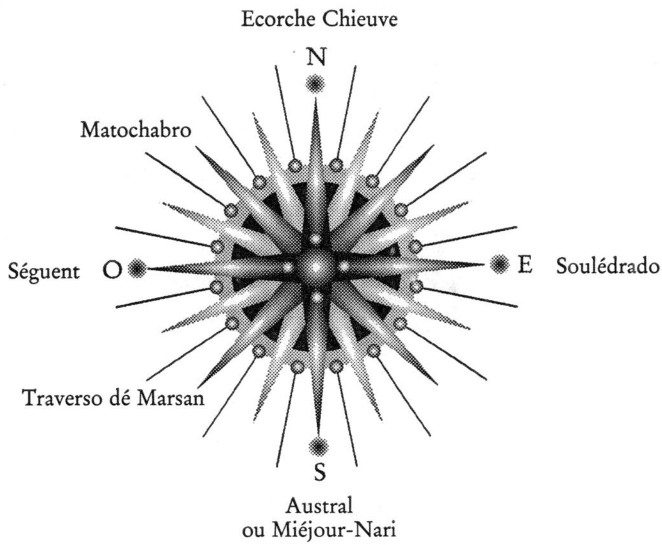

Rose des vents du Périgord

Vent d'ava
ou *Vouêt*

(Rose des vents des pêcheurs normands – page 98)
Air polaire maritime.

Source :
Le large, au sud du phare des Casquets.

Déclenchement et mécanisme :
Hautes pressions sur la zone « Sole » en Atlantique et basses pressions sur l'Allemagne méridionale. Vent dominant de secteur ouest. Sa vitesse moyenne est de 60 km/h.

Zone d'influence :
Il prend d'assaut les côtes normandes occidentales par le passage de la Déroute et gifle littéralement le Cotentin et la Basse-Normandie, puis traverse

le Calvados et la baie de Seine, et s'affale en furie sur le Pays de Caux et les boucles de la Seine jusque dans le Vexin normand avant de disparaître au portes de la Picardie. Affluent du ***Ch'Vint d'Dieppe*** et du ***Ch'Vint d'Oué.*** Son cours fait 120 km de large pour 300 km de long.

Vent d'aval

Voir *Er d'evo*

Vent de bas

(Rose des vents du Poitou – page 369)
Air tropical maritime.

Source :
Le Val-de-Sèvre en Vendée, et la vallée de la Sèvre Niortaise.

Déclenchement et mécanisme :
Hautes pressions sur le golfe de Gascogne, et basses pressions sur le Bassin parisien. Vent dominant de secteur sud-ouest. Sa vitesse moyenne est de 50 km/h.

Zone d'influence :
Il est chargé par le ***Suroît***, son affluent maritime, et balaie les Deux-Sèvres méridionales et la Vienne. Il disparaît en haute Touraine. Son cours fait 70 km de large pour 140 km de long.

Histoires et Singularités :

« Vent de bas la veille de la Trinité, il s'y tient les trois-quarts de l'année. »

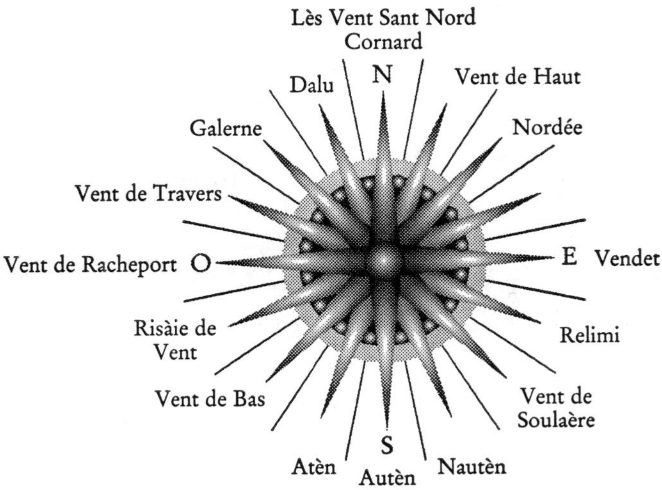

Rose des vents du Poitou

Vènt de biso
(Vent de bise)

(Rose des vents de Toulouse-Pyrénées – page 285)
Air arctique maritime.

Source :
Le Quercy.

Déclenchement et mécanisme :
Hautes pressions sur l'Europe du nord, et basses pressions sur l'Espagne et les Pyrénées. Vent de secteur nord. Sa vitesse moyenne est de 40 km/h.

Zone d'influence :
Vent d'envergure, il traverse le Tarn-et-Garonne, le Tarn occidental, la Haute-Garonne, l'Ariège, le Gers et les Hautes-Pyrénées. Son cours fait 150 km de large pour 200 km de long.

Vent de Beaumes-les-Dames

Voir *Bomwez*

Vent de Bourdéus

(*Vent de Bordeaux*, en idiome rouergat)

(Rose des vents du Quercy-Rouergue – page 357)
Air polaire maritime.

Source :
La Lomagne.

Déclenchement et mécanisme :
Hautes pressions sur la zone du « Cap Finisterre » en Atlantique, et basses pressions sur le Massif central et le Bourbonnais. Vent de pluie de secteur sud-ouest. Sa vitesse moyenne est de 40 km/h, avec des rafales aux équinoxes pouvant atteindre 130 km/h.

Zone d'influence :
Subissant la poussée des courants maritimes entrant par les côtes de Gascogne jusque sur les rives de la Garonne, il est influencé par l'aspiration des vallées du Tarn, du Lot puis de l'Aveyron. Il traverse le Lot-et-Garonne, le Lot, l'Aveyron et le Tarn septentrional pour mourir sur le plateau de l'Aubrac. Son cours fait 70 km de large pour 180 km de long.

Vent de corbeau – Và t'korbo

(Rose des vents de Franche-Comté & Lorraine – page 111)
Air polaire continental.

Source :
Le Territoire de Belfort.

Déclenchement et mécanisme :
Hautes pressions sur l'Autriche, et basses pressions sur la zone « Sud-Bretagne » en Atlantique. Vent de secteur est. Sa vitesse moyenne est de 30 km/h.

Zone d'influence :
Il traverse le Jura septentrional et le Doubs au sud, la Haute-Saône et les Vosges au nord. Il disparaît entre le plateau de Langres et la Côte d'Or. Son cours fait 130 km de large pour 180 km de long.

Histoires et Singularités :

Défluent du ***Solèr***, il souffle de l'est en automne pendant quinze jours, sans pluie. Pendant ce temps, les corbeaux « freux », migrateurs, émigrent vers l'ouest et le sud-ouest.

Vent de Darney

(Rose des vents de Franche-Comté & Lorraine – page 111)
Air polaire continental.

Source :
Darney, et la source de la Saône (Vosges).

Déclenchement et mécanisme :
Hautes pressions sur les Vosges, et basses pressions sur la Bretagne. Vent local de secteur est, reconnaissable à sa rigueur froide, défluent du ***Solèr***. Sa vitesse moyenne est de 30 km/h.

Zone d'influence :
Il n'est connu que dans les Vosges méridionales et en Haute-Marne orientale, dans le Bassigny. Son cours fait 25 km de large pour 50 km de long.

Histoires et Singularités :

On l'appelait aussi ***lè Dànèr***, en idiome franc-comtois, qui est devenu ***le Damné*** au fil du temps.

Vent de Galarne

(Rose des vents de Champagne & Ardennes – page 145)
Air arctique maritime.

Source :
Le Thiérarche méridional et la forêt de Saint-Gobain (Aisne).

Déclenchement et mécanisme :
Hautes pressions sur le détroit du Pas de Calais et la mer du Nord, et basses pressions sur la Suisse. Vent dominant de secteur nord-ouest, défluent nordisant de la ***Galerne***. Sa vitesse moyenne est de 50 km/h.

Zone d'influence :
Il traverse la Champagne et va se perdre dans les monts Faucilles (Haute-Marne). Son cours fait 80 km de large pour 260 km de long.

Vent de haut
ou *Vent noir*

(Rose des vents du Limousin – page 26)
Air arctique maritime.

Source :
Les étangs de Brenne (Indre).

Déclenchement et mécanisme :
Hautes pressions sur l'Europe septentrionale, et basses pressions sur la Méditerranée et le golfe du Lion. Vent de secteur nord. Sa vitesse moyenne est de 50 km/h.

Zone d'influence :
Il traverse l'Indre méridionale, la Creuse, la Haute-Vienne, la Corrèze, et disparaît dans le haut Quercy. Son cours fait 130 km de large pour 220 km de long.

Vent de haut
champenois

(Rose des vents de Champagne & Ardennes – page 145)
Air tropical continental.

Source :
La vallée de l'Armançon, autour de Tonnerre.

Déclenchement et mécanisme :
Hautes pressions sur le golfe du Lion et la Camargue, et basses pressions sur la Belgique. Vent chaud et sec, de secteur sud. Sa vitesse moyenne est de 20 km/h.

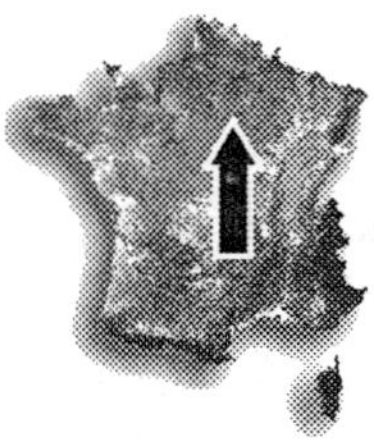

Zone d'influence :
Il traverse l'Aube et disparaît dans la vallée de la Marne autour d'Epernay. Son cours fait 60 km de large pour 130 km de long.

Vent de haut
poitevin

(Rose des vents du Poitou – page 369)
Air arctique continental.

Source :
La haute Touraine.

Déclenchement et mécanisme :
Hautes pressions sur l'Ile-de-France, et basses pressions sur la zone « Sud-Gascogne » en Atlantique. Vent semi-dominant de secteur nord-est. Sa vitesse moyenne est de 40 km/h.

Zone d'influence :
Il traverse la Vienne et les Deux-Sèvres, puis disparaît en Charente dans le pertuis d'Antioche. Son cours fait 70 km de large pour 170 km de long.

Vent de Lorraine – Va d'lé Luroèn

Voir *Lé Lorète*

Vent de mer

(Rose des vents de Vendée – page 305)
Air tropical maritime.

Source :
La zone « Nord-Gascogne » en Atlantique.

Déclenchement et mécanisme :
Hautes pressions sur le Portugal et la zone « Cap-Finisterre » en Atlantique, et basses pressions sur la Belgique et les Pays-Bas. Vent dominant, parfois violent, de secteur sud-ouest, affluent du ***Suroît.***
Sa vitesse moyenne est de 50 km/h.

Zone d'influence :
Il pénètre le continent sur les plages vendéennes entre l'île d'Yeu et l'île de Ré. Il traverse la Vendée et le Marais poitevin, les Deux-Sèvres, la Vienne septentrionale et disparaît dans la haute Touraine. Son cours fait 120 km de large pour 200 km de long.

Vent de moisson – Vo d'maso

(Rose des vents de Franche Comté & Lorraine – page 111)
Air tropical maritime.

Source :
La montagne de la Serre et la forêt de Chaux, dans la région de Dole.

Déclenchement et mécanisme :
Hautes pressions sur le Massif central, et basses pressions sur l'Allemagne. Vent sec et chaud de secteur sud-ouest. Sa vitesse moyenne est de 30 km/h.

Zone d'influence :
Il traverse le Doubs, la Haute-Saône, les Vosges et le Territoire de Belfort. Courant par le même axe que le ***Vent blanc***, son cours fait 100 km de large pour 140 km de long.

Histoires et Singularités :

Il a la réputation de faire mûrir le blé. On dit aussi qu'il ne souffle qu'au mois d'août, sans amener de pluie.

Vent de Montbéliard – Montbéliarde

Voir *Mobyè*

Vent de pluie – Va d'lo ploèdz – Va t'pyoèdj

(Rose des vents de Franche-Comté & Lorraine – page 111)
Air polaire maritime.

Source:
La Côte-d'Or.

Déclenchement et mécanisme:
Hautes pressions sur la zone « Sud-Bretagne » en Atlantique, et basses pressions sur l'Autriche. Vent dominant de secteur ouest. Sa vitesse moyenne est de 40 km/h.

Zone d'influence:
Il traverse la Haute-Saône, les Vosges, le Doubs et le Jura septentrional, puis se perd entre les montagnes des Vosges et du Jura. Son cours fait 160 km de large pour 180 km de long.

Histoires et Singularités:

« Jèma grà và poè véy fàn nà kuru pu rà. »
« Jamais grand vent ni vieille femme n'ont couru pour rien. »
« Lù tà s goflé du và ; sè èménrè d lè ploèj. »
« Le temps se gonfle de vent ; ça amènera la pluie. »

Vent de Racheport

(Rose des vents du Poitou – page 369)
Air polaire maritime.

Source:
Le Bocage vendéen.

Déclenchement et mécanisme :
Hautes pressions sur la zone « Sole » en Atlantique, et basses pressions sur la Suisse septentrionale. Vent de secteur ouest. Sa vitesse moyenne est de 40 km/h.

Zone d'influence :
Il traverse les Deux-Sèvres et la Vienne, et disparaît dans le Boischaut (Indre). Son cours fait 50 km de large pour 180 km de long.

Vent der Bastille

(Rose des vents de Paris – page 274)
Air tropical continental.

Source :
La Porte de Vincennes.

Déclenchement et mécanisme :
Hautes pressions sur l'Allemagne et la Bavière, et basses pressions sur la mer Celtique. Vent de terre de secteur est-sud-est, frais et humide. Sa vitesse moyenne est de 30 km/h.

Zone d'influence :
Il traverse la capitale par l'axe Nation-Bastille-Rivoli-Champs-Elysées, l'Etoile et Neuilly, où il se perd.

Histoires et Singularités :

C'est un vent « contestataire » qui bouscule les quartiers chics, puisqu'il s'oppose au ***Zef de Neuilly***. Neuf fois sur dix, il amène le crachin.

Vent der Champagne

(Rose des vents de Paris – page 274)
Air arctique continental.

Source :
Les Lilas.

Déclenchement et mécanisme :
Hautes pressions sur la Champagne-Ardenne et basses pressions sur la zone « Nord-Gascogne » en Atlantique. Vent frais de secteur est-nord-est. Sa vitesse moyenne est de 30 km/h.

Zone d'influence :
Il entre dans Paris par la Porte des Lilas et sort par la Porte de Saint-Cloud et la boucle de la Seine à Billancourt.

Vent de Reppe – Va d'lé yèy

Voir aussi *Vent de salins*

(Rose des vents de Lorraine & Franche-Comté – page 111)
Air tropical continental.
Vent de sud local soufflant depuis Reppe sur les Vosges.

Vent der Midi

(Rose des vents de Rhône-Alpes & Savoie – page 157)
Air tropical continental.

Source :
Vienne.

Déclenchement et mécanisme :
Hautes pressions sur la Méditerranée, et basses pressions sur le nord de l'Europe. Vent chaud de secteur sud. Sa vitesse moyenne est de 40 km/h.

Zone d'influence :
Défluent local du ***Marin*** de Provence, il remonte le Rhône à contre-courant, et traverse la Capitale des Gaules en rafales.

Histoires et Singularités :

On disait de lui qu'il errait de traboule en traboule dans l'axe du « Rose » (le « Rhône » en occitan), et s'en allait, l'humeur frivole, soulever les jupons des « gonesses » ou envoler la casquette des « gones ».

Vent de Rosas

(Rose des vents des Catalans – page 180)
Air tropical continental.

Source :
Rosas (Catalogne).

Déclenchement et mécanisme :
Hautes pressions sur les Baléares, et basses pressions sur les Cévennes. Vent de secteur sud-sud-est.
Sa vitesse moyenne est de 20 km/h.

Zone d'influence :
Il suit le relief de la Costa Brava et vient sur la Côte Vermeille où il se perd autour de l'Etang de Leucate. Son cours, essentiellement maritime, fait 35 km de large pour 100 km de long.

Histoires et Singularités :

Le ***Vent de Rosas*** ramène toujours les « Catalanes des pescaïres » (les grandes barques à voiles des pêcheurs) de Cerbère ou de Collioure à bon port.

Vent de Sagarra

Voir *Jean de France* et *Narbonès*

Vènt de Sago – Sago

(Rose des vents d'Yves Michel de la presqu'île de Giens – page 134)
Air tropical continental.

Source :
Le large du cap d'Arme, sur l'île de Porquerolles.

Déclenchement et mécanisme :
Hautes pressions sur le carrefour des zones « Provence », « Ligure » et « Sardaigne » en Méditerranée, et basses pressions sur le Vercors. Vent chaud et sec, de secteur sud-sud-est. Sa vitesse moyenne est de 30 km/h.

Zone d'influence :
Le golfe de Giens, les îles et la rade d'Hyères. Il se perd dans la vallée du Gapeau. Son cours fait 20 km de large pour 30 km de long.

Histoires et Singularités :

Son nom vient de l'espagnol *sejo*, « vent de sable », et de l'arabe *sega*, qui signifie « brume », dans le sens « trouble ». C'est un dérivé de l'occitan *ségo*, « givre », et *séio*, « tourbillon de neige ». Dans cet idiome, *ségo* et *sago* signifient aussi « vent de sable ».

Vent de salins

(Rose des vents de Franche-Comté & Lorraine – page 111)
Air tropical continental.

Source :
Besançon.

Déclenchement et mécanisme :
Hautes pressions sur la Savoie et le lac Léman, et basses pressions sur le Luxembourg. Vent de secteur sud à sud-est variable. Sa vitesse moyenne est de 30 km/h.

Zone d'influence :
Il traverse la Haute-Saône occidentale, les Vosges méridionales, et disparaît dans la Plaine lorraine. Son cours fait 50 km de large pour 110 km de long.

Vent des Cévennes

(Rose des Treize vents de Born à Aubrac – page 55)
Air polaire continental.

Source :
Le mont Aigoual (1565 m).

Déclenchement et mécanisme :
Hautes pressions sur la Méditerranée, et basses pressions sur le Massif central. Vent chaud, défluent nordisant, et beaucoup plus sec, de l'***Autan blanc*** et du ***Marin***. Sa vitesse moyenne est de 50 km/h.

Zone d'influence :
Il traverse le causse Méjean et le causse de Sauveterre, et monte sur l'Aubrac méridional et Laguiole, où il se perd. Son cours fait 40 km de large pour 90 km de long.

Histoires et Singularités :

« Lo vènt dé Cévennes né cargue ni aïgue, ni neù. »
« Le vent des Cévennes ne charge ni eau, ni neige. »

Vent de Soulaère
(Vent de soleil, en idiome poitevin*)*

(Rose des vents du Poitou – page 369)
Air tropical continental.

Source :
La basse Marche (Haute-Vienne).

Déclenchement et mécanisme :
Hautes pressions sur le Massif central, et basses pressions sur la Bretagne. Vent de secteur sud-est. Sa vitesse moyenne est de 20 km/h.

Zone d'influence :
Il traverse la Vienne, les Deux-Sèvres et le Maine-et-Loire méridional. Il disparaît dans la vallée de la Loire, en Pays Nantais. Son cours fait 90 km de large pour 230 km de long.

Vent de souleù
(Vent du soleil)
Voir *Mièjour-Eissero*

Vent d'Espagne

(Rose des vents du Languedoc – page 43)
Air tropical continental.

Source :
Les Fenouillèdes (Pyrénées-Orientales).

Déclenchement et mécanisme :
Hautes pressions sur l'Espagne, et basses pressions sur les Cévennes. Vent chaud et sec, de secteur sud-sud-ouest. Sa vitesse moyenne est de 20 km/h.

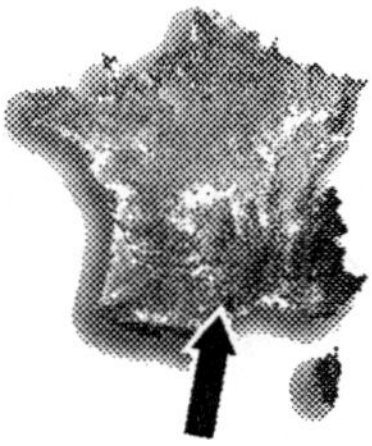

Zone d'influence :
C'est le ***Foehn*** des Languedociens. Coulant des Pyrénées, il s'étale dans les Corbières puis le Minervois ; dévié par les reliefs des monts de l'Espinousse, il atteint la Séranne, où il disparaît. Son cours fait 60 km de large pour 140 km de long.

Vent d'Espanya

(Rose des vents des Catalans – page 180)
Air tropical maritime.

Source :
La Cerdagne, à la pointe de Tosas (1800 m).

Déclenchement et mécanisme :
Hautes pressions sur l'Espagne, et basses pressions sur les Cévennes. Vent chaud de secteur sud-ouest. Sa vitesse moyenne est de 20 km/h.

Zone d'influence :
Il traverse la Cerdagne et le Conflent, puis les Fenouillèdes et la plaine du Roussillon, où il se perd. Son cours fait 40 km de large pour 100 km de long.

Vent de terre

(Rose des vents de Vendée – page 305)
Air polaire continental.

Source :
Les Deux-Sèvres méridionales, entre Niort et la forêt de Chizé.

Déclenchement et mécanisme :
Hautes pressions sur la Gascogne et le Périgord, et basses pressions sur la Bretagne. Vent chaud et sec, de secteur est-sud-est. Sa vitesse moyenne est de 20 km/h.

Zone d'influence :
Il traverse la Vendée et disparaît en Pays de Retz. Son cours fait 60 km de large pour 140 km de long.

Vent de travers

(Rose des vents du Poitou – page 369)
Air polaire maritime.

Source :
La région des Mauges (Maine-et-Loire).

Déclenchement et mécanisme :
Hautes pressions sur la Bretagne occidentale, et basses pressions sur le Massif central. Vent dominant de secteur ouest-nord-ouest, défluent de la ***Galerne***. Sa vitesse moyenne est de 40 km/h.

Zone d'influence :
Soufflant en rafales sur le Poitou, il traverse le Maine-et-Loire méridional, les Deux-Sèvres septentrionales, la Vienne et s'étiole dans la basse Marche. Son cours fait 70 km de large pour 220 km de long.

Vent des Rameaux

De ce vent dépend la pousse de l'herbe de printemps. En Pays d'Auge, les paysans observent attentivement la direction des vents au cours de la matinée du dimanche des Rameaux. C'est au moment où le prêtre bénit les rameaux de buis, et à l'instant où la procession revient du calvaire à l'église que le cultivateur augeron enregistre, l'index humide levé en l'air, la direction des vents, afin de savoir « si y aura d'herbe ou si n'y en aura point ». Que les vents soufflent du sud ou du sud-ouest, et son visage s'éclaire : le printemps sera doux et l'herbe grasse. Si la Bise est de nord, ou encore d'est, le temps restera aux froidures et l'herbe sera maigre. La Normande dira alors : « i f'ra point bonne Pâques, l'temps l'est chagrin d'froid ».

Vent d'Héricourt – Và d'Erikwé

(Rose des vents de Franche-Comté & Lorraine – page 111)
Air arctique maritime.

Source :
Héricourt (Saône-et-Loire).

Déclenchement et mécanisme :
Hautes pressions sur la Lorraine, et basses pressions sur la Suisse orientale. Vent de secteur nord-ouest, défluent du ***Vent de Lorraine***, dans l'axe du ***Joran*** Franchelvète et de la ***Traverse***. Sa vitesse moyenne est de 30 km/h.

Zone d'influence :
La région de Montbéliard. Il souffle sur l'extrême pointe orientale du Doubs et la frontière Suisse. Il disparaît en Franche-Montagne dans les reliefs du Jura suisse. Son cours fait 20 km de large pour 40 km de long.
On l'appelle aussi ***Lè Loraj*** (Le Lorrain) en idiome jurassien.

Vènt di damo
(Vent des dames)

(Léi vènt que boufon en Prouvenço – *page 169)*
Air tropical maritime.

Source :
Le golfe du Lion et l'étang de Berre.

Déclenchement et mécanisme :
Hautes pressions sur l'Espagne, et basses pressions sur le Piémont (Italie). Vent chaud de secteur ouest-sud-quart-ouest. Sa vitesse moyennes est de 30 km/h.

Zone d'influence :
Il traverse les Bouches-du-Rhône, le Vaucluse, le Var et les Alpes-de-Haute-Provence. Il disparaît dans le Champsaur. Son cours fait 110 km de large pour 220 km de long.

Histoires et Singularités :

Le ***Vènt di damo*** est un vent doux, léger, parfumé et tiède, qui remplace l'éventail en plein soleil et le gilet au crépuscule.

Vent di damo do Mai
(Vent des dames de Mai)

(Rose des vents d'Yves Michel de la presqu'île de Giens – page 134)
Air polaire maritime.

Source :
Le cap Sicié et la chapelle de Notre-Dame-du-Mai dans la forêt de Janas à La Seyne-sur-Mer.

Déclenchement et mécanisme :
Hautes pressions sur le golfe de Gascogne, et basses pressions sur le golfe de Gênes. C'est un vent connu des pêcheurs des alentours des îles d'Hyères et de la presqu'île de Giens. Soufflant d'ouest en est sans violence, il amène parfois la pluie. Sa vitesse est insignifiante.

Zone d'influence :
Il coule depuis le sommet de la forêt de Janas (358 m) vers La Seyne-sur-Mer. Son cours, principalement maritime, fait 12 km de large sur 50 km de long.

Histoires et Singularités :

Le Mai, c'est le nom du site de la forêt de Janas où a été édifiée la chapelle de Notre-Dame-du-Mai, sur l'emplacement d'un monument romain dédié à Janus, l'un des plus anciens dieux, gardien des portes, dont les deux visages représentent les deux faces.

Vent di damo
ou *Labé*
(Vent des dames et Labé)

(Les Maîtres du ciel – page 219)
Air tropical maritime.

Source :
Le golfe du Lion et l'étang de Berre.

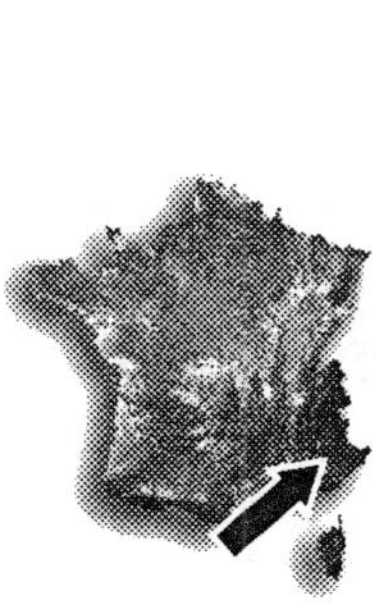

Déclenchement et mécanisme :
Hautes pressions sur l'Espagne, et basses pressions sur le Piémont (Italie). Vent chaud aérien de secteur sud-ouest.

Zone d'influence :
Il traverse les Bouches-du-Rhône et le Vaucluse, le Var, les Alpes-de-Haute-Provence, la Drôme

provençale, et parfois les Hautes-Alpes, où il disparaît dans le Champsaur. Son cours fait 110 km de large pour 220 km de long.

Histoires et Singularités :

Son défluent terrestre est le ***Garbin*** ou le ***Labé***, avec lequel il s'associe aux équinoxes. Durant ces périodes, il se fait aussi redoutable que le ***Mistral***.

Vent d'Italie

(Rose des vents de Rhône-Alpes & Savoie – page 157)
Air polaire continental.

Source :
Le Val d'Aoste (Italie).

Déclenchement et mécanisme :
Hautes pressions sur l'Europe centrale, et basses pressions sur la zone « Nord-Gascogne » en Atlantique. Vent sec et frais de secteur est. Sa vitesse moyenne est de 30 km/h.

Zone d'influence :
Il traverse la Haute-Savoie et la Savoie, l'Isère, l'Ain et le Rhône pour disparaître dans le Forez. Son cours fait 100 km de large pour 250 km de long.

Vènt dou marin
ou *Vènt dou miéjour*
(Vent de la mer – Vent du Midi)

(Les Maîtres du ciel – page 219)
Air tropical continental.

Source:
La zone « Provence » en Méditerranée.

Déclenchement et mécanisme :
Hautes pressions sur le bassin algéro-provençal et basses pressions sur les Alpes. Vent de secteur sud. Sa vitesse moyenne est de 50 km/h.

Zone d'influence :
Il vient par-dessus les flots de la Méditerranée secouer les brises traversières provençales. Vent d'altitude, parce que chaud, il se frotte parfois aux brises terrestres rasantes qui le font chanter au-dessus des toits.

Vènt dou souleù

(Vent du soleil)

(Rose des vents d'Yves Michel de la presqu'île de Giens – page 134)
Air tropical continental.

Source :
Le large des îles d'Hyères et du cap Sicié.

Déclenchement et mécanisme :
Hautes pressions sur la mer de Sardaigne, et basses pressions sur les Alpes. Vent de secteur sud. Sa vitesse moyenne est de 40 km/h.

Zone d'influence :
Essentiellement maritime, il se borne à traverser les routes des corniches. Son envergure dépend de la témérité des sardiniers provençaux.

Histoires et Singularités :

D'après une vieille légende provençale, il serait né d'un rayon de soleil que Zeus offrit à la montagne. Poséidon, jaloux, y envoya Notos, roi des mers du Sud, pour tempérer cette ardeur jusque-là réservée aux étendues marines.

Vent du bas
Voir *Harle*

Vent du Midi

(Rose des Treize vents de Born à Aubrac – page 55)
Air tropical maritime.

Source :
Les monts de Lacaune.

Déclenchement et mécanisme :
Hautes pressions sur les zones « Baléares » et « Minorque » en Méditerranée, et basses pressions sur le Massif central. Vent de secteur sud. Sa vitesse moyenne est de 30 km/h.

Zone d'influence :
Il traverse le département de l'Aveyron et se perd dans la vallée de la Truyère, autour de Chaudes-Aigues. Son cours fait 70 km de large pour 130 km de long.

Vent du Rhône – Vènt do Rose
Voir *Rousal*

Vènt lar
(Vent du large, en idiome provençal*)*

(Rose des vents d'Yves Michel et de la presqu'île de Giens – page 134)
Air tropical continental.

Source :
Le large des îles d'Hyères et du cap Sicié.

Déclenchement et mécanisme :
Hautes pressions sur la mer de Sardaigne, et basses pressions sur les Alpes. Vent de secteur sud-sud-quart-est. Sa vitesse moyenne est de 20 km/h.

Zone d'influence :
Essentiellement maritime, il est trop faible pour monter à terre. Son envergure ne concerne que les côtes varoises autour de Toulon.

Vènt larc

ou *Vènt soutran*
(Vent du large, en idiome nissart*)*
Voir *Austrou*

Vènt larg

(Vent du large)

(Léi vènt que boufon en Prouvenço – *page 169)*
Air tropical maritime.

Source :
Les calanques de l'Estaque.

Déclenchement et mécanisme :
Hautes pressions sur la zone « Minorque » en Méditerranée, et basses pressions sur les Hautes-Alpes et le Piémont occidental (Italie). Vent chaud de secteur sud-quart-sud-ouest. Sa vitesse moyenne est de 30 km/h.

Zone d'influence :
Il vient par la zone « Provence » en Méditerranée, sans violence mais avec assez de caractère pour faire monter la mer dans les criques provençales.

Essentiellement maritime et côtier, il n'est, dans les terres de l'arrière-pays, guère connu plus loin que la ligne qui relie les Alpilles et la montagne Ste-Victoire, puis le massif des Maures. Son cours fait 130 km de large pour 80 km de long.

Vent mouillé

(Rose des vents d'Auvergne – page 241)
Air tropical maritime.

Source :
Le causse de Gramat.

Déclenchement et mécanisme :
Hautes pressions sur la zone « Sud-Gascogne » en Atlantique, et basses pressions sur le Massif central. Vent très humide, de secteur ouest-sud-ouest. Sa vitesse moyenne est de 30 km/h.

Zone d'influence :
Il traverse le Cantal, l'Aveyron septentrional et le Puy-de-Dôme méridional pour disparaître en Livradois. Son cours fait 70 km de large pour 170 km de long.

Histoires et singularités :

Comme son nom l'indique, il amène la pluie en Auvergne. Des nuages ramassés sur le golfe de Gascogne qui viennent se déchirer sur les monts Dorés. On dit aussi Vènt Mouill'.

Vènt négat
(Vent noyé)

(Rose des vents des « Nissarts » – page 229)
Air polaire maritime.

Source :
Le Plan de Caussols et le col de la Sine (1080 m).

Déclenchement et mécanisme :
Hautes pressions sur les Cévennes, et basses pressions sur la mer Adriatique. Vent de secteur ouest-nord-quart-ouest, froid et sec. Sa vitesse moyenne est conditionnée par le ***Pounènt*** de Provence et parfois par le ***Mistral.***

Zone d'influence :
Il descend par les vallées de la Cagne et du Var sur la baie des Anges. Son cours fait 15 km de large pour 30 km de long.

Vent noir

Voir *Vent de haut*

Ventolin

(*Petit vent,* en idiome varois)

Vent de Provence. Vent local du Var méridional. Air tropical continental.

Source :
Saint-Mandrier.

Déclenchement et mécanisme :
Hautes pressions sur la Méditerranée, et basses pressions sur les Alpes. Vent sans axe franc, sujet au relief et aux petites dépressions locales. Sa vitesse est sans importance.

Zone d'influence :
Carqueiranne, Saint-Mandrier, La Seyne-sur-Mer, Le Brusc, Six-Fours, Sanary et Bandol. En d'autres endroits de Provence, on le surnomme le ***Rémoulinaïré.***

Ventouleso

(Vent de l'est, en idiome du Languedoc*)*

(Rose des vents du Languedoc – page 43)
Air arctique continental.

Source :
Les garrigues gardoises.

Déclenchement et mécanisme :
Hautes pressions sur les Alpes, et basses pressions sur les Pyrénées et l'Espagne orientales. Vent frais et sec, de secteur nord-est. Sa vitesse moyenne est de 20 km/h.

Zone d'influence :
Il traverse le Gard méridional, l'Hérault et l'Aude. Parfois il atteint l'Aveyron méridional, et le Tarn autour des monts de Lacaune, où il disparaît.
Son cours fait 90 km de large pour 160 km de long.

Ventourèlo

Petit vent tourbillonnant, en idiome languedocien, dans l'Hérault et le Gard

Ventourèlo

Voir *Chouillère-haute*

Ventouresco
(Brise froide du Ventoux)

(Léi vènt que boufon en Prouvenço *et Rose des vents du Moulin de Fontvieille – pages 22, 169)*
Air arctique continental.

Source :
La montagne du Parpaillon.

Déclenchement et mécanisme :
Hautes pressions sur le Piémont (Italie), et basses pressions sur le golfe du Lion. Vent sec et froid, de secteur nord-nord-quart-est. Sa vitesse moyenne est de 30 km/h.

Zone d'influence :
Il traverse les Alpes-de-Haute-Provence, le Var, les Bouches-du-Rhône, le Vaucluse et la Drôme provençale, puis le Gard en Camargue. Bâtard de l'***Aguièloun*** et du ***Mountagnièro***, mais plus léger, il musarde entre les reliefs, saisissant par ses froidures les gelées matinales. Son cours fait 160 km de large pour 240 km de long.

Histoires et Singularités :

Cette brise fraîche qui descend du mont Ventoux sur les Alpilles et la plaine de la Crau est rare. Mais le ***Ventouresco*** n'est-il pas l'ami de l'Arlésienne ?

Vènt soubran
(Vent du dessus, c'est-à-dire *du nord)*

(Rose des vents des « Nissarts » – page 229)
Air arctique maritime.

Source :
Le Mercantour et la Tête du Malinvern (2939 m).

Déclenchement et mécanisme :
Hautes pressions sur la Suisse, et basses pressions sur la mer de Sardaigne. Vent de secteur nord. Sa vitesse moyenne est de 40 km/h.

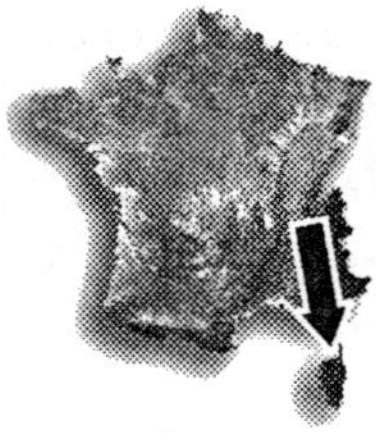

Zone d'influence :
Il traverse le parc du Mercantour et l'arrière-pays niçois, et atteint la Côte d'Azur par les vallées de la Vésubie et du Var. Son cours fait 30 km de large pour 60 km de long.

Vènt soutran

ou *Vènt larc*
(Vent du dessous,
c'est-à-dire *du sud)*
Voir *Austrou*

Vènt ferradour

(ou *terradour)*

(Rose des vents des « Nissarts » – page 229)
Air arctique continental.

Source :
Sospel.

Déclenchement et mécanisme :
Hautes pressions sur la Lombardie, et basses pressions sur la zone « Provence » en Méditerranée. Vent de secteur nord-est. Sa vitesse moyenne est de 30 km/h.

Zone d'influence :
La Côte d'Azur. Il ne descend que très rarement sur Nice parce que dévié vers la mer par la pointe du Baudon (1254 m) au-dessus de la principauté

de Monaco. Son parcours n'est pas très distinct. Vent de terre sans caractère, il est sec et froid en hiver et frais et humide en été.

Histoires et Singularités :

Son nom signifie « qui se ferre à la terre », c'est-à-dire qui s'y accroche.

Vent terraù

Voir *Mistral*

Veudoise de Lorraine

Voir *Ene Veudoése*

Vouêt

(Vent d'ouest)

Voir *Vent d'ava*

Vouêtin

(Rose des vents des pêcheurs normands – page 98)

Air polaire maritime.

Source :

Le large du Channel Island entre les îles de Jersey et Guernesey.

Déclenchement et mécanisme :
Hautes pressions sur la zone « Sole » en Atlantique, et basses pressions sur la Belgique. Vent dominant de secteur ouest-quart-sud-ouest, défluent du ***Vouêt*** et du ***Dévalaé***. Sa vitesse moyenne est de 40 km/h.

Zone d'influence :
Il traverse les départements de la Manche, du Calvados et de la Seine-Maritime, pour disparaître sur la Côte d'Opale. Son cours, essentiellement maritime, fait 120 km de large pour 280 km de long.

Histoires et Singularités :

C'est un petit vent de secteur ouest à sud sans axe précis. On le connaît en mer pour ses rafales lisses et étalées. Moins puissant que ses deux aînés, il a la réputation de ramener sur les côtes cotentinoises du passage de la Déroute les marins normands « perdus » dans les eaux bretonnes du golfe de Saint-Malo !

X

Xaloc

(Rose des vents des Catalans – page 180)
Air tropical maritime.

Source :
La zone « Baléares » en Méditerranée et la Costa Brava.

Déclenchement et mécanisme :
Hautes pressions sur le Bassin algéro-provençal et la mer de Sardaigne, et basses pressions sur le secteur « Nord-Gascogne » en Atlantique. Vent de sud-est chaud et sec, extrêmement rare. Sa vitesse moyenne est de 30 km/h.

Zone d'influence :
Cerbère, sur la Côte Vermeille et l'étang de Canet. Vent de mer pour l'essentiel, c'est l'un des courants parallèles de l'***Autan blanc***, avec un axe plus méridional. Son cours fait 20 km de large pour 60 km de long.

Histoires et Singularités :

Son nom est une variante d'*Eissalot*, mot arabe qui appartient à la grande famille des ***Essero***, ***Eissero***, ***Eisselo***, et ***Sirocco***, tous venus de *Surûq*, « lever de soleil ». On connaît aussi le ***Xeloc*** marocain et le ***Xalouc Xoulouq***.

Z

Zef de la Muette

(Argot parisien de Zéphyr, vent léger)

(Rose des vents de Paris – page 274)
Air tropical maritime.

Source :
Le Pré Catelan, dans le bois de Boulogne.

Déclenchement et mécanisme :
Hautes pressions sur la zone « Nord-Gascogne » et l'estuaire de la Loire, et basses pressions sur la Belgique orientale et le Luxembourg. Vent de secteur ouest-sud-ouest, soufflant en rafales, avec des pointes à plus de 130 km/h. Sa vitesse moyenne est de 50 km/h.

Zone d'influence :
Du bois de Boulogne, il entre dans Paris par le Trocadéro et sort à Pantin. Vent chaud et humide, il est synonyme de pluie.

Histoires et Singularités :

Il est responsable, avec le ***Suroît du Bois***, de la dévastation du bois de Boulogne au cours de la tempête de décembre 1999. C'est un défluent du ***Suroît*** et du ***Surouêt***, son cousin normand, qui, avec le ***Mervent*** breton, ont ravagé le parc du Château de Versailles au même moment.

Zef de Neuilly

(Rose des vents de Paris – page 274)
Air polaire maritime.

Source :
Neuilly-sur-Seine.

Déclenchement et mécanisme :
Hautes pressions sur la baie de Seine et la Manche, et basses pressions sur le Jura. Vent d'ouest-nord-ouest, il suit grosso modo l'axe de la Seine et souffle surtout l'hiver, souvent avec violence. Sa vitesse moyenne est de 50 km/h.

Zone d'influence :
C'est le vent qui n'emprunte que les belles rues et avenues de Paris, depuis la Défense jusqu'au bois de Vincennes. Avenue Charles-de-Gaulle, avenue de la Grande Armée, Champs-Elysées et rue du Faubourg St-Honoré, rue de Rivoli et avenue Daumesnil.

Zéphiroun

Air tropical maritime.

Source :
Le large du cap Couronne, la chaîne de l'Estaque.

Déclenchement et mécanisme :
Hautes pressions sur le Languedoc méridional, et basses pressions sur la mer Ligurienne. Sa vitesse est nulle.

Zone d'influence :
Air léger et chaud soufflant du couchant, essentiellement marin, il traverse la baie de l'Estaque, prend Marseille par les quais de la Joliette et le Vieux-Port, et n'atteint jamais les « Réformés ». Le ***Zéphiroun*** est le fils cadet du ***Narbounès*** et du ***Pounènt***. Une brise nonchalante qui flâne sur les esplanades du Pharo et de la Grande Corniche jusqu'à « Malmousque ».

Histoires et Singularités :

Ce « petit ***Zéphyr*** », en idiome provençal, uniquement marseillais, est un vent local qui n'adhère à aucune rose des vents. C'est une sorte de petit ventilateur que la Bonne-Mère de Notre-Dame de la Garde aurait fait installer sur les boulodromes de la cité phocéenne pour aérer les pétanqueurs à qui il viendrait un coup de chaud !

Zéphyr

(Rose de la Tour des Vents d'Andronicos – page 411)
Air tropical maritime.

Vent d'ouest, le plus souvent chaud l'été et tempéré l'hiver. On lui attribue une légèreté qui se dément depuis le solstice de décembre 1999. Brise de mer pour la France occidentale, et de terre, extrêmement rare, pour la France orientale. En général, vent doux et agréable.
Son nom vient du latin *Zephyrus* et du grec *Zephuros*, dieu des vents de la mer.

Dans « *La jeune Tarentine* », le poète André Chénier rebaptisa le cap Ténare, au sud du Péloponnèse, « cap du Zéphyr ».

« Elle est au sein des flots la jeune Tarentine,
Son beau corps a roulé sous la vague marine.
Téthys, les yeux en pleurs, dans le creux d'un rocher,
Aux monstres dévorants eut soin de la cacher.
Par ses ordres bientôt les belles Néréides
L'élèvent au-dessus des demeures humides,
La portent au rivage, et dans ce monument
L'ont au cap du Zéphyr déposée mollement. »

Petit guide régional

Bretagne

La rose des vents de Bretagne est représentée selon un schéma particulier aux divisions de l'espace dans la tradition celtique insulaire, tel qu'il fut établi en Irlande, et qui pose comme principe que l'orientation se fait face au soleil levant, ce qui place le nord à gauche, le sud à droite et l'ouest derrière.
La rose est divisée en quatre régions :
Hanternoz = Minuit (nord)
Kreisteiz = Midi (sud)
Sav-Heol = Levant (est)
Kuz-Heol = Couchant (ouest)

Hémisphère sud Bretagne : *Dehou*
Hémisphère nord Bretagne : *Kleiz*

Pays de Nantes et Vendée

Aràud = Vents de sud contraires

Normandie

Les vents *horzains* = du nord
Les vents *forains* = du sud
Les vents *estieus* = du sud-est
Les vents de *norouêt* = du nord-ouest
Les vents d'*ava* = du sud-ouest
Les vents d'*amont* = du nord-est

Provence

Uba = Nord (Ubac)
Adré = Sud (Adret)
Trémount = Ouest
Levant = Est

Lis Aurasso = vents d'hiver *(ivèr)*
U Marinado = vents d'été *(istieù)*
Lis Aureto = vents de printemps *(printèms)*
Lis Rispo = vents d'automne *(autouno)*

Picardie

L'ensemble des vents soufflant sur la Picardie, l'Artois et les Flandres portent souvent le nom d'un village ou d'une ville voisine, ce qui témoigne de l'attachement des Ch'timis à leur patrimoine géographique et linguistique. Connus seulement dans la localité annoncée, ces vents ne dépassent guère les limites du canton.

Vent de nord, à Courcelles-sous-Moyen-Court :
Ech veint il est du côté 'd Frenoué.
Le vent vient par Fresnoy-au-Val.

Vent de nord, à Fricamps :
Ech veint il est 'd Saint-Aubin.
Le vent vient par Saint-Aubin.

Vent de nord, à Molliens-Vidame :
Ech veint il est a ch'bos 'd Sezvau.
Le vent vient par le bois de Saisseval.

Vent d'est, en Amiénois :
El veint y est ein Ardennes.
Le vent vient par les Ardennes.

Vent d'est, à Fricamps :
Ech veint il est à Gueuvillers.
Le vent vient par Quevauvillers.

Vent d'est, à Hébescourt :
Ech veint il est à Reims.
Le vent vient par Reims.

Vent d'est, à Molliens-Vidame :
Ech veint il est du côté 'd Lincheux.
Le vent vient par Lincheux.

Vent d'est, à Molliens-Vidame :
Ech veint il est su 'l Crocq.
Le vent vient par la Côte de Crocq.

Vent d'ouest, à Neslette :
Ech veint il est sur Foucaucourt.
Le vent vient par Foucaucourt-hors-Nesle.

Vent d'ouest, à Neslette :
Ech veint 'd Dieppe.
Le vent vient par Dieppe.

Vent d'ouest, à Seux :
Ech veint il est a ch'bos 'd Vakri.
Le vent vient par le bois de Vacquerie.

Vent de sud, en Amiénois :
El veint y est ein France.
Le vent vient de France (!).

Vent de sud, à Equennes :
Ech veint il est 'dsus Granvillers.
Le vent vient par Grandvillers.

Vent de sud, à Warloy-Baillon :
Ech veint il est i souffe 'd Bouézieux.
Le vent vient par Baizieux.

Vent de sud-ouest, à Sentelie :

Ech veint il est ‘d Etchenne.

Le vent vient par Equennes.

Vent de nord-est, à Mesnil-Martinsart :

Veint d’ein heut.

Le vent vient d’en haut.

Vent de sud-ouest, à Mesnil-Martinsart :

Veint d’ein bos.

Le vent vient d’en bas.

Vent de nord-est, à Hesbecourt :

Veint d’amont.

Vent de sud-ouest, à Hesbécourt :

Veint du bas.

Vent de sud, à Molliens-Vidame :

Veint d’essu.

Vent de sud-est, à Neslette :

Veint d’France.

Vent chaud, à Hébescourt :

Veint meu ou *Veint fade.*

A Hébescourt, encore :

« *Veint sé* » ou « *Veint de sécresse* ».

« Vent sec » ou « Vent de sècheresse ».

Vent léger et tiède à Warloy, Baillon et Molliens-Vidame :

Veint doux.

L’appellation est parfois accompagnée ou remplacée par un dicton.

Vent de sud à Fricamps :

« *Ech veint il est à Pouès. On’einteind chés trains.* »

« Le vent est sur Poix. On entend les trains (qui passent sur le viaduc). » Signe de pluie.

Vent d'est, à Bovelles :

Veint lorrain.

« *Veint lorrain, quand i n'plut pos ojord'hui, i plut dmain.* »

« Avec le vent lorrain, s'il ne pleut pas aujourd'hui, il pleuvra demain. »

Vent de nord-ouest, à Pont-Noyelles :

Veint d''Ecoche.

« *Ech veint, il est d'Ecoche o n'o pos dzouin 'd saquelet ni 'd poche.* »

« Le vent vient d'Ecosse ; on n'a pas besoin de sac ni de poche. » (Perspective d'une mauvaise pêche.)

Vent venant d'Amiens, à Daours :

« *Ech veint il est d'Amiens. Tout 'ch qui n'ein vient a n'veut jamouès rien.* »

« Avec ce vent qui vient d'Amiens, il ne faut s'attendre à rien de bien. »

Il existe également un certain nombre d'expressions, plus ou moins répandues, pour définir l'action d'un vent.

Dans toute la Picardie :

« *Tchiotte pleuve n'abot point grand veint.* »

« Petite pluie n'arrête pas grand vent. »

« *Ech veint i s'émeut* » ou « *Ech veint i kmeinch'à s'émuvouère.* »

« Le vent s'émeut » ou « Le vent commence à s'émouvoir ».

(Le vent se lève, après une accalmie.)

« *Ech veint il est bouffeux.* »

« Le vent souffle en rafales ».

A Molliens-au-Bois :

Tortu Warak.

Trombes d'eau et vent violent. (Littéralement : « tordre les récoltes ».)

A Avesnes-Chaussoy :

« Lo qu'ech veint i s'couque à St-Denis, il y fouait sein nid. »

« Si le vent est à l'est à la St-Denis (le 9 octobre), il est insallé pour un bon moment. »

« Lo qu'ech veint i couqu'edvant l'ieu bénite, il y couque peindeint troués moués. »

« Si le vent s'installe à l'eau-bénite, il est là pour trois mois. » (On avait coutume autrefois de préparer l'eau bénite aux quatre-temps, c'est-à-dire tous les trois mois. Le proverbe signifiait donc que, si le vent se levait à cette occasion, il durait jusqu'à la cérémonie suivante.)

« Lo qu'ech veint détchulé ch'est del plut aseurée. »

« Quand le vent tombe, c'est la pluie assurée. »

A Courcelles-sous-Mayencourt-Warlus :

« Ech veint il est du côté del moué à fagots. »

Et à Molliens-au-Bois :

« Ech veint il est dins 'l moua à fagots. »

« Le vent est du côté du tas de bois. »

(Dans les deux cas, l'expression qualifie un vent froid. Elle fait allusion aux bûches que l'on a préparées pour la cheminée.)

A Querrieu :

« Ech temps il est al pleuve ; ech coup il est sur Buchin. »

« Le temps est à la pluie ; le coq du clocher est tourné vers Bussy-lès-Daours. »

A Hébescourt :

« Ech veint 'd lène rousse. »

« Vent de la lune rousse. »

A Warloy, Baillon et Molliens-Vidame :

"Ech veint i corne."

Et à Hébescourt :

« Ech veint i chiffe » ou *« Ech veint i jure »*.

« Le vent siffle. »

A Molliens-au-Bois :

"Ech veint i fouale."

« Le vent fouette les murs. »

A Warlus :

« Ech veint il est a l'sève. »

« Le vent est comme la sève. »

(Il s'agit du vent de sud-ouest, doux et influent sur la région.)

A Neuville-Coppegueule :

« Ech veint il est din ch'treu d'ieu. »

« Le vent est dans un trou d'eau. » (Signe de pluie)

A Fluy :

« Chès mers i sont cartchés. »

(Expression intraduisible qui veut dire que les nuages venus de la mer, poussés par le vent, sont chargés de pluie.)

A Courcelles-lès-sous-Thoix :

« El veint il est à Madame Snarpont...el grande pissatière ! »

« Le vent est à Sénarpont... la grande pisseuse ! »

(Ce vent amène la pluie.)

A Camon, où les hortillons sont à la fois jardiniers et pêcheurs :

« Veint 'd Camon reste à 't mouéson. »

« Vent de Camon reste à la maison. »

« Veint 'd Longuieu ch'est bieu. »

« Vent de Longueau (de sud), beau temps en perspective. »

« Veint 'd Cagny y a des brochets 'd pris. »

« Vent de Cagny (de sud), belle pêche en perspective. »

A Fresnoy-au-Val :

« Veint d'avri n'a point d'azil. »

« Le vent d'avril n'a pas d'asile. » (Durant ce mois, le vent change constament de direction).

A Courcelles-sous-Moyencourt :

« I fouait du veint dins chès camps à einvoler tous chès geins. »

« Il fait du vent dans la plaine, à faire s'envoler tous les gens. »

A Molliens-Vidame :

« La veudoise est venue et à enlevé tous nos boeufs. »

(La phrase est extraite d'un conte d'Henri Carnoy, « Jean, le malin et son seigneur » dans sa « *Littérature orale de la Picardie* ». Elle donne une idée de la force de ce vent, soufflant en trombes et en tourbillons, qui est assimilé à un être maléfique. Elle peut être Veudouèse, Heudoise, Vaudoise, Voedoèz, ou encore Veudwèze à Embry où elle signifie « tourbillon de poussière ou de fumée ».

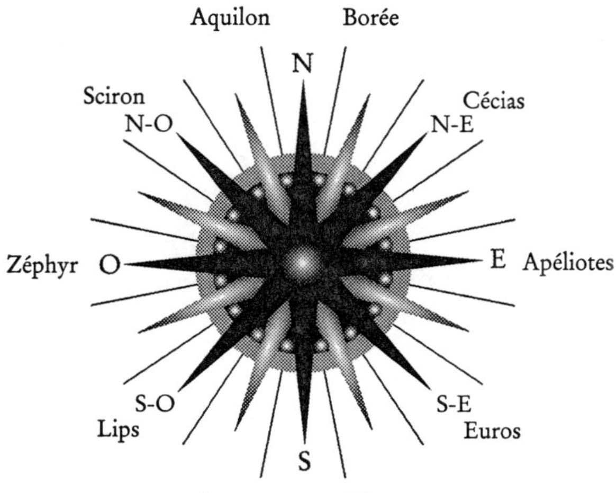

Rose des vents d'Andronicos (An 100 av. J.-C.)
« Tour des vents » à Athènes

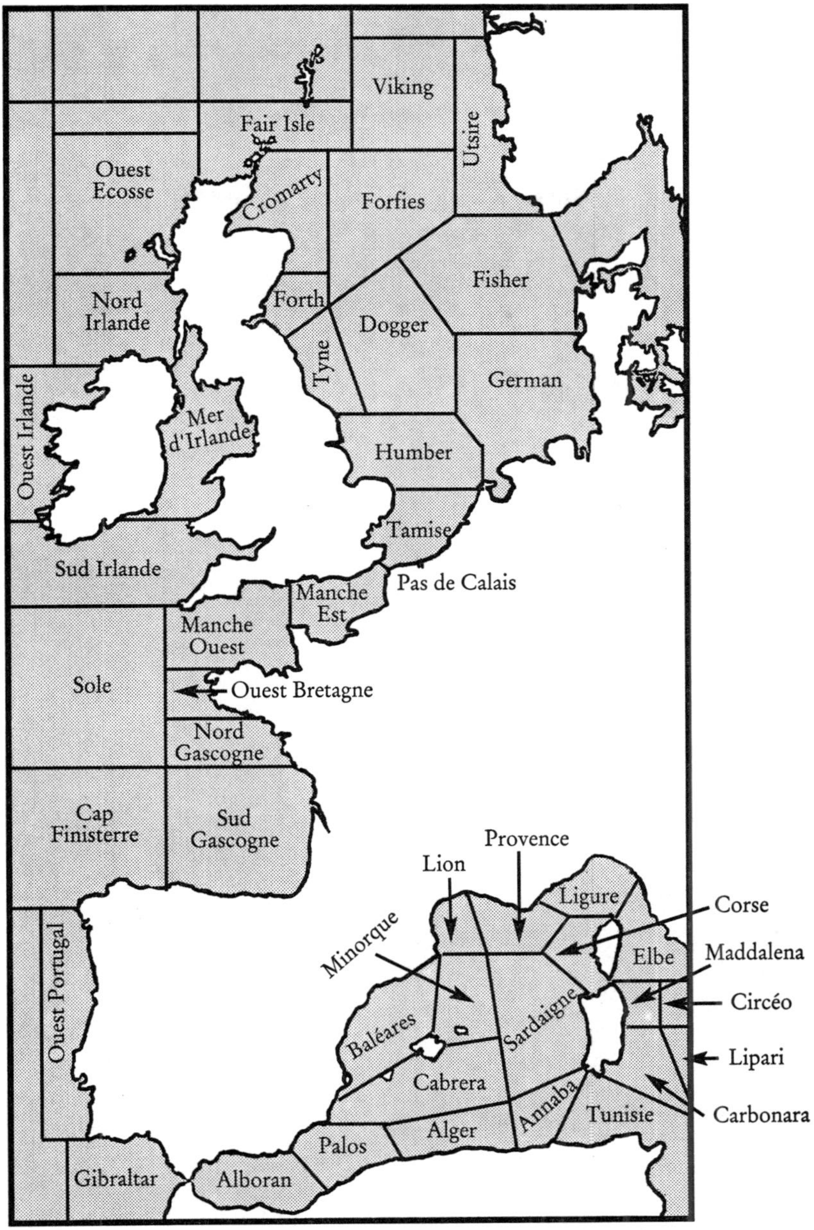

Zones Maritimes d'Europe occidentale

Les Roses des Vents

Bibliographie

Andouard L. *Brezhoneg ar mor*
Mouladurioù Hor Yezh 1983

Bézian Jean et Huguette
Les Grandes Heures des Moulins Occitans
Collect. Terre Humaine Plon

Cantalausa Joan
Diccionari Occitan Illustrat
Ed. Quatrena – Cultura d'Oc – Rodez 1995

Carlier Marie-Hélène, Chevalier Gil, Wolff Philippe
Le Vent d'Autan raconte Toulouse
Ed. Privat (B.D.)

Compan André
Glossaire raisonné de la Langue Niçoise
Ed. Serre Nice 1982
Glossaire raisonné de la Langue Niçoise
Ed. Tiranty Nice 1967

Castellana Georges
Dictionnaire Français-Niçois
Ed. Serre Nice 1983

Daunay Jean
Parlers de Champagne

Depoilly Armel
Le Joueur de cornemuse, traduit par Jacques Dulfy
Contes éd no forni et pi Ramintuvries.
Ch'l anchron – Abbeville – 1999

Dom Louis le Pelletier
Dictionnaire de la langue bretonne
Manuscrit non édité 1752

Durand Jean
Les Contes de la Burle 1997
Les Contes du Mistral 1995
Ed. de la Mirandole

Guillandre Joseph
La répartition des airs dans la rose des vents bretonne
Publication personnelle 1943

Moreux Théophile (L'Abbé)
Comment prédire le temps 1919
Publication personnelle (Dir. Obs de Bourges)

Palay Simin
Dictionnaire du Béarnais et du Gascon modernes
Ed. du Centre National de la Recherche Scientifique 1991

Paul Patrice, Fiedler Franz, Lichtner Friedermann, Parlow Eberhard, Schaub Otto, Schweinfurth Gerhard, Thommes Wilfried, Wunenburger René
Atlas climatique du Fossé Rhénan
Ed. Coprur, Strasbourg 1997

Philipponnat Gustave
Glossaire du Vigneron d'Ay
Publication personnelle 1935

Piat L.
Dictionnaire Français-Occitanien
Imprimerie Centrale du Midi, Montpellier 1893

Pivétéa Vianney
Dictionnaire du Poitevin-Saintongeais
Geste Edition

Arnaudin Félix
Proverbes de la Grande-Lande
Ed. Confluences. Présentée par Jacques Boisgontier 1996

Siré Pierre
Le Fleuve Impassible
Ed. L'Horizon Chimérique (Collection Mémoire)

Vigneux Jean-Luc
Ch'l anchron *Echo journal picard*, Abbeville

Ledieu A.
Petit Glossaire de l'Idiome de Démuin
Paris 1843

Lohier Albert, Longuemare Pierre
Parlers et traditions populaires de Normandie 1972-1977

Vasseur Gaston
Proverbes et dictons des parlers vimeusiens
Société de dialectologie picarde, Arras, 1960
Atlas linguistique et ethnologique de la Franche-Comté
CNRS, 1972

Atlas Routier et Touristique de la France
Ed. Bordas, Paris 1993

Vergnies Monique
Atlas du Monde Grec
Ed. Du Fanal, Time-Life Books, Amsterdam 1986

Vialar Jean *Les vents régionaux*
Etudes privées, Paris 1948

Remerciements

Jean Boulet, directeur de l'observatoire météorologique du mont Aigoual.
Yves Michel, Association de « La Partègue », Maintien des Traditions et du patrimoine maritime – presqu'île de Giens – pour ses précieux dessins.
Le Professeur Patrice Paul du CEREG de Strasbourg, pour l'intérêt qu'il a porté à mon projet.
Madame D. Besson de la Météopole de Toulouse.
Madame Sannié de St-Martin, de Mont-Bon (Aveyron), pour quelques vents d'Aubrac qu'elle m'a envoyés.
Monsieur Boulze de l'Espace Eolien de Carcassonne (La Compagnie du Vent).
La Fédération Québécoise du Cerf-Volant.
Gérard Clément et le Cabinet Verley « Les rencontres internationales de Cerf-Volant » à Berck-Plage.
L'observatoire météorologique de l'aéroport de Figari – Ajaccio.
La Compagnie des Guides de Chamonix.
La direction du Moulin de Chateauneuf et celle du Moulin de Beauregard à Marans en Vendée.
Monsieur Richard Billet – Le Moulin de Rairé à Sallertaine.
La Capitainerie du port de Bastia.
Gilles Dupuy de « Massif-Central magazine ».
Monsieur Gonidec, à la SNSM de Douarnenez.
Serge Orru, « Les Amis du Festival des Vents » à Paris.
Eric Marie, du magazine « Le Viquet » à St-Germain-en-Vaux dans la Manche.
La rédaction des éditions « Chasse-Marée » de Douarnenez.
Arlette Tuffet, assistante du conservateur de la médiathèque François Mitterrand à Poitiers.
Marie-Andrée Calafat, de la médiathèque de Perpignan.
Madame Giraudo, bibliothécaire de La Seyne-sur-Mer.
Les médiathèques et bibliothèques de toutes les régions de France qui m'ont aidé dans mes recherches.

L'office du Tourisme de Fontvieille pour le dessin de Marius Fromenti, « La Rose des Vents du Moulin de Daudet ».
Le personnel des offices du tourisme et syndicats d'initiative des 95 départements français.
L'Institut culturel basque, *Euskal kultur erakundea*, à Uztaritz (Pyrénées-Atlantiques).
Les Directions inter-régionales de Météo-France.
L'Agence de l'environnement et de la maîtrise de l'énergie (ADEME).
Le Centre de Sofia Antipolis – Valbonne.

Et toutes les personnes de bonne volonté qui m'ont renseigné avec tant de gentillesse sur les roses des vents de leur région. A tous et à toutes, un grand merci et bon vent !

Photocomposition Nord Compo
59650 Villeneuve d'Ascq

Impression réalisée sur CAMERON par
BRODARD ET TAUPIN
La Flèche
en septembre 2001

Avec la collaboration de Christian Blanchard
et de Micheline Jérome

Imprimé en France
Dépôt légal : septembre 2001
N° d'édition : 15211 – N° d'impression : 9335